やさしく学ぶインテリア製図

［新装改訂版］

インテリアの製図ルールから各種図面・パースの描き方、
プレゼンボードのつくり方まで

著　町田ひろ子インテリアコーディネーターアカデミー
監修　日本インテリア学会 河村容治

X-Knowledge

INTRODUCTION
はじめに

HIROKO MACHIDA

インテリアコーディネーター資格が誕生し、私共アカデミーも開校して、はやいもので40年を超えています。住宅業界は新築需要からリフォーム、リノベーションへと広がり、オフィス、商業界などインテリアの市場も確実に広がっています。開校当初より実務に即役立つカリキュラムに力を入れています。建築、インテリア、歴史、色彩、素材などの専門知識、そしてコーディネーション提案力としてプレゼンテーションに重点を置いてきました。

インテリア製図は、実際の現場ではクライアント（施主）や各業者さんとのコミュニケーション（会話）には不可欠なため、建築図面を簡略化し、わかりやすい図面となるように実践して参りました。業界は当初、確立した定義がなかったため、関わるプロジェクトや各社、各様のフォーマットの中で作成されていました。最近は、CADが主流になり、私共アカデミーでは、CADに加え３Dパースなどビジュアルプレゼンテーションに力を入れています。従来より、大切にしているコミュニケーションツールとしての手描きパース。今後も手描きは提案の基礎となり、CADの普及とともに見直されてきています。

このたびの出版は、日本インテリア学会のご支援を得て完成することができました。この共通化したインテリア製図の手法が教育、そして実践現場に広がることで業務の効率化につながり、さらにインテリア業界が発展することを期待しています。

町田ひろ子インテリアコーディネーターアカデミー
校長
町田　ひろ子

YOJI KAWAMURA

これまで多くのインテリア向けの製図の本が出版されてきました。しかし、その内容は，建築製図法をそのまま踏襲したものがほとんどでした。本書は、インテリア製図と建築製図との違いを明らかにし、インテリア製図に特化した内容になっています。製図法は日本インテリア学会が提唱する「インテリア製図通則」に基づいています。したがって、インテリア製図を正しく解説した初めての本といえるでしょう。

最近はCADの普及で、手描きで図面やパースを作成する機会がほとんどなくなりました。しかし、優れた表現の作品を見ると、CADを使っていても結局のところ、基礎に手描きの能力、デッサン力、絵心が必要だということを実感します。インテリア関連の資格試験では、手描き図面や手描きパースを要求されることが一般的です。それは単にCADで試験を実施するのが技術的に難しいということだけではなく、手描きの方が受験者の実力を確認するのに適していると考えられているためです。本書では、CADの利用が一般的になった現在でも、基礎となる手描きの表現技術や情報を、ビジュアルでできるだけわかりやすくまとめました。そのままインテリアコーディネーターやインテリアプランナーの設計製図試験対策になるようにも工夫されています。

この本を通じて、インテリアの表現の世界の面白さを体験し、さらに自分のものとしてもらうことを期待しています。

元・東京都市大学都市生活学部教授
日本インテリア学会名誉会員
河村　容治

CONTENTS

目次

2 はじめに
6 データダウンロードについて
130 インテリア製図通則（日本インテリア学会）
134 索引
135 画像協力・参考文献

CHAPTER 0 建築図面とインテリア図面のちがい

8 0-1 建築図面とインテリア図面のちがい
10 0-2 インテリア図面の目的
11 0-3 インテリア立・断面図とは
12 COLUMN 1 手描きの意味

CHAPTER 1 表現基礎

14 1-1 製図用具
15 1-2 線の練習
16 1-3 色鉛筆にはどんな色があるか
17 1-4 塗り方の基本
18 1-5 色をトーン別に分類する
20 1-6 混色の基本
21 1-7 12色の混色表
22 1-8 トーン別カラーチャートの作り方
24 1-9 トーン別カラーチャートを使ったインテリアの色彩計画
25 1-10 陰影の表現
26 1-11 質感表現　レンガ
27 1-12 質感表現　木、石、コンクリートなど
28 1-13 インテリアグリーンの表現
29 1-14 家具のスケッチ
30 1-15 人物のスケッチ

CHAPTER 2 インテリア製図のルール

32 2-1 図面サイズ・縮尺
33 2-2 線の太さと種類
34 2-3 文字の大きさ
35 2-4 寸法
36 2-5 壁の表現
37 2-6 開口部の建具の表現
38 2-7 家具の表現
39 2-8 設備・家電の表現
40 2-9 カーペットやウインドートリートメントの文字記号
41 2-10 設備記号
42 2-11 インテリア図面のポイント－平面図
44 2-12 インテリア図面のポイント－インテリア立・断面図
46 2-13 インテリア図面のポイント－天井伏図

CHAPTER 3 インテリア製図のプロセス

48 3-1 印象のよい図面を目指す
49 3-2 人体寸法と通路幅
50 3-3 家具の標準寸法
52 3-4 家具の配置と部屋の広さ
54 3-5 トイレの必要スペース
55 3-6 平面図の作図プロセス ① › 完成見本
56 3-7 平面図の作図プロセス ② › 通り心を描く
57 3-8 平面図の作図プロセス ③ › 壁を下描きする
58 3-9 平面図の作図プロセス ④ › 壁や柱、建具を描く
59 3-10 平面図の作図プロセス ⑤ › 家具や設備機器を下描きする
60 3-11 平面図の作図プロセス ⑥ › 家具や設備機器を描く
61 3-12 平面図の作図プロセス ⑦ › インテリアエレメントを描く
62 3-13 平面図の作図プロセス ⑧ › 寸法や文字を入れる
64 3-14 平面図の作図プロセス ⑨ › 方位記号や凡例などを入れる

65 COLUMN2 製図板やシャープペンの使い方
66 3-15 インテリア立・断面図の作図プロセス ① › 完成見本
67 3-16 インテリア立・断面図の作図プロセス ② › 見る位置と方向
68 3-17 インテリア立・断面図の作図プロセス ③ › 通り心を描く
69 3-18 インテリア立・断面図の作図プロセス ④ › 壁・床・天井を下描きする
70 3-19 インテリア立・断面図の作図プロセス ⑤ › 壁・床・天井を描く
71 3-20 インテリア立・断面図の作図プロセス ⑥ › 家具や建具などを下描きする
72 3-21 インテリア立・断面図の作図プロセス ⑦ › 家具や建具などを描く
73 3-22 インテリア立・断面図の作図プロセス ⑧ › 寸法や文字を入れる
74 COLUMN3 店舗の平面図とインテリア立・断面図
76 3-23 家具図の作図プロセス ① › 完成見本
77 3-24 家具図の作図プロセス ② › 下描きを描く
78 3-25 家具図の作図プロセス ③ › 家具の線を描く
79 3-26 家具図の作図プロセス ④ › 寸法や文字を入れる
80 3-27 天井伏図の作図
81 3-28 配線図の作図
82 COLUMN 4 図面作成に関連した専門用語

CHAPTER 4 透視図のプロセス

84 4-1 パースとは
85 4-2 1消点パースと2消点パース
86 4-3 1消点パースのプロセス ① › 視点と方向を決め、正面壁を作図
87 4-4 1消点パースのプロセス ② › パースグリッドの作図 奥行を決める
88 4-5 1消点パースのプロセス ③ › パースグリッドの作図 900㎜グリッド ①
89 4-6 1消点パースのプロセス ④ › パースグリッドの作図 900㎜グリッド ②
90 COLUMN 5 面を分割する方法〈対角線を使う〉
91 4-7 1消点パースのプロセス ⑤ › 下描き 家具の作図
92 4-8 1消点パースのプロセス ⑥ › 下描き 家具の箱型作図
93 4-9 1消点パースのプロセス ⑦ › 下描き 箱型から家具らしい形
94 4-10 1消点パースのプロセス ⑧ › 下描きの完成からペン入れ
95 4-11 2消点パースのポイント
96 COLUMN 6 アイソメ図を描く

CHAPTER 5 色鉛筆による図面の着彩

98 5-1 この章で使う色鉛筆
99 5-2 色鉛筆による図面着彩のコツ
100 5-3 平面図の着彩
102 5-4 インテリア立・断面図の着彩
104 5-5 パースの着彩
106 COLUMN 7 ビビッドな色の家具を塗る

CHAPTER 6 プレゼンボードのテクニック

108 6-1 プレゼンテーションとは
109 6-2 インテリアイメージスタイル
110 6-3 プレゼンボードの構成
111 6-4 タイトルボード
112 6-5 コンセプトボード
113 6-6 フロアプラン
114 6-7 パース
115 6-8 カラースキーム
116 6-9 エレメントボード
118 6-10 部屋別にまとめる
119 6-11 レイアウトのコツ ① 主役を決める
120 6-12 レイアウトのコツ ② グリッドで配置
121 6-13 レイアウトのコツ ③ 画面の分割
122 6-14 レイアウトのコツ ④ 目地を入れる
124 6-15 背景を使う ① 画像
125 6-16 背景を使う ② グラデーション
126 COLUMN 8 テンプレート（ひな型）の活用
127 6-17 フォントの使い方
128 6-18 画像の扱いとプレゼンボードの印刷
129 COLUMN 9 インテリア関連の資格

DOWNLOAD

データダウンロードについて

本書の学習で使用できるデータは、以下のエクスナレッジサポートページからダウンロードできます。下記ページの記載事項をすべてお読みになり、内容をご了承いただいたうえで、データをダウンロードしてください。

https://www.xknowledge.co.jp/support/9784767831695

ダウンロード

●本データは、ZIP形式で圧縮されています。ダウンロード後は解凍（展開）して、デスクトップなどわかりやすい場所に移動してご使用ください。ZIP形式ファイルの解凍（展開）方法は、ご使用のOSのヘルプやマニュアルを読んでご確認ください。

●各データはPDF形式です。データは印刷してご使用ください。

●以下のリンクをクリックするとダウンロードが開始されます。ダウンロードデータの保存方法、保存先などはご使用のWebブラウザの種類やバージョンによって異なります。ご使用のWebブラウザのヘルプやマニュアルを読んでご確認ください。

学習用データ
interior_seizu.zip [22.3MB]

ダウンロードできるデータ

ダウンロードで提供しているのは、右のデータです。完成見本以外は塗りの下描きとして利用できます。いずれも印刷してお使いください。なお、完成見本の印刷サイズはA3、それ以外はA4です。ファイル形式はPDFです。

1-8.pdf
トーン別カラーチャートの白紙

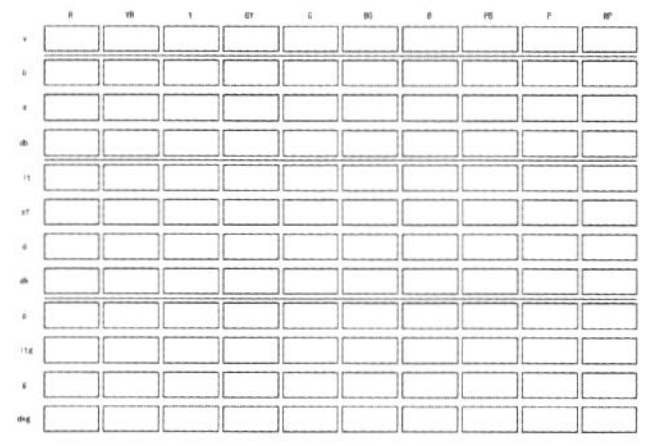

3-6.pdf
平面図の完成見本（S=1/50）

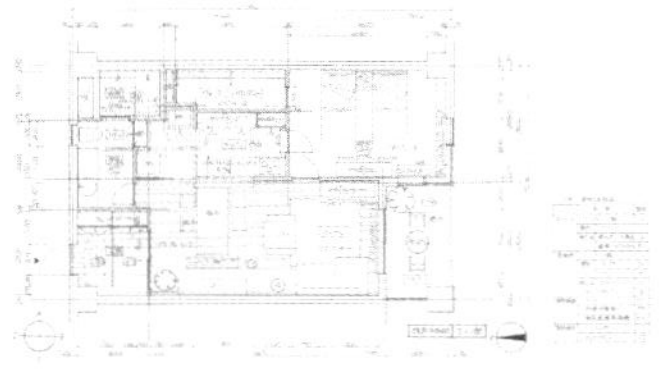

3-15.pdf
インテリア立・断面図の完成見本（S=1/50）

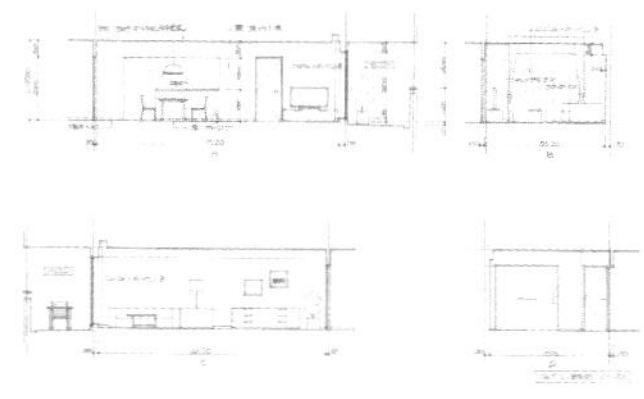

3-23.pdf
家具図の完成見本（S=1/20）

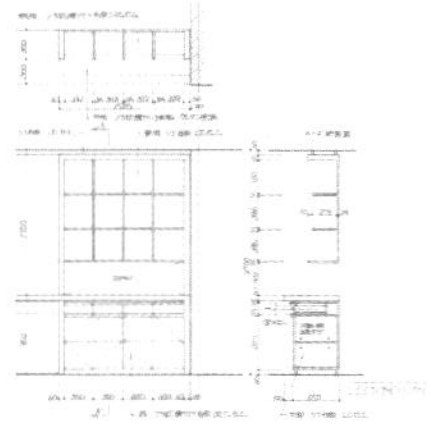

5-3.pdf
着彩前の平面図

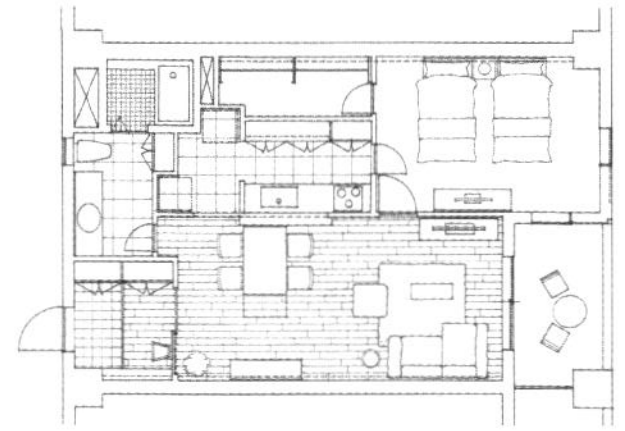

5-4.pdf
着彩前のインテリア立・断面図

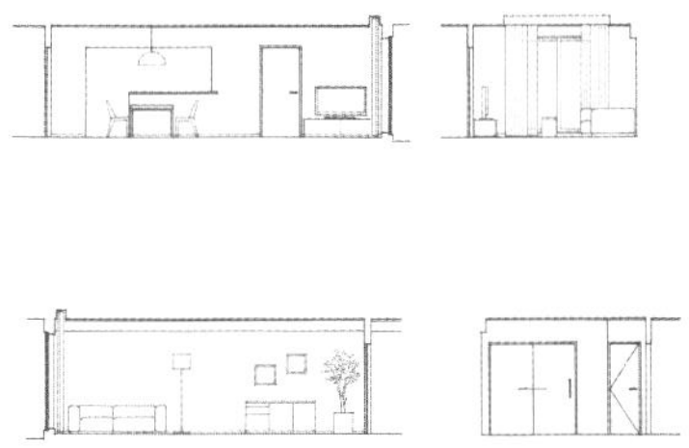

5-5.pdf
着彩前のパース

CHAPTER

0

建築図面と インテリア図面のちがい

本書では「インテリア図面」としての表現方法を解説します。インテリアの図面やパースの描き方をおぼえる前に、建築図面とインテリア図面は何がちがうのか、その概要について理解しておきましょう。

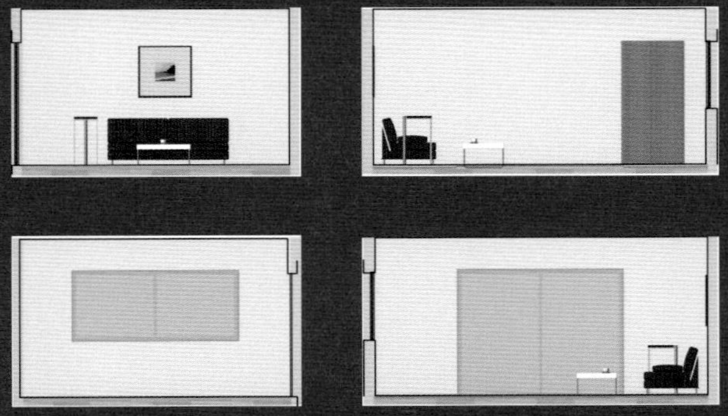

SECTION 0-1 建築図面とインテリア図面のちがい

インテリア製図は、建築製図ルールを基礎としていますが、建築図面が主として空間を表現するのに対し、インテリア図面はその空間内で行われる生活を重視します。したがって、通常建築図面では表現しない家具、ウインドートリートメント、カーペット、家電製品、照明器具、インテリアグリーン、絵画などのインテリアエレメントも表現します。

建築製図では、建築工事の都合上、壁または柱の心を基準とした心々寸法が使用されます。一方、インテリア製図では既存躯体の実測をもとに図面が作成されることが多いので、内法寸法を基本とします。

心々寸法で描く

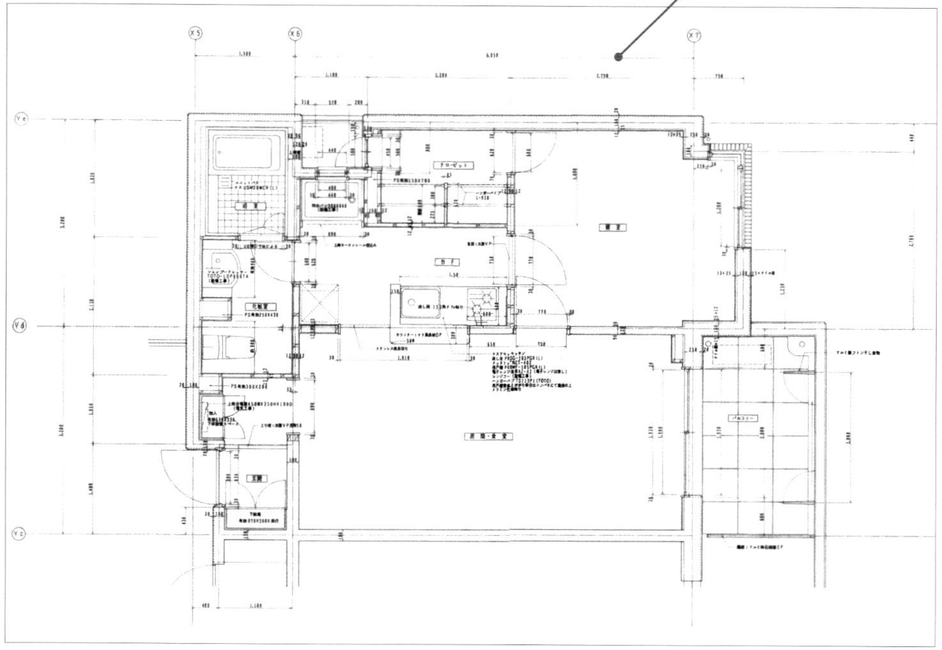

建築図面の例

内法寸法で描く

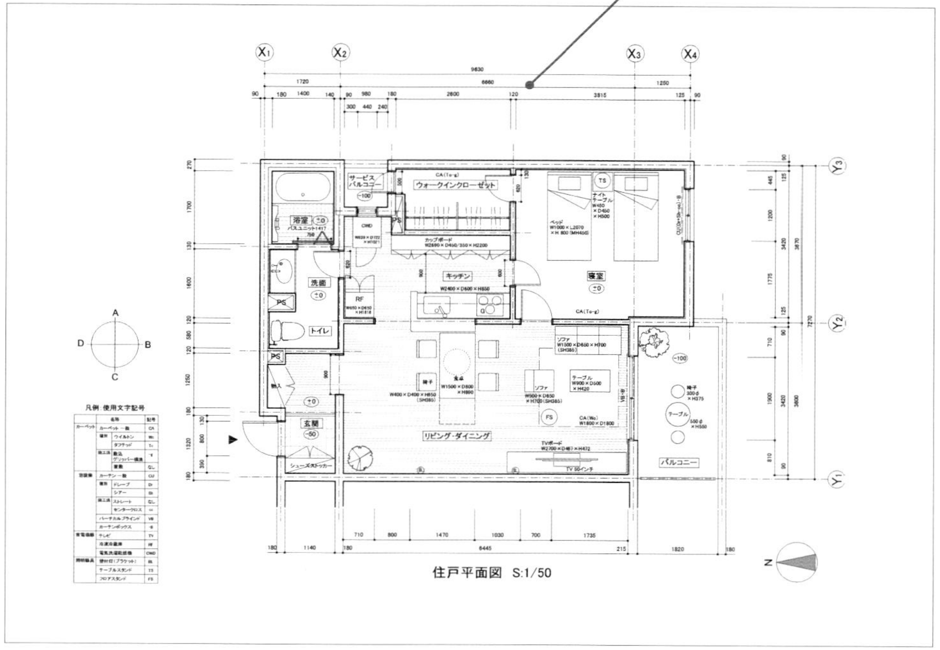
住戸平面図 S:1/50
リビング・ダイニング
キッチン
寝室
ウォークインクローゼット
玄関
洗面
トイレ
浴室
バルコニー
サービスバルコニー
凡例 使用文字記号

インテリア図面の例

インテリアエレメントとは、室内空間を構成する要素のことです。インテリアグリーンや絵画などの装飾小物のほか、床・壁・天井に施工する内装の仕上げ材、家具、家電製品、照明、ラグやカーペット、カーテンやブラインドなどのウインドートリートメントもインテリアエレメントです。これらは必要に応じて各図面で表現します。

天井仕上げ材
壁仕上げ材
絵画（アクセサリー）
家具
床仕上げ材
照明
カーテン
TV
インテリアグリーン
ラグ

SECTION

0-2 インテリア図面の目的

図面は、デザイナーがクライアントや施工者に設計内容を伝えるために作成します。したがって、分かりやすく、正確でなくてはなりません。また、だれのために描くか、どんな目的で描くか、いつ描くかによって、表現内容や表現方法が変わります。
デザイナーから施工者に渡される図面は工事用のため、正確さを最優先して描かれます。クライアントへの説明やコンテストの応募作品として描かれる図面は、分かりやすさやコンセプトが伝わるようにイメージを優先して描かれます。このような図面はショードローイングと呼ばれ、彩色や影付けなどが施されます。絵画やCG的な要素が加わることもあります。

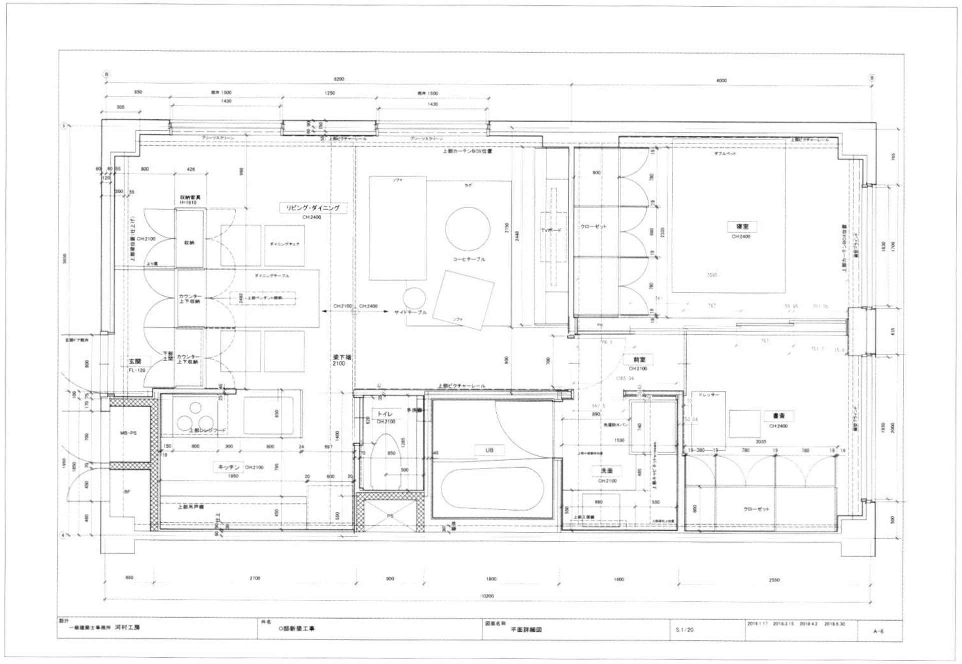

施工者に渡す図面の例

LD
Entrance
Kitchen
Bath
Rest
closet
Bedroom
Study
closet

クライアント向けの図面の例

SECTION

0-3 インテリア立・断面図とは

インテリア製図では、壁の表面のみを表現するのではなく手前にある家具や開口部の断面も描きます。建築で「展開図」と呼ばれる四方の壁を表現する図面は、インテリアではあえて「インテリア立・断面図」と呼びます。

インテリア立・断面図は、下図のように箱状の部屋を展開して、壁面とその手前1メートル程度の範囲にあるインテリアエレメントを表したものです。できるだけ開口部を通るように四方（立体図のA〜Dの方向）の壁を切断し、それぞれの図は開口部の断面を含めるようにします。

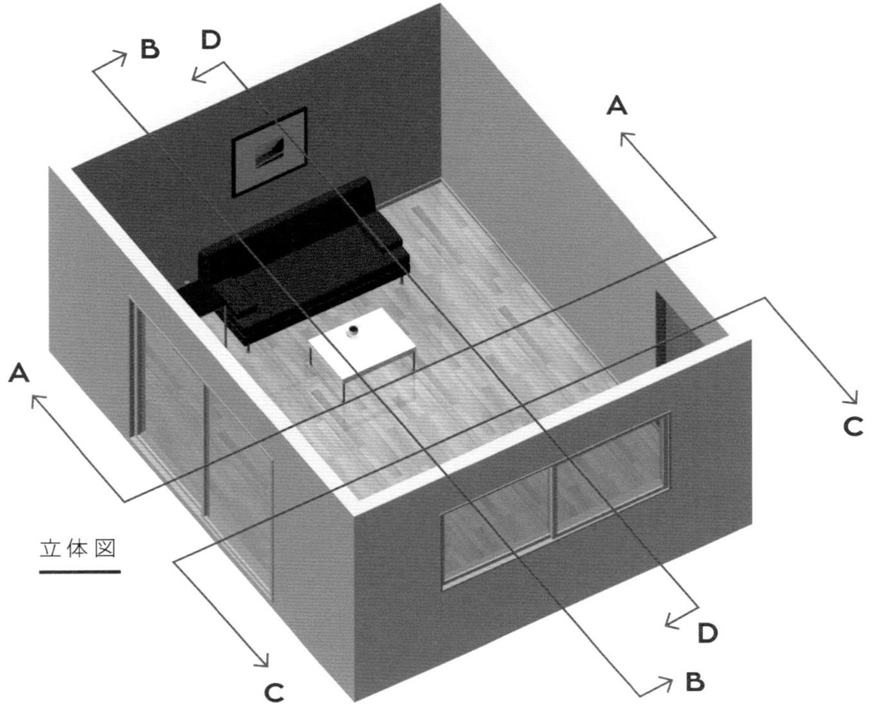
A
B
C
D

立体図

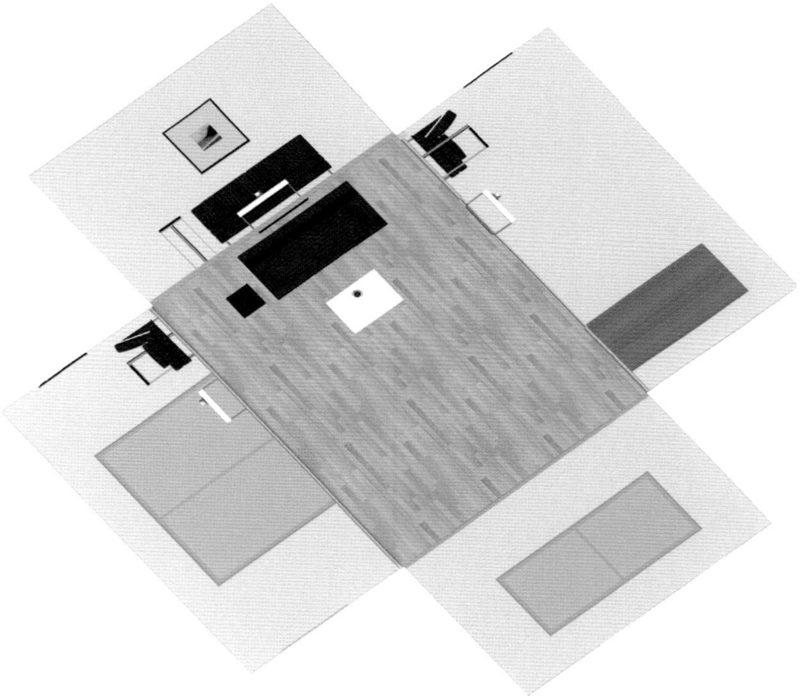

インテリア立・断面図のイメージ

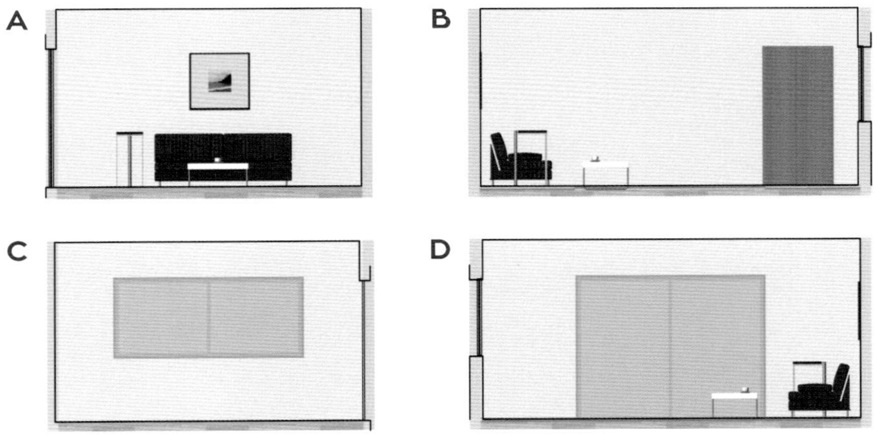
A
B
C
D

インテリア立・断面図

COLUMN 1 手描きの意味

災害などの経験から電気に依存した生活が、いかに危ういかを身にしみて感じています。しかし今さら電気のない生活に戻ることはできないでしょう。同様にCADの利便性に慣れてしまって、設計にCADを使わないプロセスを提案しても後戻りはできません。とはいえ手描きの価値は、まったくなくなったかというと、そうとも言い切れません。ここで手描きの意味をCADと比較しながら考えてみましょう。

手描きのメリットは、脳と手が直結しているので、考えをすぐ形にできることです。打合せのときにイメージをすぐ形にできるので、コミュニケーションがスムーズにできます。あいまいなことはあいまいなまま表現できます。手を動かすことによって脳が刺激を受け、いいアイデアが生まれることもあります。たとえばインテリアの色彩計画を練るとき、身近にある色鉛筆でスケッチすると、思考がさまたげられず短時間によい結果を出すことができます。デメリットとしては一度描いたものは修正がしにくいことです。作品の出来栄えは個人の能力に依存し、立体をよく認識できていないと表現がうまくできません。

CADを使う場合、ある程度の専門知識やスキルがあれば、正確で美しい図面やパースを容易に作成できます。繰り返しの多い作業に威力を発揮し、一定の条件下でいろいろな案を検討するような作業に向いています。修正やデータの転用も容易です。出来栄えは個人の能力による差が出にくく、ソフトの機能に依存します。そのため作品が画一的なものになりやすい危険をはらんでいます。一定の手順を踏まないと形にできませんし、あいまいなことははっきりさせないと表現できません。CADを利用した教育では、スケール感が育たないという欠点を指摘されています。

実際の製図では手描きとCADそれぞれのメリットをうまく利用し、デメリットを補うような使い方が理想的です。設計のプロセスでは、形がはっきりしない最初の段階では手描きから始め、計画が具体的になるにしたがってCADの作業に置き換えていくのが自然な流れといえるでしょう。CADを使って優れた表現ができる人は、たいてい手描きの能力も優れています。いわゆる「絵心」のある人です。CADによる表現力を育てるためにも、手描きの能力を育てることが重要といえるしょう。

手描きの例　色鉛筆による色彩エスキース

8案
9案-1A
9案-1-B
バルコニー
クロゼット

CADの例　一定の条件でいろいろな案を作る

CHAPTER

1

表現基礎

インテリア製図では、色は重要な要素です。この章では着彩表現の基礎となる色鉛筆の使い方、カラーチャートの作り方、陰影・質感・インテリアグリーンの表現方法、スケッチなどについて説明します。

SECTION
1-1 製図用具

インテリア製図では、次の用具を使います。

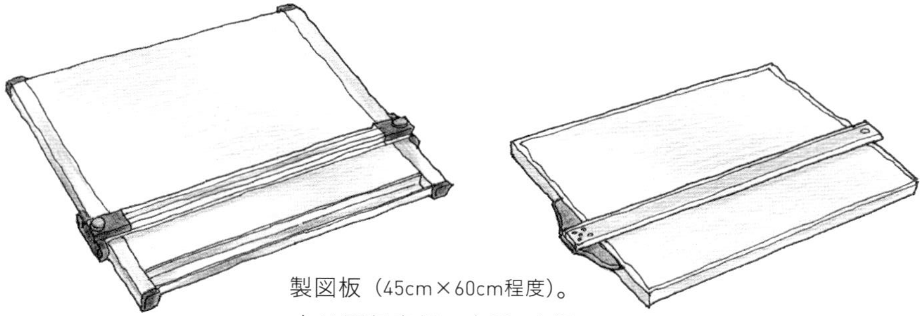

製図板（45cm×60cm程度）。
左は平行定規、右はT定規

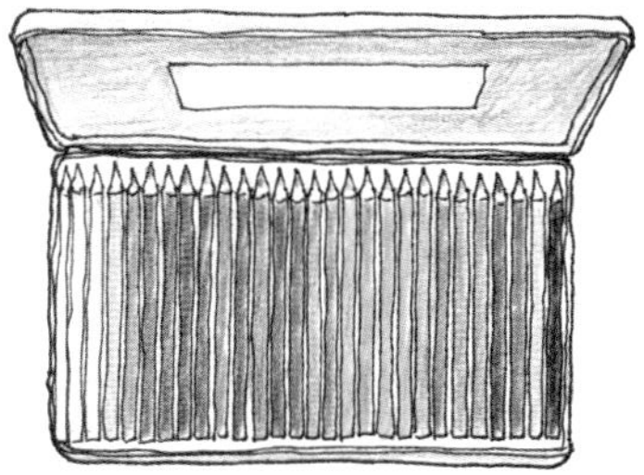

色鉛筆などの着色用具

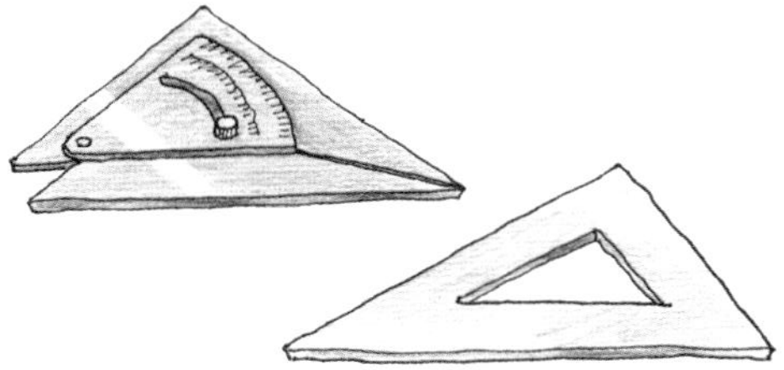

勾配定規、三角定規、分度器、直定規などの定規類

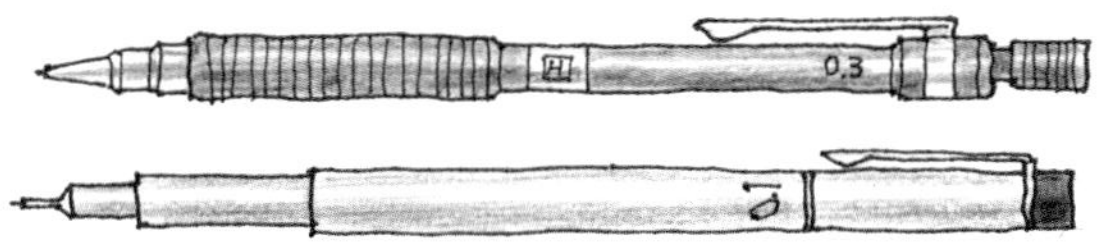

鉛筆（シャープペン）、製図ペン、芯ホルダーなどの筆記用具

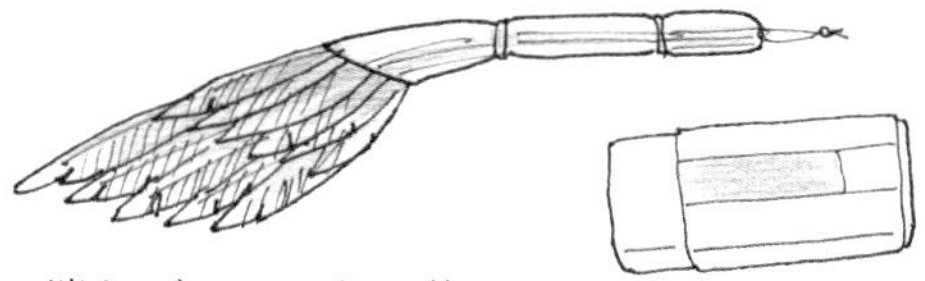

消しゴム、ハケ、修正液などの修正用具

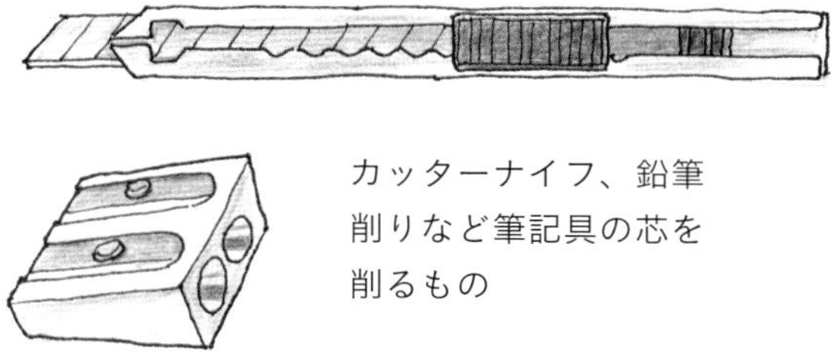

カッターナイフ、鉛筆削りなど筆記具の芯を削るもの

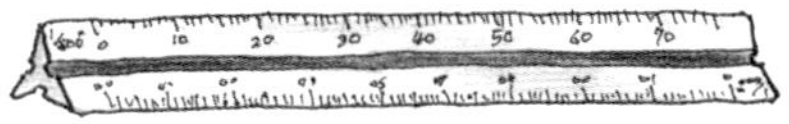

縮尺を測る三角スケール

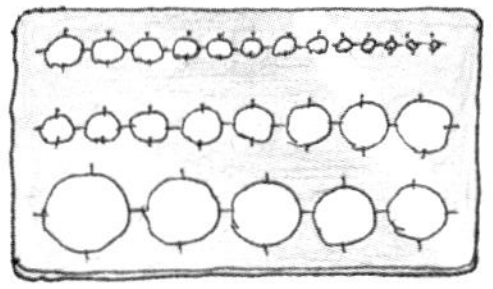

円・楕円・三角形・四角形のテンプレート類

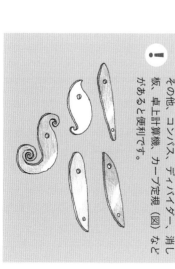

！ その他、コンパス、ディバイダー、消し板、卓上計算機、カーブ定規（図）などがあると便利です。

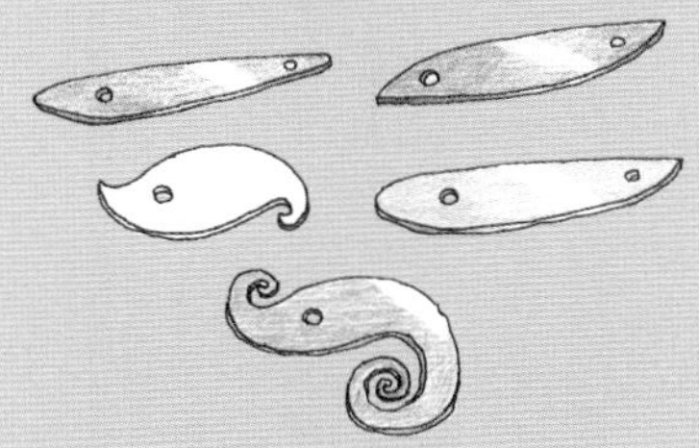

SECTION
1-2 線の練習

線は太線・中線・細線の太さの区別がつくように描きます。文字は高さを示す補助線を薄く引いておき、その中にそろうように書きます。そのほか、寸法や建具、設備の描き方なども練習しておきましょう。

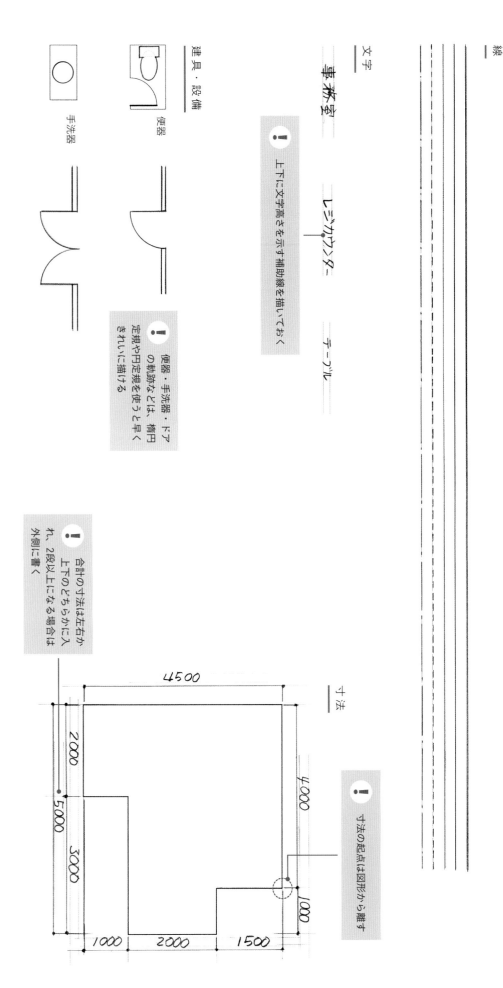

線

文字

事務室
レジカウンター
テーブル

上下に文字高さを示す補助線を描いておく

建具・設備

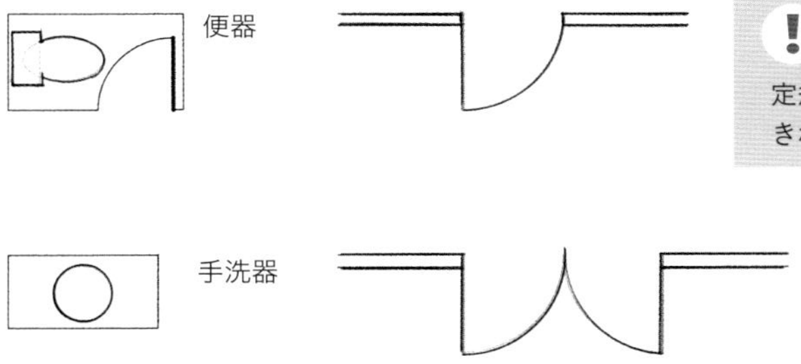
便器
手洗器

便器・手洗器・ドアの軌跡などは、楕円定規や円定規を使うと早くきれいに描ける

寸法

寸法の起点は図形から離す

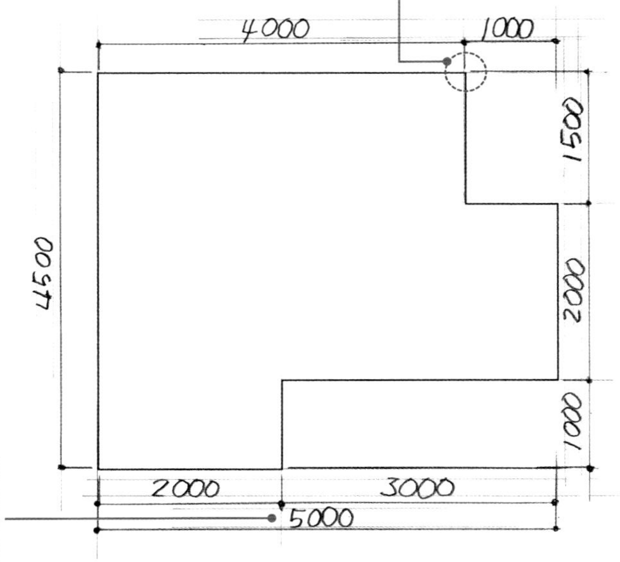
4000
1000
1500
2000
1000
4500
2000
3000
5000

合計の寸法は左右か上下のどちらかに入れ、2段以上になる場合は外側に書く

SECTION

1-3 色鉛筆にはどんな色があるか

市 販されている色鉛筆（ここではトンボ鉛筆36色セット）には、次のような色があります。塗り方で表現も変わります。

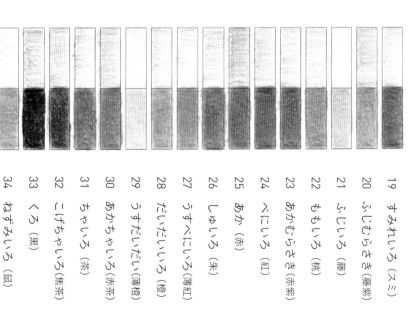

薄く塗る | 濃く塗る

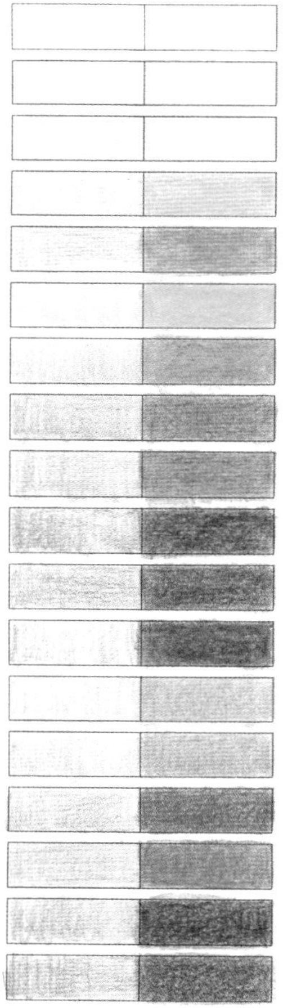

	名称（略称）
01	しろ（白）
02	れもんいろ（レモ）
03	きいろ（黄）
04	やまぶきいろ（山吹）
05	おうどいろ（黄土）
06	きみどり（黄緑）
07	みどり（緑）
08	ときわいろ（常磐）
09	まつばいろ（松葉）
10	ふかみどり（深緑）
11	なんどいろ（納戸）
12	あおみどり（青緑）
13	みずいろ（水）
14	うすあお（薄青）
15	あお（青）
16	ぐんじょういろ（群青）
17	あいいろ（藍）
18	むらさき（紫）

薄く塗る | 濃く塗る

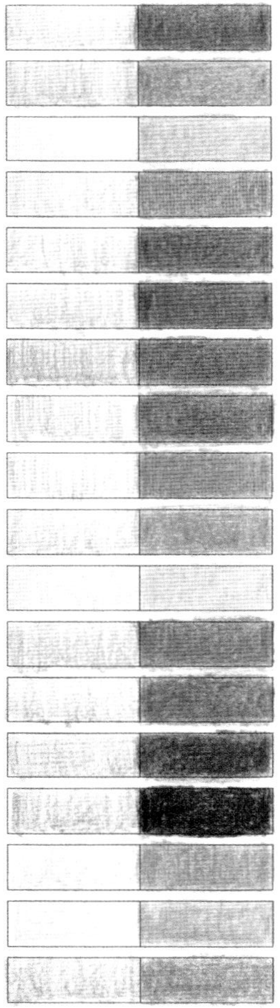

	名称（略称）
19	すみれいろ（スミ）
20	ふじむらさき（藤紫）
21	ふじいろ（藤）
22	ももいろ（桃）
23	あかむらさき（赤紫）
24	べにいろ（紅）
25	あか（赤）
26	しゅいろ（朱）
27	うすべにいろ（薄紅）
28	だいだいいろ（橙）
29	うすだいだい（薄橙）
30	あかちゃいろ（赤茶）
31	ちゃいろ（茶）
32	こげちゃいろ（焦茶）
33	くろ（黒）
34	ねずみいろ（鼠）
35	ぎんいろ（銀）
36	きんいろ（金）

SECTION
1-4 塗り方の基本

色 鉛筆で塗るときは、力を抜いて丁寧に一方向に塗ります。塗りむらが出ないように注意しましょう。色を濃くするときも最初から力を入れて塗るのではなく、薄く塗り重ねて色の濃さを変えていきます。

良い例 ○

力が抜けて均一に塗れている

悪い例 ×

力が入りむらが出ている

薄い ← 塗り重ねて濃さを変える → 濃い

薄塗りで始め、塗りを重ねて濃くする。輪郭線は取らない

SECTION

1-5 色をトーン別に分類する

36 色の色鉛筆を色相・トーン別に分類すると、高彩度な色に集中していて、中彩度・低彩度な色がほとんどないことがわかります。暖色系には重ね塗りで彩度や明度を下げるための茶や焦茶がありますが、寒色系にはそのような役割の色が入っていません。単品で色を選ぶなら、寒色系の彩度や明度を下げるインディゴのような色を追加するとよいでしょう。

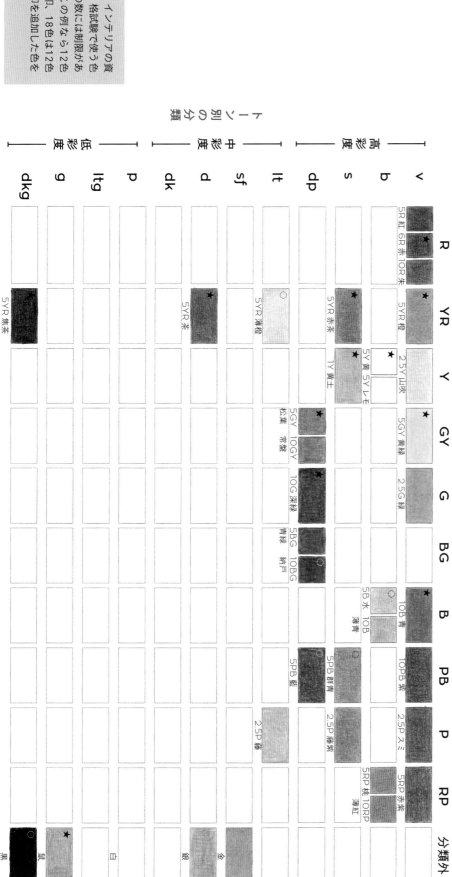

マンセル10色相の分類

トーン別の分類		R	YR	Y	GY	G	BG	B	PB	P	RP	分類外
高彩度	v	5R 紅 ★6R 赤 10R 朱	★5YR 橙	2.5Y 山吹	★5GY 黄緑	2.5G 緑		★10B 青	10PB 紫	2.5P スミ	5RP 赤紫	
高彩度	b			★5Y 黄 5Y レモ				○5B 水 10B 薄青			5RP 桃 10RP 薄紅	
高彩度	s		★5YR 赤茶	★1Y 黄土					○5PB 群青	2.5P 藤紫		
高彩度	dp				★5GY 松葉 10GY 常盤	★10G 深緑	5BG 青緑 ○10BG 納戸		○5PB 藍			
中彩度	lt		○5YR 薄橙							2.5P 藤		
中彩度	sf											金
中彩度	d		★5YR 茶									銀
中彩度	dk											
低彩度	p											白
低彩度	ltg											
低彩度	g											★鼠
低彩度	dkg		★5YR 焦茶									○黒

! インテリアの資格試験で使う色鉛筆の数には制限がある。この例なら12色は★印、18色は12色に○印を追加した色を推奨

マンセル10色相とは

アメリカの画家で教育者のマンセルにより考案された表色の方法です。5つの基本色相にそれぞれの中間色相を5つ加えると、主要な10色の色相になります。20色相や100色相など、さらに細かく分類したものもあります。

基本色相： 赤（R）
黄（Y）
緑（G）
青（B）
紫（P）

中間色相： 黄赤（YR）
黄緑（YG）
青緑（BG）
青紫（PB）
赤紫（RP）

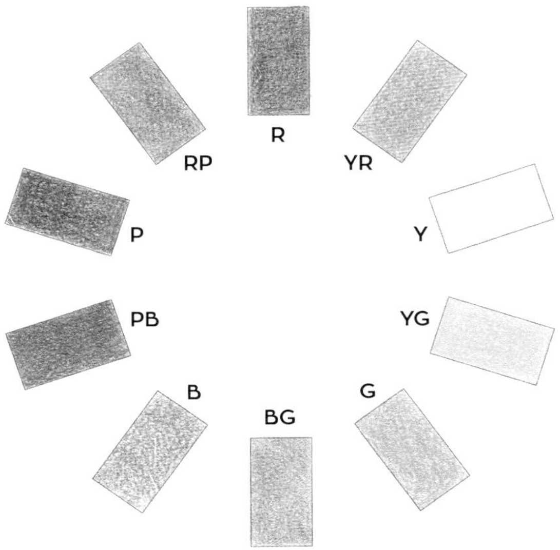
R
YR
Y
YG
G
BG
B
PB
P
RP

トーンを用いた色彩表記法

色彩を表記する方法としてはマンセル記号が一般的ですが、この方法による色の表記は、色の知識がない人にはイメージすることが難しい場合があります。そこでインテリアでよく使われるのが、色を明度と彩度の組み合わせで整理した「トーン」です。PCCS（日本色研配色体系）によるトーンの分類では、「ブライト（明るい）」「ダーク（暗い）」といった慣用的な表現をするため、色の知識がない人とでも色のイメージを共有することが容易です。トーンは色相ごとに下記のように分類され、右へいくほど彩度が高くなり、上へいくほど明度が高くなります。

PCCSのトーンの分類

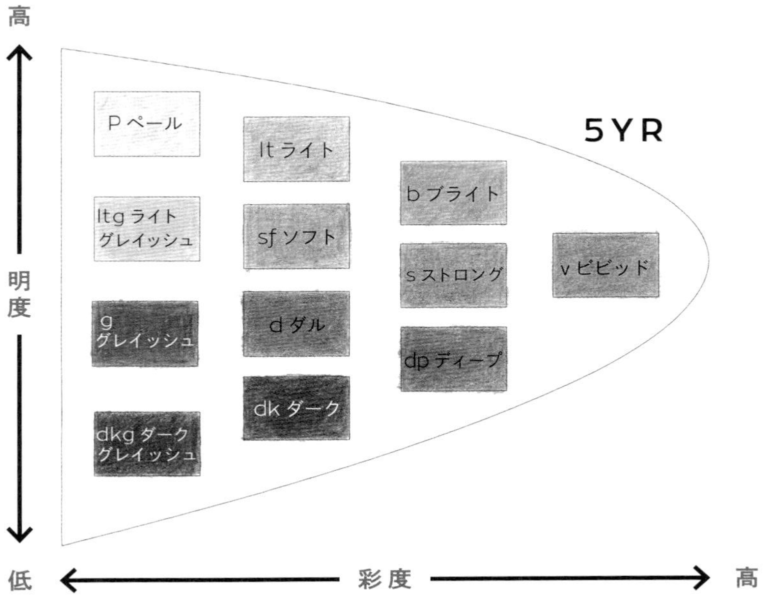
高
明度
低
彩度
高
5YR
P ペール
ltg ライトグレイッシュ
g グレイッシュ
dkg ダークグレイッシュ
lt ライト
sf ソフト
d ダル
dk ダーク
b ブライト
s ストロング
dp ディープ
v ビビッド

p ペール：薄い
ltg ライトグレイッシュ：明るい灰みの
g グレイッシュ：灰みの
dkg ダークグレイッシュ：暗い灰みの

lt ライト：浅い
sf ソフト：やわらかい
d ダル：鈍い
dk ダーク：暗い

v ビビッド：冴えた
b ブライト：明るい
s ストロング：強い
dp ディープ：濃い

SECTION
1-6 混色の基本

色 鉛筆にない色は、重ね塗りで色をつくります。力を入れて強く塗ると色を重ねにくくなるので、薄く塗りましょう。
明るい色と暗い色を塗り重ねる場合、先に明るい色を塗って、あとから暗い色を重ねると、明るい色の効果が弱まるので、暗い色を先に塗ります。
ただし、明るい色どうしを重ねて明るく仕上げたい場合は明るい色が先です。このとき、紙の地の明るさを利用して薄く塗るようにします。
白は色を塗らず、紙の地を残します。

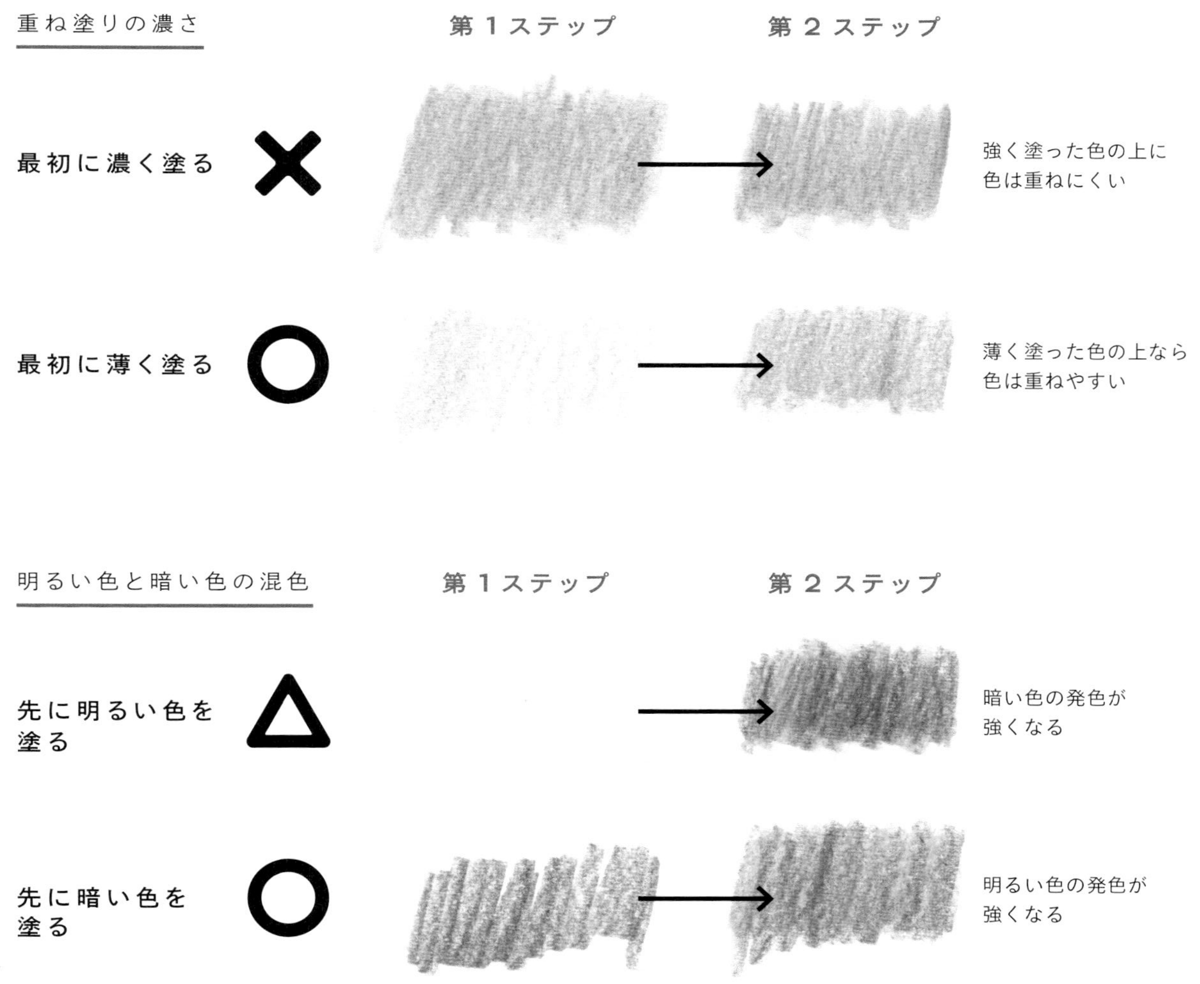
重ね塗りの濃さ
第１ステップ
第２ステップ
最初に濃く塗る
強く塗った色の上に色は重ねにくい
最初に薄く塗る
薄く塗った色の上なら色は重ねやすい
明るい色と暗い色の混色
第１ステップ
第２ステップ
先に明るい色を塗る
暗い色の発色が強くなる
先に暗い色を塗る
明るい色の発色が強くなる

SECTION

1-7 12色の混色表

色 鉛筆の混色でどんな色ができるかをあらかじめ確認しておくとよいでしょう。ここでは次の12色を選びました。塗り重ねると予想外の色ができることもあります。

混色表の塗り方

混色表のマスは次のように塗ります。

A：縦の色を濃く塗る
B：縦の色を薄く塗る
C：横の色を薄く塗る
D：横の色を濃く塗る

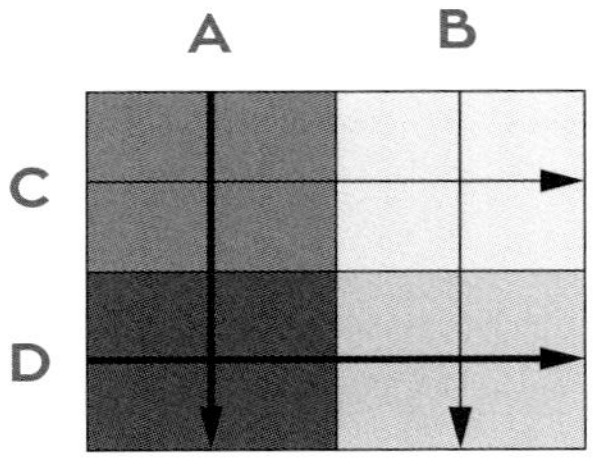
A
B
C
D

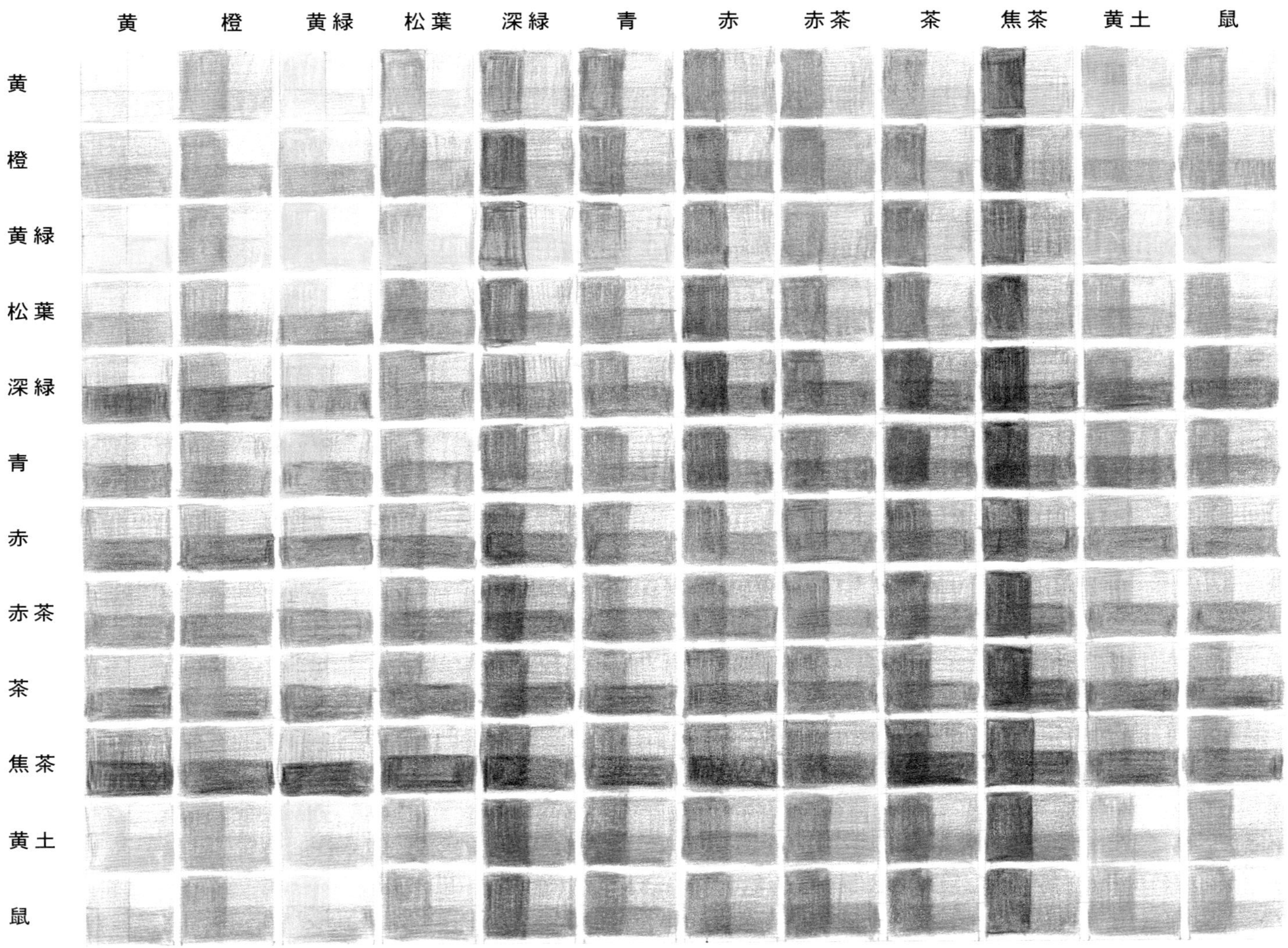
黄
橙
黄緑
松葉
深緑
青
赤
赤茶
茶
焦茶
黄土
鼠
黄
橙
黄緑
松葉
深緑
青
赤
赤茶
茶
焦茶
黄土
鼠

SECTION

1-8 トーン別カラーチャートの作り方

図はトーン別のカラーチャートです。隣り合った色を重ね塗りしたり、彩度別に特定の色を混ぜたりしながら作成します。インテリアの色彩計画では低彩度な色が中心に使われるため、重ね塗りで彩度の低い色を作らなくてはなりません。このときに活用できるのがこのカラーチャートです。これを作成すると、どんな色彩計画にも対応できます。

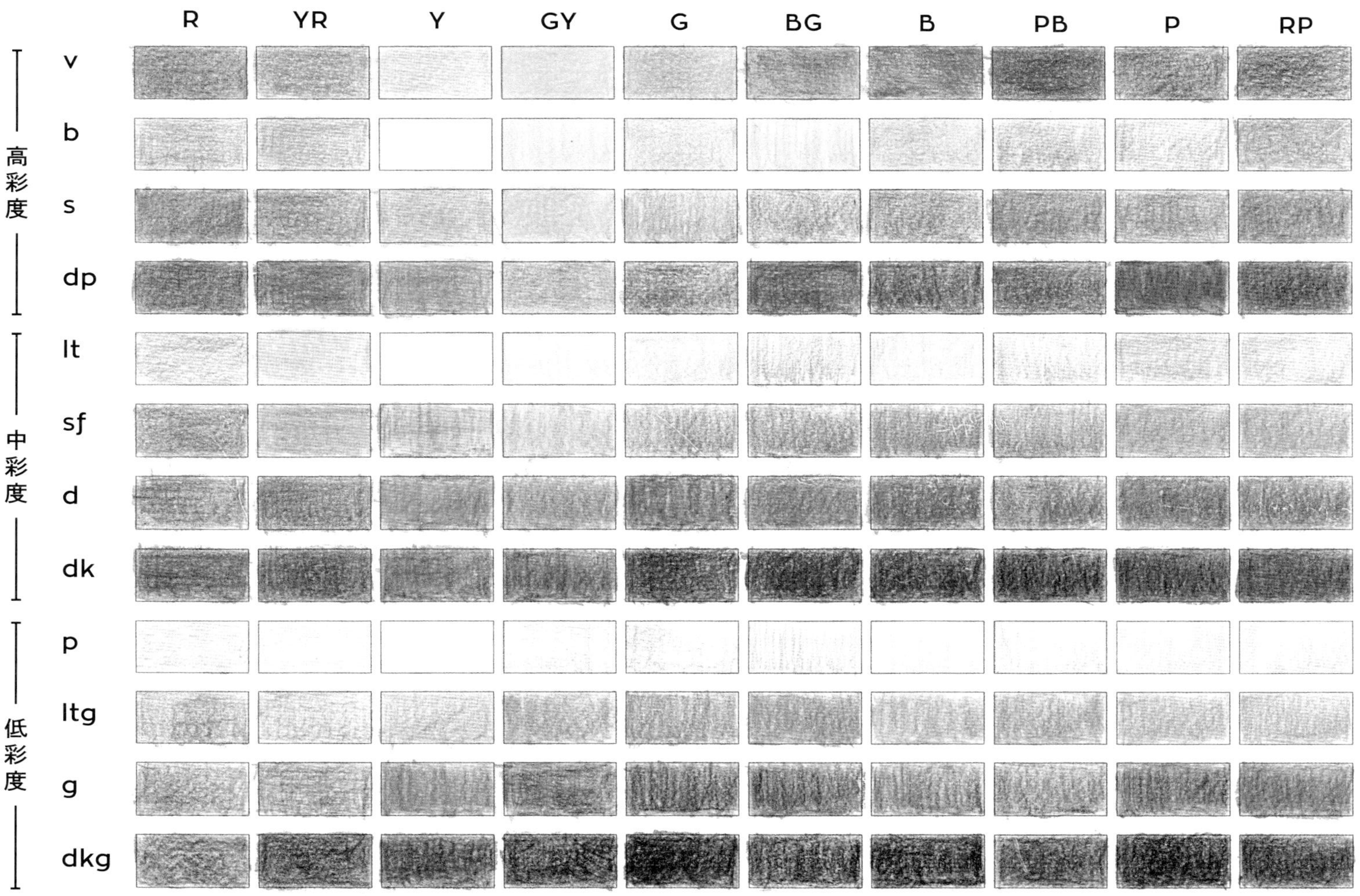
R
YR
Y
GY
G
BG
B
PB
P
RP
高彩度
v
b
s
dp
中彩度
lt
sf
d
dk
低彩度
p
ltg
g
dkg

まず、表のグレーで示した色のマスに色鉛筆の色をそのまま塗ります。vの空欄は左右の色を重ね塗りして中間の色を作成します。b・lt・pは、v（またはb）の色を薄く塗り、紙の地の白色を利用して明度を上げていきます。
暖色の場合は茶や焦茶、寒色の場合は鼠や黒で彩度や明度を調整します。

グレーのマス：原色

v　：隣り合う色を重ね塗り

b・lt・p：
v（または**b**）を薄く塗る

s　：**v**＋**dp**
暖色は**v**＋赤茶

dp：隣り合う色を重ね塗り
暖色は**v**＋茶

sf・d：
v（または**dp**）＋鼠
暖色は**v**＋茶

dk：**v**（または**dp**）＋黒
暖色は**v**＋焦茶

ltg：**v**（または**b**）＋鼠
暖色は**v**＋焦茶

g　：**v**（または**b**）＋鼠＋黒
暖色は**v**＋焦茶

dkg：**v**＋黒
暖色は**v**＋焦茶＋（黒）

	R	YR	Y	GY	G	BG	B	PB	P	RP
v	赤	橙	山吹	黄緑	緑	緑＋青	青	青＋紫	スミ	赤紫
b	赤 うすく	橙 うすく	黄	黄緑 うすく	緑 うすく	緑＋水　うすく	水	群青 うすく	藤紫 うすく	桃
s	赤＋赤茶	赤茶	黄土	黄緑＋松葉	緑＋深緑	青緑 うすく	納戸＋群青	群青	藤紫	桃＋赤紫
dp	赤＋茶	橙＋茶	黄土＋茶	松葉	深緑	青緑	納戸＋藍	藍	スミ＋焦茶	赤紫＋焦茶
lt	赤 うすく	薄橙	黄 うすく	黄緑 うすく	緑 うすく	青緑 うすく	水 うすく	群青 うすく	藤	桃 うすく
sf	赤＋茶	薄橙＋茶	黄＋焦茶	黄緑＋鼠	深緑＋鼠	藍緑＋鼠	納戸＋群青＋鼠	藍＋鼠	スミ＋藤＋鼠	桃＋鼠
d	赤＋茶	茶	山吹＋焦茶	松葉＋鼠	深緑＋鼠	藍緑＋鼠	納戸＋群青＋鼠	藍＋鼠	スミ＋鼠	赤紫＋鼠
dk	赤＋焦茶	茶＋焦茶	山吹＋焦茶	松葉＋鼠＋黒	深緑＋鼠＋黒	藍緑＋鼠＋黒	納戸＋群青＋黒	藍＋鼠＋黒	スミ＋黒	赤紫＋焦茶
p	赤 うすく	薄橙 うすく	黄 うすく	松葉 うすく	深緑 うすく	青緑 うすく	水 うすく	群青 うすく	藤 うすく	桃 うすく
ltg	赤＋焦茶	薄橙＋焦茶	山吹＋鼠	松葉＋鼠	深緑＋鼠	青緑＋鼠	水＋鼠	群青＋鼠	藤＋鼠	桃＋鼠
g	赤＋焦茶	薄橙＋焦茶	山吹＋鼠＋焦茶	松葉＋鼠＋黒	深緑＋鼠＋黒	青緑＋鼠＋黒	水＋鼠＋黒	群青＋鼠＋黒	藤＋鼠＋黒	桃＋鼠＋焦茶
dkg	赤＋焦茶	焦茶	山吹＋焦茶	松葉＋黒	深緑＋黒	青緑＋黒	水＋黒	群青＋黒	藤＋黒	桃＋焦茶＋黒

SECTION

1-9 トーン別カラーチャートを使ったインテリアの色彩計画

寒 色系のマンセル5PB（青紫系）を基本に配色した例です。

壁は5PB ltgをベースに塗り、奥の壁面は5PB dpで変化を付けます。床は壁より明度を下げた5PB g、天井・幅木・建具・家具は壁よりも明るい5PB pでまとめています。ベッドのヘッドボードは5PB dkで全体を引き締め、ベッドカバーの5YR ltで寒色系の硬くなりがちな雰囲気を和らげています。ブラインドは高彩度な5PB bで華やかさを演出し、額の中の絵はv系の色を中心にアクセントを付けました。このようにトーン別のカラーチャートを使うと、全体のまとまりを維持しながら、簡単に色の変化を付けられます。

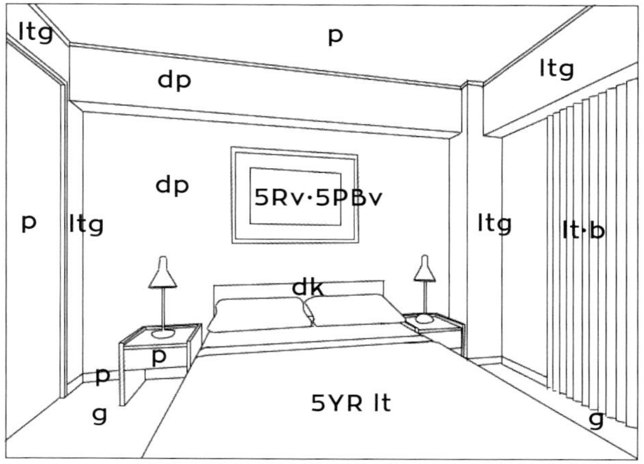
ltg
p
dp
ltg
dp
5Rv·5PBv
p
ltg
ltg
lt·b
dk
p
p
g
5YR lt
g

色鉛筆着色例

※この図は塗り重ねによる色の調合を練習するためのもので、質感や立体感は表現していない

SECTION
1-10 陰影の表現

光の当たる方向の逆側には陰影ができます。陰は光によって物に生じる暗い面、影は物が光に当たり、地面などにできた光の当たらない暗い部分のことです。

スケッチではこれらを描き分けるようにしましょう。色鉛筆で表現するときは、陰影を黒で塗るのではなく、同じ色相の低彩度なトーンで明暗の変化を付けます。

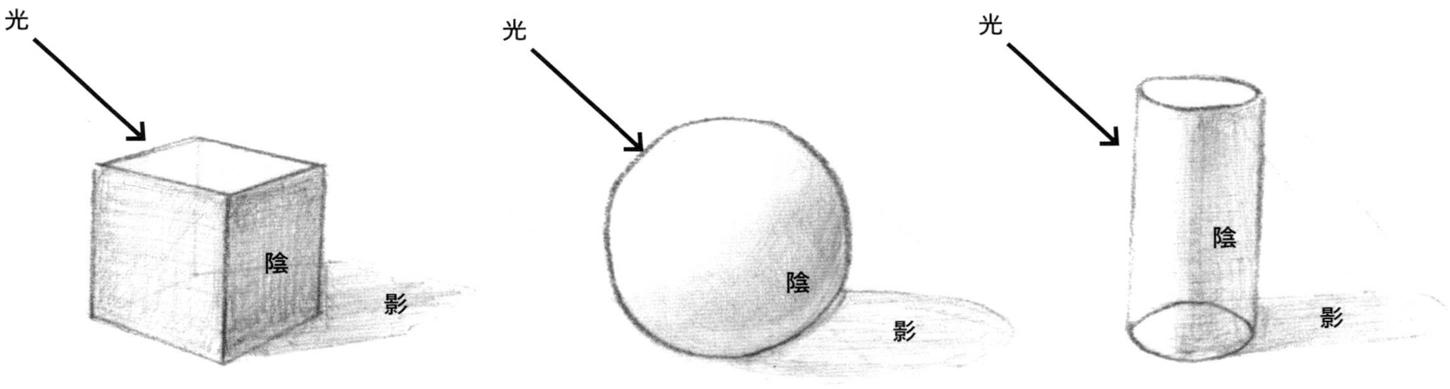

光
陰
影
光
陰
影
光
陰
影

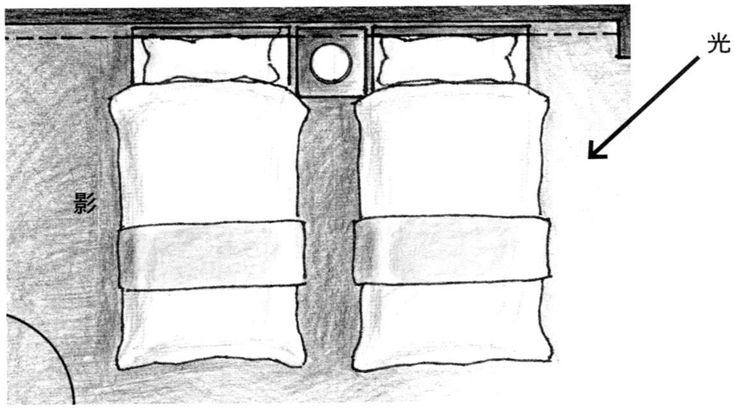

光
影

着彩時の影（平面図）

光
影

着彩時の影（インテリア立・断面図）

SECTION

1-11 質感表現　レンガ

色を重ねて、レンガの質感を表現します。ハイライトは紙の地を使います。あとから明るい部分を作ることができないので、最初から仕上がりをイメージしながら塗っていきます。

〈使用色〉

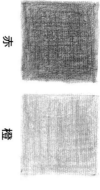

赤　橙

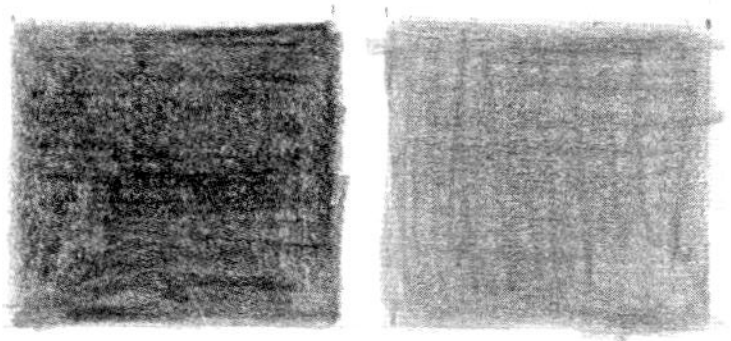

焦茶　赤茶

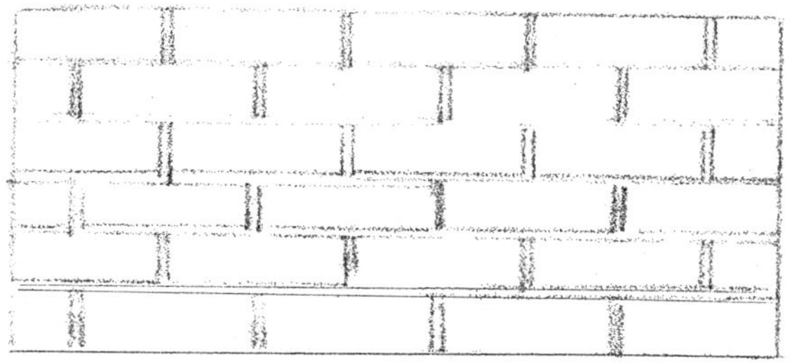

1 | 鉛筆で輪郭線を引く

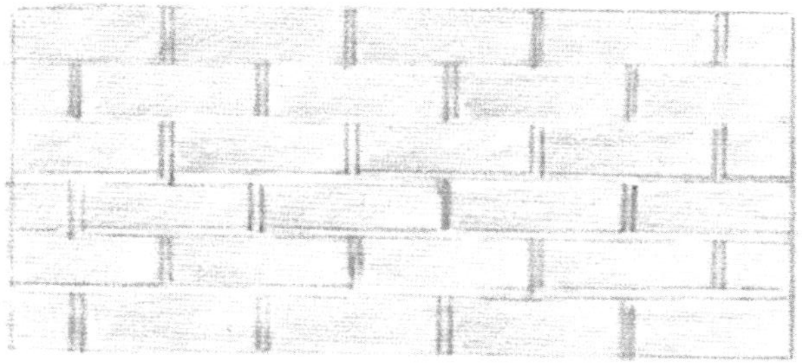

2 | 橙で全体を均一に薄く塗る

3 | 橙で濃淡を付ける

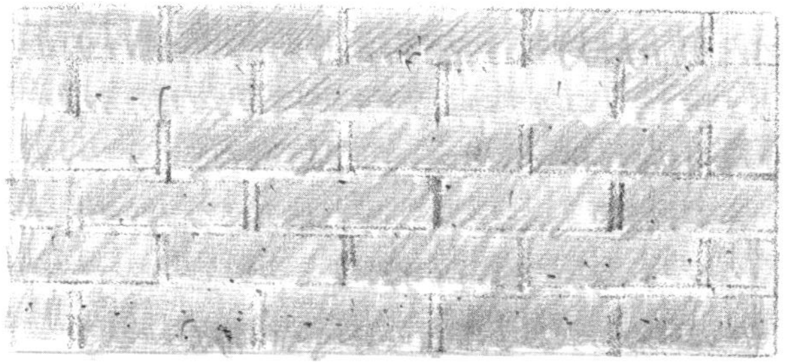

4 | 赤で変化を付ける

5 | 赤茶で目地とレンガの陰影を入れる

6 | 焦茶でさらに暗い陰影を入れ、全体を引き締める

SECTION
1-12 質感表現　木、石、コンクリートなど

いろいろな材料の質感表現を試してみましょう。実際の材料を観察しながら、表現を工夫してみてください。最初に明るい色で全体の下地を作り、濃い色で模様をデッサンします。

木

〈使用色〉

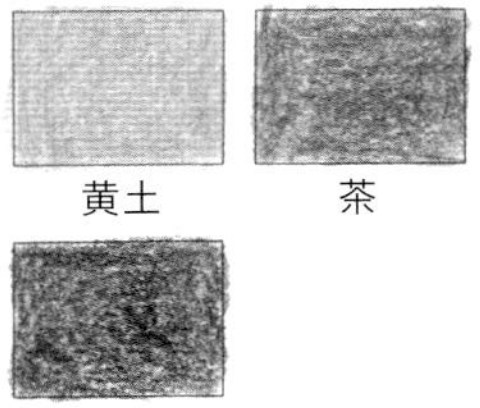

黄土　茶　焦茶

大理石

〈使用色〉

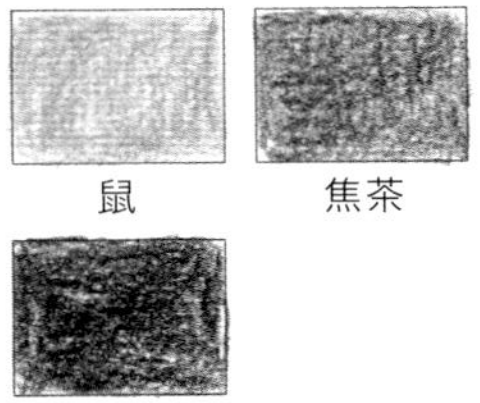

鼠　焦茶　黒

石

〈使用色〉

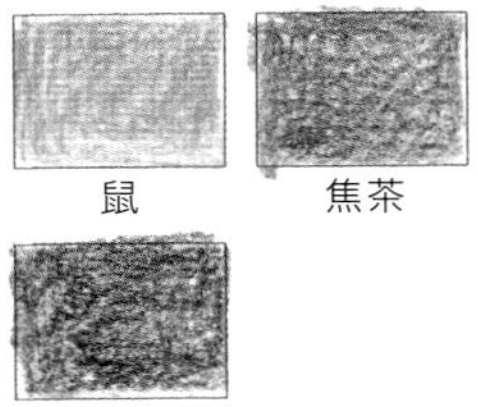

鼠　焦茶　黒

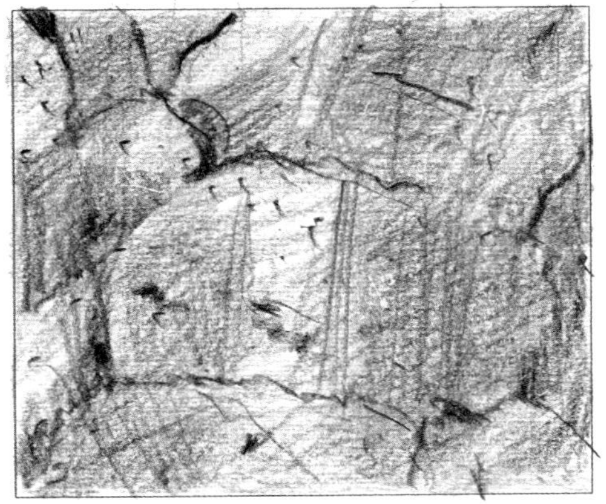

コンクリート

〈使用色〉

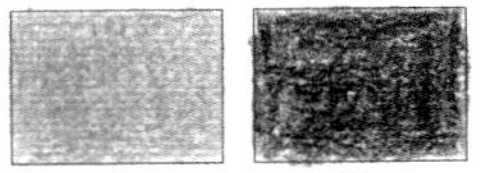

鼠　黒

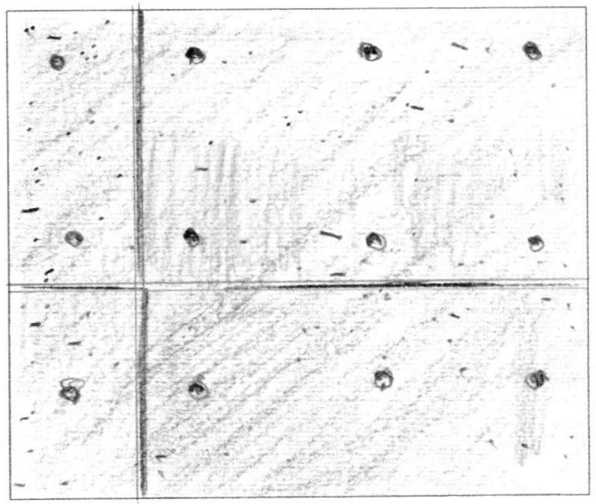

SECTION

1-13 インテリアグリーンの表現

観 葉植物などのインテリアグリーンは、インテリアの雰囲気を盛り上げるために描きます。インテリアが主役なので、密度を上げすぎてそこに注目がいかないように気をつけましょう。図の3程度の仕上がりでいい場合もあります。

〈2 の使用色〉

レモ　橙

赤　水

鼠

〈3 の使用色〉

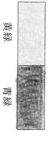

黄緑　青緑

赤茶　薄青

〈4 の使用色〉

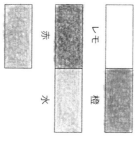

藍　焦茶

1 | ラフな線画を描く

2 | それぞれに下地の色を塗る

3 | ハイライト部分を残しながら、重ね塗りで変化を付ける

4 | 影や最暗部を入れ、全体を引き締める

SECTION
1-14 家具のスケッチ

インテリアをパースで表現する場合は家具のスケッチが必要です。普段から家具の形をよく見て、デッサンの練習をしておいてください。パース表現は4章で詳しく説明します。色を付けるときには光の方向を意識し、質感を出すように塗りましょう。

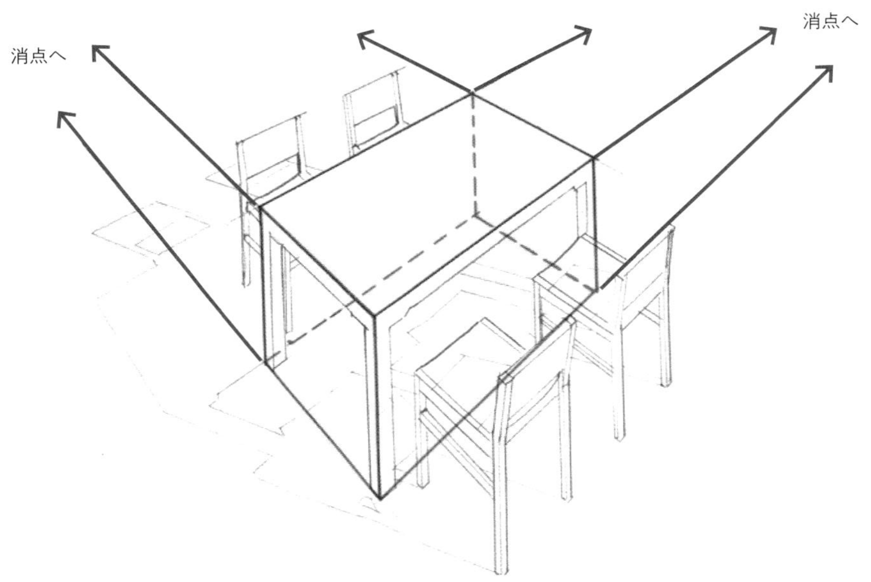

消点へ
消点へ

1 家具の平面を床に描いて、箱状に立ち上げる

2 消点（P.84）を意識しながら、箱の枠内に家具の形を描く

3 陰影は光の指す方向45度（左または右）、角度60度を意識して付ける。家具の影は真下でもよい

4 着彩時は木目などの質感が出るように塗る

SECTION

1-15 人物のスケッチ

人物を入れる目的は、空間にスケール感を出すこと、全体の雰囲気を盛り上げること、形状だけでは伝わらない用途や機能を説明することです。あくまで脇役なので、あまり目立ってはいけません。かなり省略して描きます。図のように同じ動作でも視点が変わると見え方がずいぶん変わります。日頃から日常的な動作をスケッチして、自然な人物が描けるように練習しましょう。

CHAPTER

2

インテリア製図のルール

インテリア図面に使用する線の種類や記号などには、決まりがあります。この章ではこれらのルールについて説明します。内容は日本インテリア学会が提唱する「インテリア製図通則」(P.130) に基づいています。

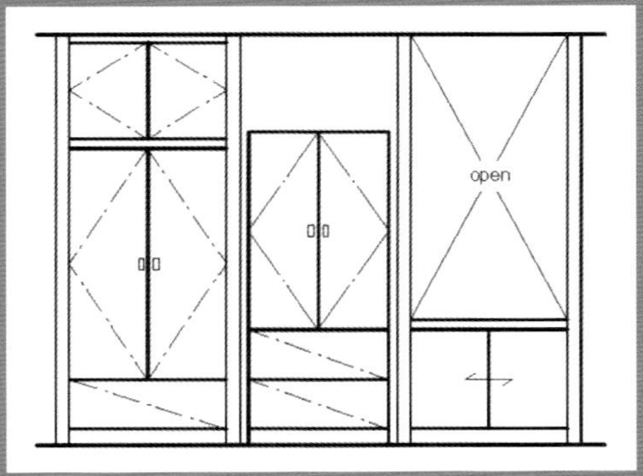
open

SECTION

2-1 図面サイズ・縮尺

インテリア図面の用紙サイズは、A3（297×420mm）やA2（420×594mm）が一般的です。縮尺は規模に応じて使い分けますが、1/50（S=1:50）がもっとも多用されます。1/30の縮尺は、国際規格に準じて、標準的な縮尺から外されていますが、1/50では細かい表現が困難で、1/20では間延びするというような場合に利用されています。

図面サイズ

A3 または A2 を使います。

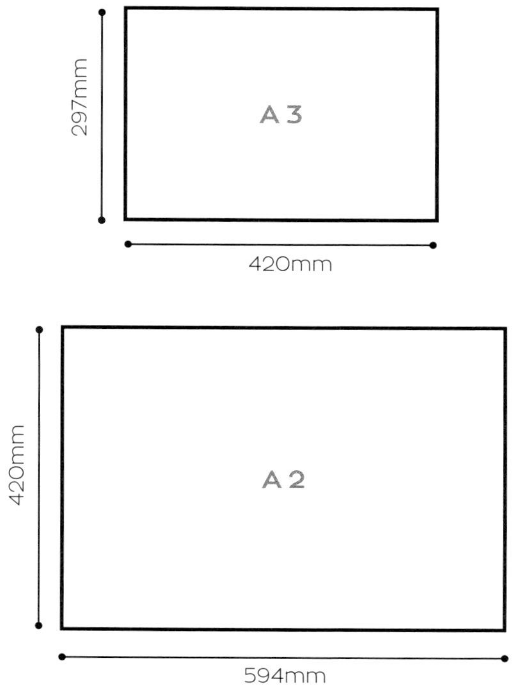

A3
297mm
420mm
A2
420mm
594mm

縮尺

縮尺は、1/1、1/2、1/5、1/10、1/20、1/50、1/100 、1/200 から、規模や表現内容に応じて選びます。インテリアでは 1/50 が標準です。

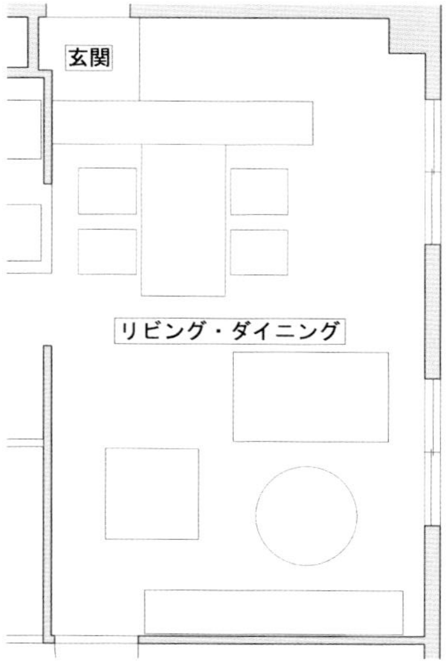

玄関
リビング・ダイニング

縮尺 1/100（S=1:100）

間取りや家具の位置が分かる程度であまり描き込みません。

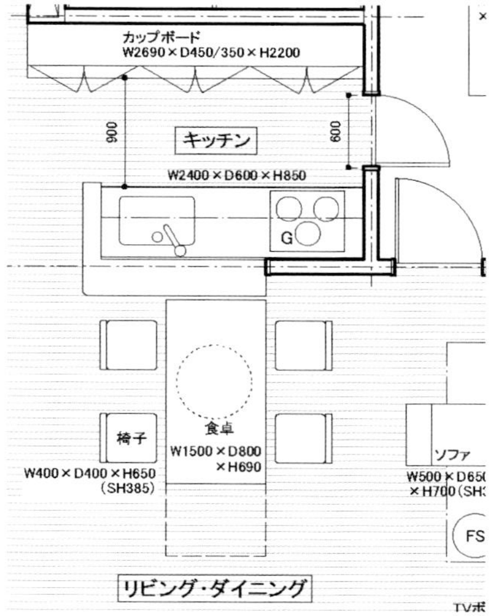

カップボード
W2690×D450/350×H2200
900
キッチン
600
W2400×D600×H850
G
椅子
W400×D400×H650
(SH385)
食卓
W1500×D800
×H690
ソファ
FS
リビング・ダイニング

縮尺 1/50（S=1:50）

家具のサイズや開口寸法、通路幅などの詳細情報を描き込みます。

SECTION

2-2 線の太さと種類

インテリア製図では、おもに細線（0.1mm）、中線（0.2mm）、太線（0.4mm）を使い分けます。この線の太さの比率は1：2：4です。実際の製図では、手描きで線の太さを正確に書き分けるのは難しいので、目視で明確に区別できるように太さを変えて描きましょう。線の種類は、用途に応じて実線、破線、一点鎖線などを使用します。

線の太さ

実線の太線（0.4mm）

太線は、壁や天井、床などの断面を表現します。

実線の中線（0.2mm）

中線は、家具や建具の外形線などのエレメントの輪郭を表現します。

実線の細線（0.1mm）

細線は、家具内部の線や建具の軌跡線、寸法線、床仕上げの目地などの細部を表現します。

その他、用途によって二点鎖線、ジグザグ線なども使われる。詳しくはP.130の「インテリア製図通則」を参照

線の種類

一点鎖線

一点鎖線は、通り心やカーテン、ブラインド、カーペットなどを描くときに使います。家具のとびらの開閉方向を示す線も一点鎖線です。

破線

破線は、隠れている部分の外形線を示します。たとえば家具の伸長部分や上部にあるカーテンボックスなどです。

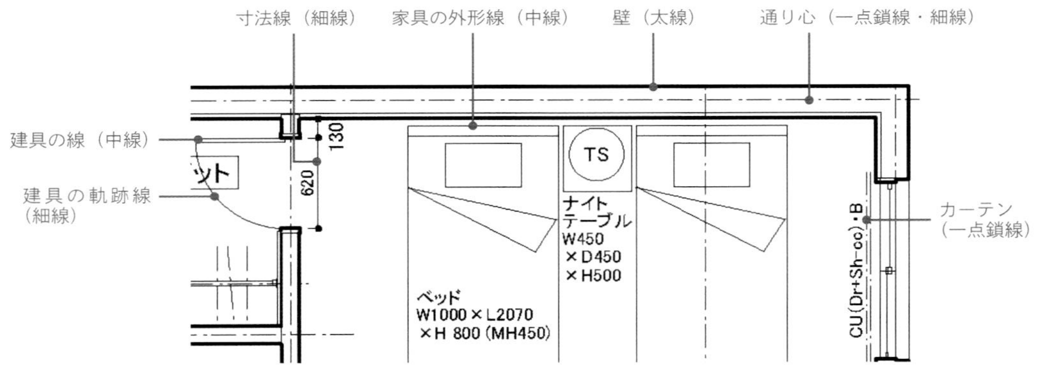
寸法線（細線）
家具の外形線（中線）
壁（太線）
通り心（一点鎖線・細線）
建具の線（中線）
建具の軌跡線（細線）
カーテン（一点鎖線）
130
620
TS
ナイトテーブル W450 ×D450 ×H500
ベッド W1000×L2070 ×H 800 (MH450)
CU(Dr+Sh-cc)・B

SECTION

2-3 文字の大きさ

製図の文字に関する規格（JIS Z 8313 等）にしたがい、そのフォントはCADの場合、おもに「ゴシック」とします。文字の大きさは高さが基準になっています。文字の高さ 1.8mm、2.5mm、3.5mm、5mm、7mm、10mm、14mm、20mmが図面で使われる標準サイズです。文字のサイズをポイント（pt）で示すと、おおよそ下記のサイズになります。

文字の高さ	
1.8 mm	文字の大きさ：5pt
2.5 mm	文字の大きさ：7pt
3.5 mm	文字の大きさ：10pt
5 mm	文字の大きさ：14pt
7 mm	文字の大きさ：20pt
10 mm	文字の大きさ：28pt
14 mm	文字の大きさ：40pt
20 mm	文字の大きさ：57pt

! 手描きの場合は特に決まりはないが、文字高さ4mm程度が標準。部屋名のように少し大きくしたい場合は5mm程度、細部の表現は3mm程度とする。同じ用途の文字（寸法、室名など）は高さを統一する

! 1pt=約0.35mm なので、正確には下記のポイントサイズになる
1.8mm=5.1pt、2.5 mm =7.1pt、3.5 mm =10pt、5 mm =14.3pt、7 mm =20pt
10 mm =28.6pt、14 mm =40pt、20 mm =57.1pt

SECTION
2-4 寸法

長さの寸法値は、通常はミリメートルの単位で記入し、単位記号は付けません。寸法は内法寸法を基本としますが、躯体の心々寸法で計画する建築図面との対応を図る場合は、心々寸法も合わせて表現することもあります。開口部の位置には通路幅を確認できるように有効寸法を表記します。
また、平面図とインテリア立・断面図の役割を明確化するため、原則として2種類の図面に重複する寸法は記載しません。ただし、単独でインテリア立・断面図を作成する場合は、その限りではありません。

●平面図：平面寸法を表記する。開口部には有効寸法を入れる
●インテリア立・断面図：高さ寸法を表記する。平面図と重複する寸法は記入しない

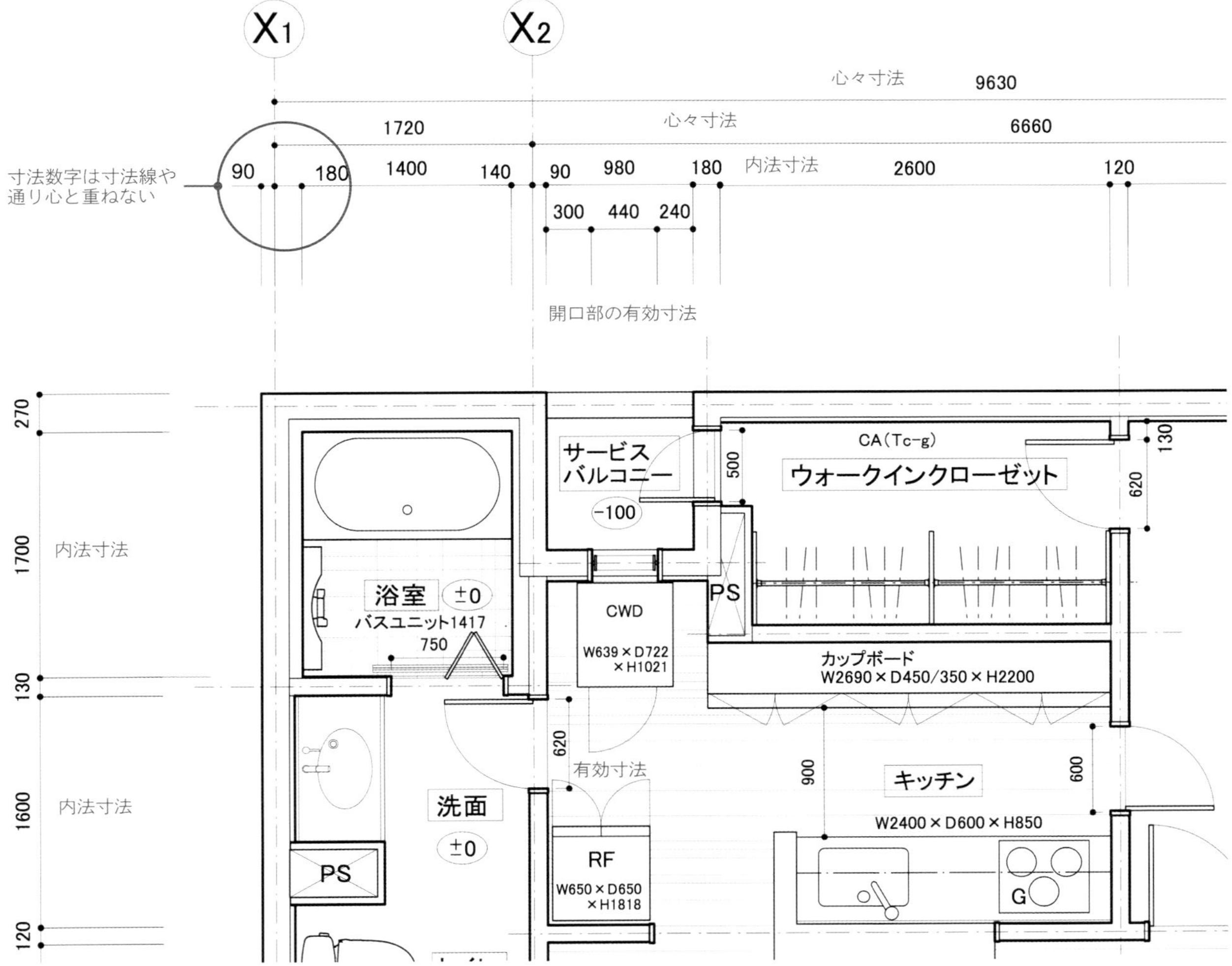
X1
X2
心々寸法
9630
1720
心々寸法
6660
寸法数字は寸法線や通り心と重ねない
90
180
1400
140
90
980
180
内法寸法
2600
120
300
440
240
開口部の有効寸法
270
1700
内法寸法
130
1600
内法寸法
120
サービスバルコニー
-100
500
CA（Tc-g）
ウォークインクローゼット
130
620
浴室
±0
バスユニット1417
750
CWD
W639×D722×H1021
PS
カップボード
W2690×D450/350×H2200
620
有効寸法
900
キッチン
600
洗面
±0
W2400×D600×H850
RF
W650×D650×H1818
PS
G

SECTION

2-5 壁の表現

壁は切断面の表現になるため、太線の実線で描きます。壁には躯体と下地があり、詳細図（1/20）では両方記入しますが、一般図（1/100）では下地は記入しません。下地が描かれている場合、インテリアでは内装仕上げ面（下地）の線を太線で描きます。

> ! インテリアでよく使われる縮尺1/50の図面では、下地があってもなくても、まちがいではない。CADを使う場合は下地を入れるケースが多く、手描きでは入れないケースが多い

平面図の壁（手描き図面）

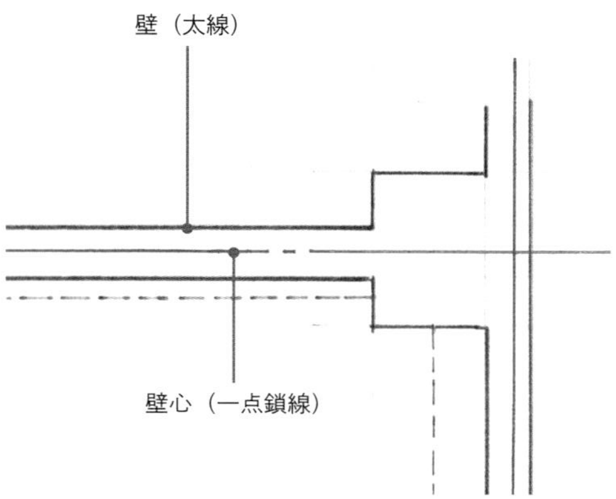
壁（太線）
壁心（一点鎖線）

平面図の壁

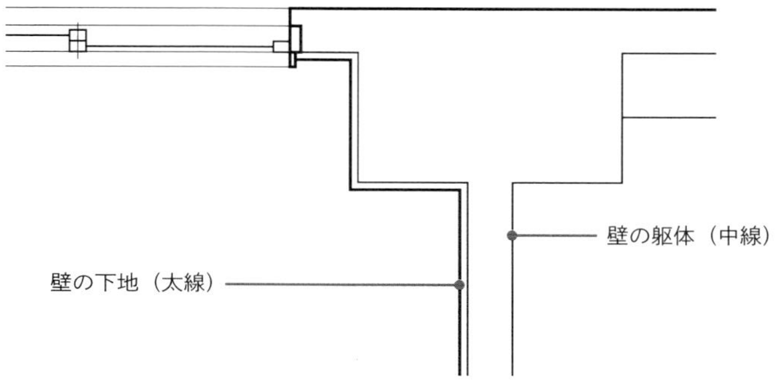
壁の躯体（中線）
壁の下地（太線）

インテリア立・断面図の壁

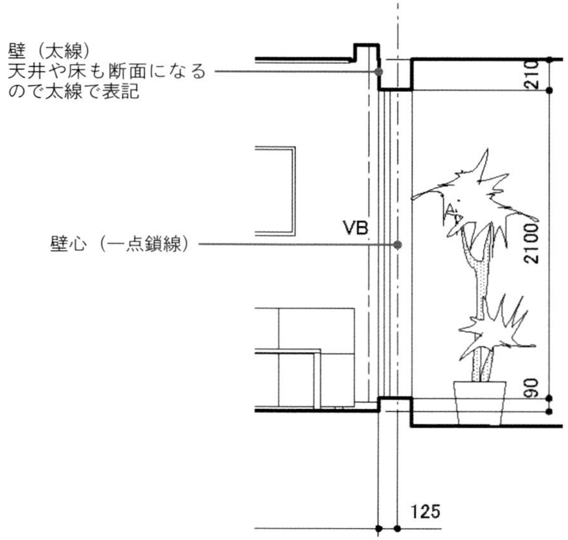
壁（太線）
天井や床も断面になるので太線で表記
VB
壁心（一点鎖線）
210
2100
90
125

SECTION
2-6 開口部の建具の表現

開口部の建具は中線で描き、とびらの軌跡を示す線は90度に開いた状態にして細線で描きます。開口部の壁は太線です。
断面表現と立面表現はインテリア立・断面図で使います。立面表現のとびらには開閉方向を示す線を細線の一点鎖線で入れ、吊元側で交差するよう斜めに描きます。ただし、とびらの取手や引手によって開閉方向がわかる場合は、開閉方向を示す線を省略してもよいです。

開口部には、額縁やサッシ枠、建具枠などもあるが、これは縮尺によって詳細に表現するか、簡略化するかを判断する

開き戸

●平面

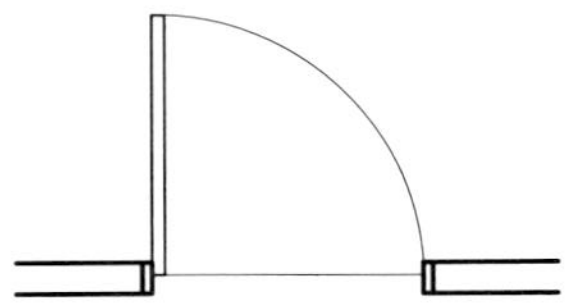

●断面

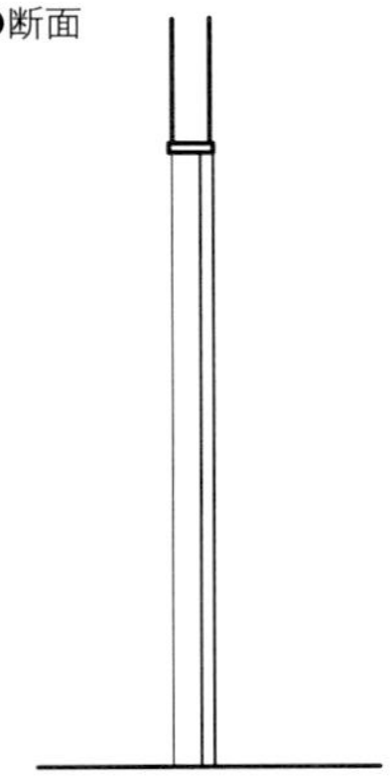

●立面

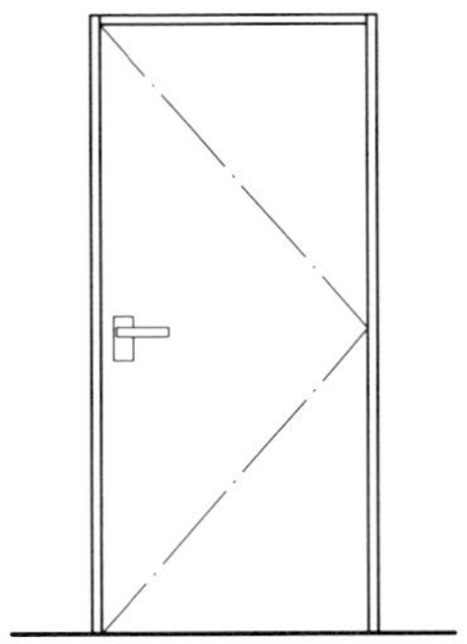

引違い窓

●平面

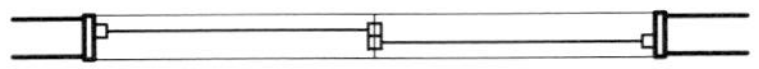

●断面

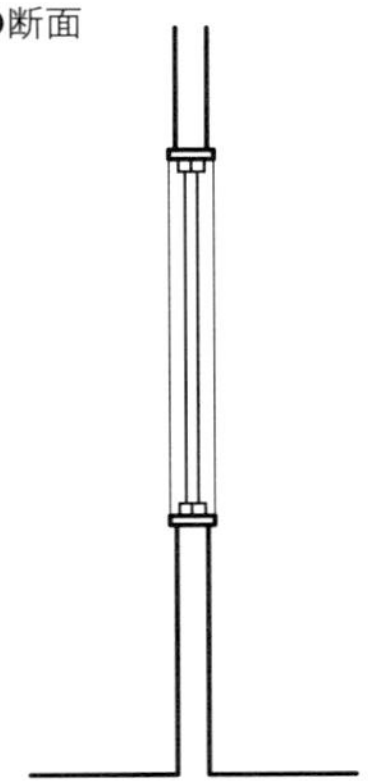

●立面

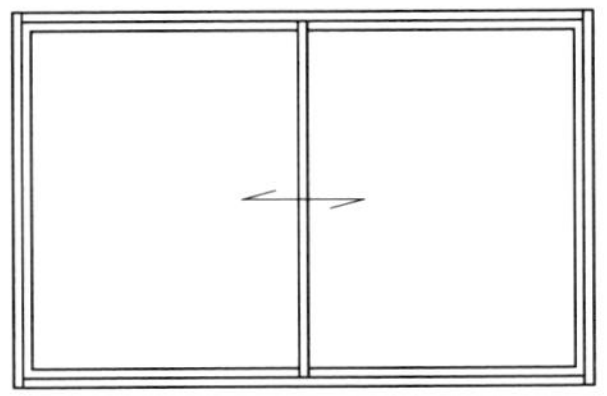

SECTION

2-7 家具の表現

家具は図面によって平面、または立面で表現します。平面表現では家具に名称と寸法を付記します。寸法はW（幅）×D（奥行）×H（高さ）が基本ですが、家具によって奥行や高さが別の測定値になることがあります。なお、家具の寸法は外形寸法に基づいています。立面表現では実際の形状がわかるように描き、台輪などのディテールが伝わるようにしましょう。

ベッド

寸法はW（幅）×L（長さ）×H（高さ）にMH（マットレス高さ）を付記します。

●平面

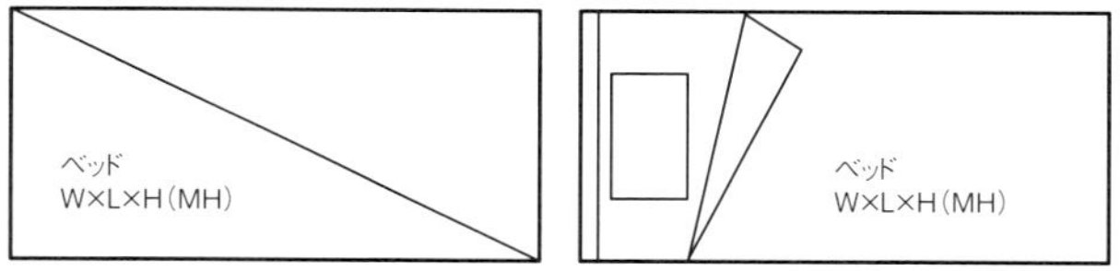
ベッド
W×L×H(MH)
ベッド
W×L×H(MH)

●立面

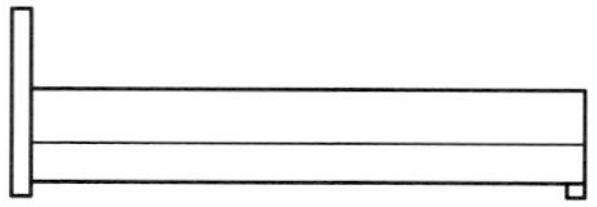

ソファ

寸法はW（幅）×D（奥行）×H(高さ)にSH(座面高)を付記します。

●平面

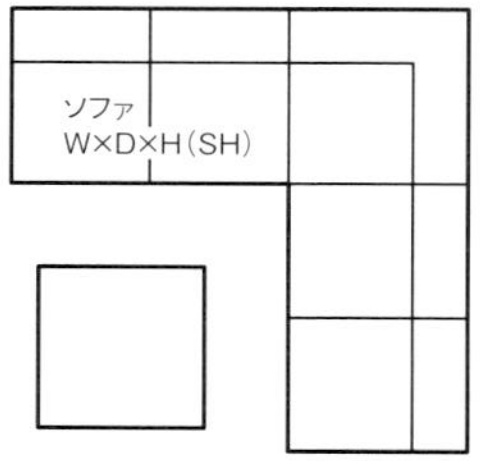
ソファ
W×D×H(SH)

●立面

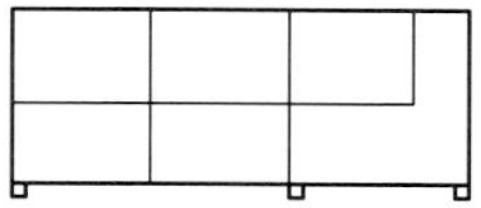

食卓（または机）と椅子

椅子は動作寸法が確保できていることを示すため、テーブルから引出した状態で描きます。伸長式家具は、最大形状部分を破線で描きます。
椅子の寸法にはSH（座面高）を付記します。

●平面

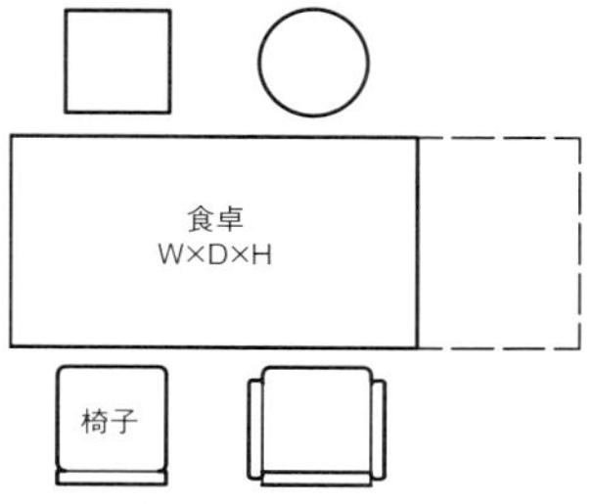
食卓
W×D×H
椅子
W×D×H(SH)

●立面

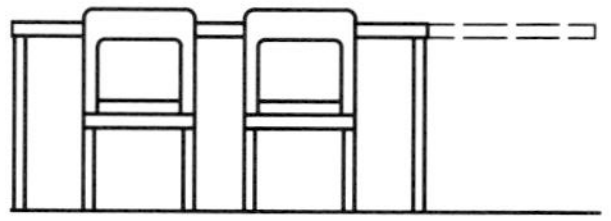

造り付け家具

取手や開閉方向を入れます。建具の開閉表示が90度なのに対し、収納家具のとびらは30度の開閉表示にして区別します。

●平面

置家具
W×D×H
造り付け収納
造り付け収納

●立面

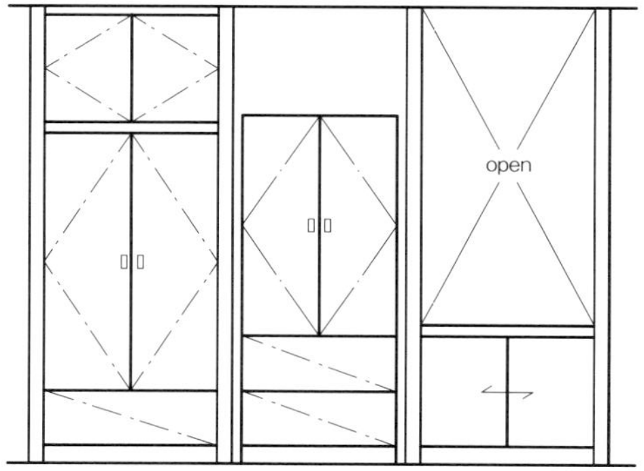
open

SECTION

2-8 設備・家電の表現

寸法の表記は家具と同じです。厨房機器は寸法 のほか、シンク・加熱機器の位置、水洗金具、吊戸棚などを描きます。家電機器の名称は、CMD（洗濯乾燥機）、RF（冷蔵庫）などのインテリア製図通則（P.130）に定められた文字記号を使います。

設備機器（厨房機器）

平面図にはカウンターより上に位置する吊戸棚を一点鎖線で記入します。インテリア立・断面図で表現する場合は、収納とびらの開閉方向を記入します。側面は断面で表現する場合もあります。

●平面

G
W×D×H

●立面

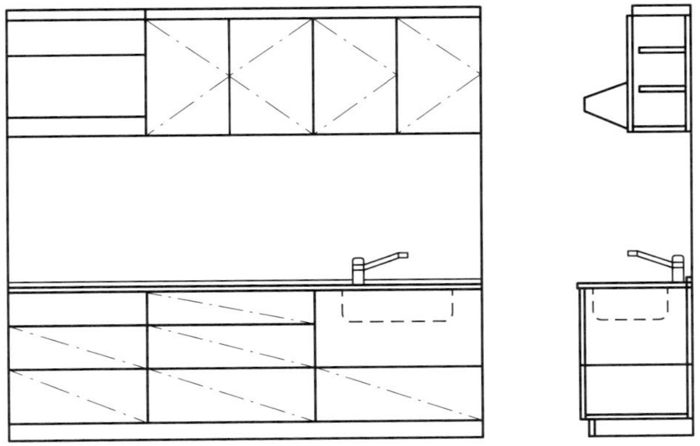

家電機器

家電機器の形状を描き、寸法を入れます。家電にとびらがある場合は、その開閉方向も記入します。名称は文字記号を使います。

●平面 ●立面

CMD
（洗濯乾燥機）

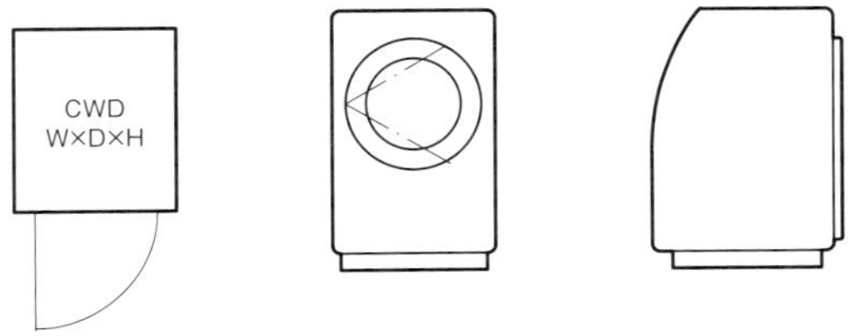
CWD
W×D×H

RF
（冷蔵庫）

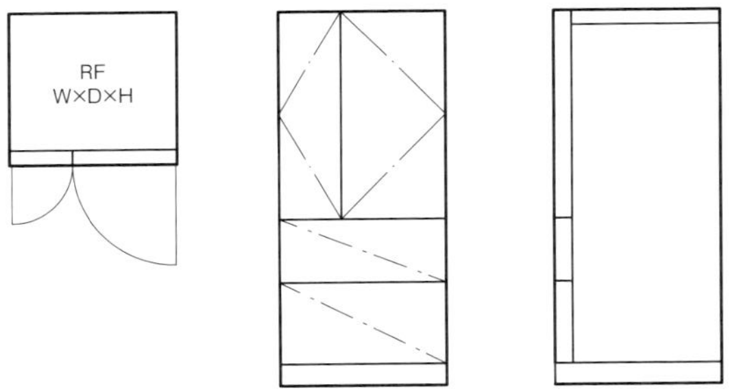
RF
W×D×H

> ! 家具や家電は実線で記入するが、置場のみ参考として表示するときや、受注範囲外のものであるときは、一点鎖線で記入することがある

SECTION
2-9 カーペットやウインドートリートメントの文字記号

平 面図では、カーペットやウインドートリートメントの範囲をおもに一点鎖線で表現します。このとき、種別や施工法を文字記号として併せて表記します。種別や施工法の記号は、インテリア製図通則の付表1（P.132）に準じます。

カーペット

カーペットは一点鎖線、または細線で表現します。カーペット一般の記号は「CA」です。種別と施工法はその後ろにカッコを付けて記入します。

CA(Wc-g)

CA(Wc-g)
カーペット一般の文字記号
カーペット施工法（例では「敷込」の「グリッパー工法」）
カーペット種別（例では「ウィルトン」）

ウインドートリートメント（下記はカーテンの例）

ウインドートリートメントは開口部の室内側に一点鎖線、または細線の波線で表現します。カーテンとローマンシェードについては、種別や施工法を付記できます。ダブルカーテンの場合は内側と外側の種別を＋（プラス）でつなぎ、カーテンボックスがあるときは記号の末尾に「・B」と追加します。

●カーテン一般
CU
●ダブルカーテン
CU(Dr+Sh-cc)・B

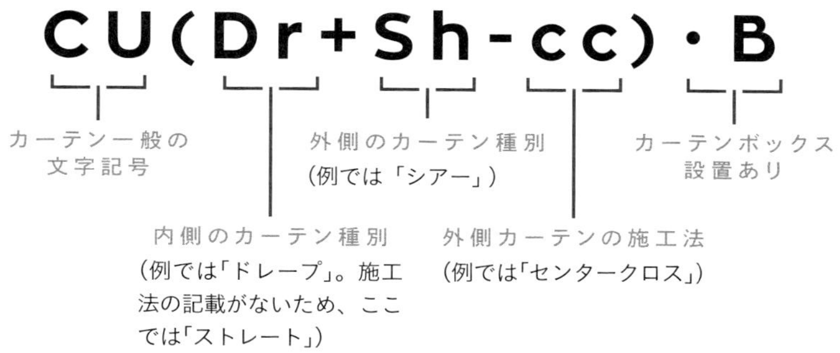
CU(Dr+Sh-cc)・B
カーテン一般の文字記号
外側のカーテン種別（例では「シアー」）
カーテンボックス設置あり
内側のカーテン種別（例では「ドレープ」。施工法の記載がないため、ここでは「ストレート」）
外側カーテンの施工法（例では「センタークロス」）

SECTION
2-10 設備記号

図面で使われる設備記号には、給水・給湯、電気、照明の記号などがあります。電気と照明の設備記号はJIS記号に準じていますが、一部の設備記号は、インテリア分野で慣習化している記号と整合性をとっています。おもな記号を次に挙げます。

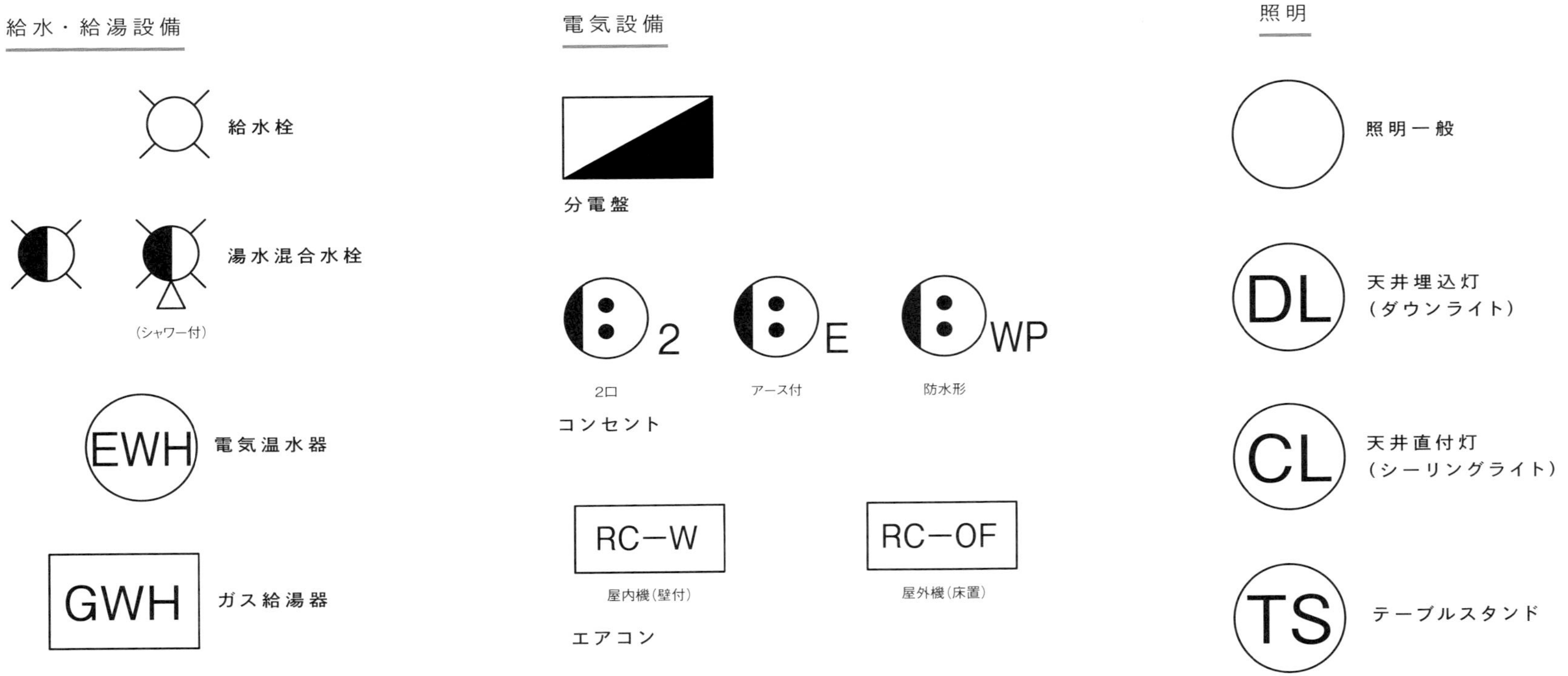
給水・給湯設備
給水栓
湯水混合水栓
(シャワー付)
EWH
電気温水器
GWH
ガス給湯器
電気設備
分電盤
2
E
WP
2口
アース付
防水形
コンセント
RC—W
屋内機(壁付)
RC—OF
屋外機(床置)
エアコン
照明
照明一般
DL
天井埋込灯
(ダウンライト)
CL
天井直付灯
(シーリングライト)
TS
テーブルスタンド

SECTION

2-11 インテリア図面のポイント－平面図

平面図は図面の中で、もっとも基本となる図面です。床面から1m程度上部の位置で水平に切った断面とそこから下向きに見た姿を描きます。建築躯体・仕上げ・設備だけでなく、家具・ファブリックスや家電機器、その他の生活用具も含めて表現します。ここまでに紹介してきたルールをもとに平面図を描きますが、紹介しきれていない部分を次に補足します。

室名と床高（床のレベル差）

室名は四角の中に入れて表記します。床高は円または楕円の中に基準面からの高さ寸法を記入します。

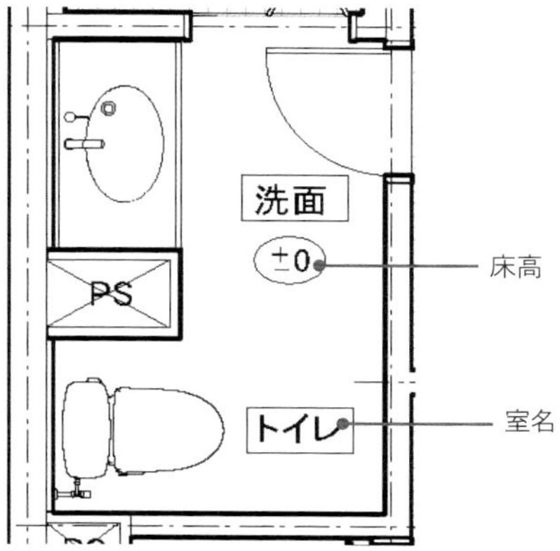
洗面
±0
床高
PS
トイレ
室名

図面名称など

必要に応じて図面名称、縮尺、方位、インテリア立・断面図の壁面方向、断面図の切断位置、詳細図の表現位置を記入します。

床仕上げ

カーペットは、文字記号を用いて表記します(P.40)。フローリングやタイルのように目地のある仕上げは、おおよその割付を記入します。

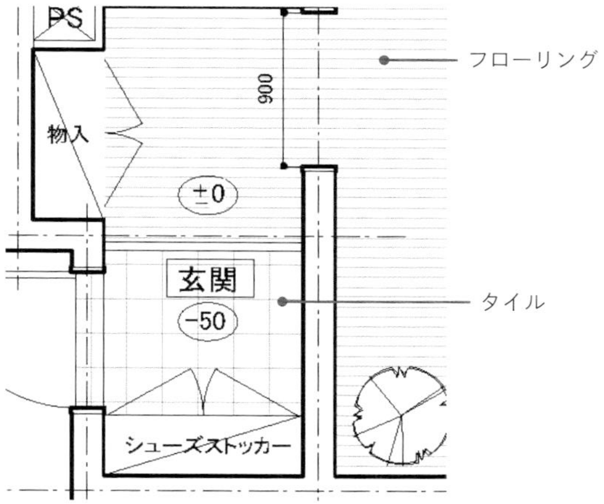
PS
物入
900
フローリング
±0
玄関
−50
タイル
シューズストッカー

凡例

図中に使用した文字記号などの凡例を示します。

凡例：使用文字記号

名称			記号
カーペット	カーペット 一般		CA
	種別	ウィルトン	Wc
		タフテッド	Tc
	施工法	敷込 グリッパー構法	-g
		置敷	なし
窓装飾	カーテン 一般		CU
	種別	ドレープ	Dr
		シアー	Sh
	施工法	ストレート	なし
		センタークロス	cc
	バーチカルブラインド		VB
	カーテンボックス		·B
家電機器	テレビ		TV
	冷凍冷蔵庫		RF
	電気洗濯乾燥機		CWD
照明器具	壁付灯（ブラケット）		BL
	テーブルスタンド		TS
	フロアスタンド		FS

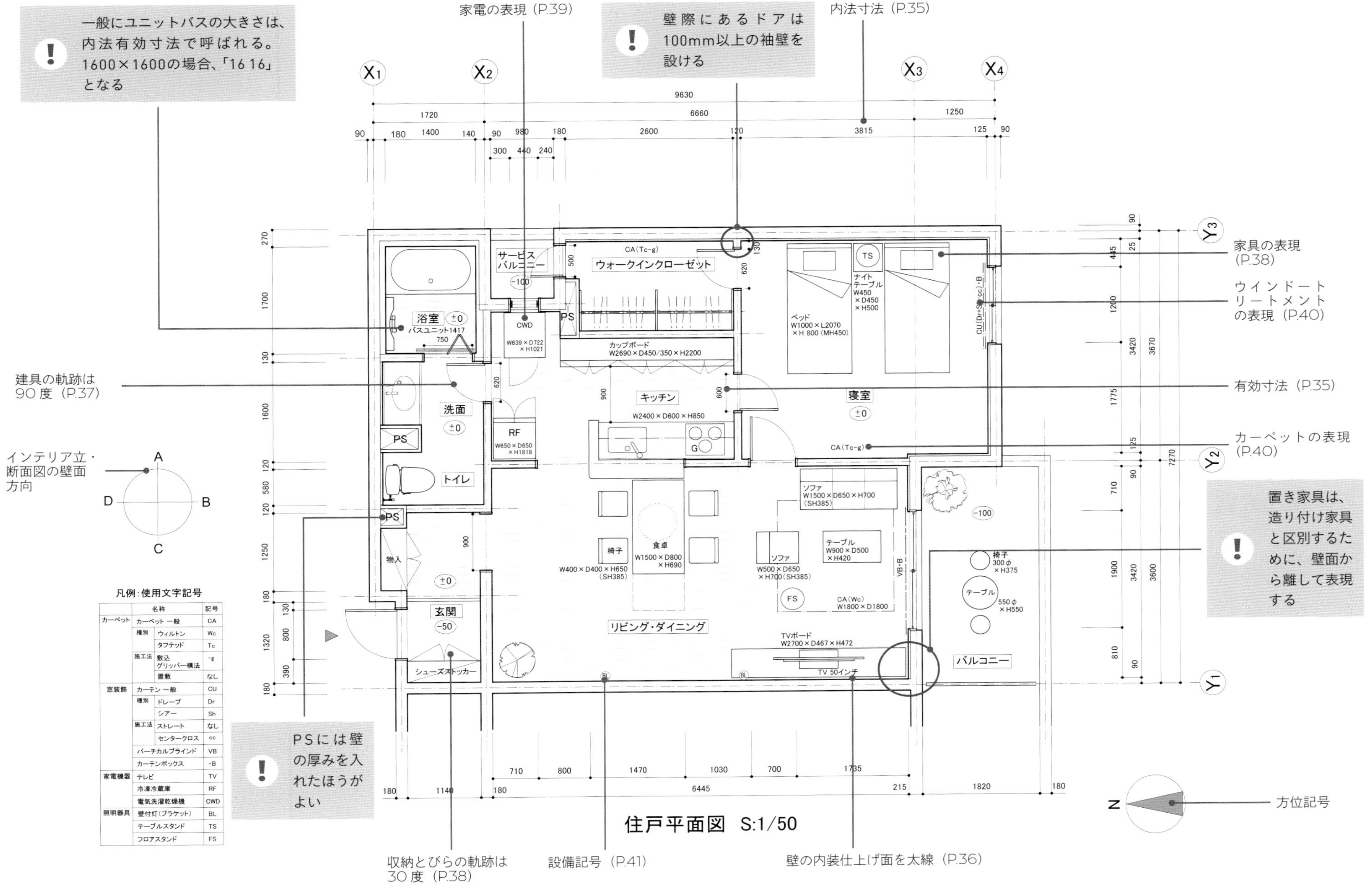
一般にユニットバスの大きさは、内法有効寸法で呼ばれる。1600×1600の場合、「16 16」となる
家電の表現（P.39）
壁際にあるドアは100mm以上の袖壁を設ける
内法寸法（P.35）
建具の軌跡は90度（P.37）
インテリア立・断面図の壁面方向
A
B
C
D
家具の表現（P.38）
ウインドートリートメントの表現（P.40）
有効寸法（P.35）
カーペットの表現（P.40）
置き家具は、造り付け家具と区別するために、壁面から離して表現する
PSには壁の厚みを入れたほうがよい
方位記号
N
収納とびらの軌跡は30度（P.38）
設備記号（P.41）
壁の内装仕上げ面を太線（P.36）
浴室
±0
バスユニット1417
サービスバルコニー
−100
CWD
W639×D722×H1021
ウォークインクローゼット
CA（Tc−g）
PS
カップボード
W2690×D450/350×H2200
洗面
±0
RF
W650×D650×H1818
キッチン
W2400×D600×H850
G
寝室
±0
ベッド
W1000×L2070×H 800（MH450）
ナイトテーブル
W450×D450×H500
TS
CU（Dr+Sh−cc）・B
CA（Tc−g）
トイレ
物入
±0
玄関
−50
シューズストッカー
椅子
W400×D400×H650（SH385）
食卓
W1500×D800×H690
ソファ
W1500×D650×H700（SH385）
ソファ
W500×D650×H700（SH385）
テーブル
W900×D500×H420
FS
CA（Wc）
W1800×D1800
VB・B
リビング・ダイニング
TVボード
W2700×D467×H472
TV 50インチ
BL
バルコニー
−100
椅子
300φ×H375
テーブル
550φ×H550
X1
X2
X3
X4
Y1
Y2
Y3
9630
1720
6660
1250
90
180
1400
140
90
980
180
2600
120
3815
125
90
300
440
240
270
1700
130
1600
120
580
120
1250
180
1320
130
800
390
180
500
620
620
900
600
900
750
710
800
1470
1030
700
1735
215
1820
180
1140
6445
90
445
25
1200
3420
3670
1775
125
90
7270
710
1900
3420
3600
810
90

住戸平面図　S:1/50

凡例：使用文字記号

名称			記号
カーペット		カーペット一般	CA
	種別	ウィルトン	Wc
		タフテッド	Tc
	施工法	敷込 グリッパー構法	−g
		置敷	なし
窓装飾		カーテン一般	CU
	種別	ドレープ	Dr
		シアー	Sh
	施工法	ストレート	なし
		センタークロス	cc
		バーチカルブラインド	VB
		カーテンボックス	・B
家電機器		テレビ	TV
		冷凍冷蔵庫	RF
		電気洗濯乾燥機	CWD
照明器具		壁付灯（ブラケット）	BL
		テーブルスタンド	TS
		フロアスタンド	FS

SECTION

2-12 インテリア図面のポイントーインテリア立・断面図

インテリア立・断面図は、平面図についでインテリア計画上重要な図面です。壁から1m程度離れた位置を基準にした正面図で、部屋の各壁面を描きます。左右端部は断面を表現し、インテリアエレメント、幅木・回り縁（まわりぶち）、内装仕上げ材、寸法などを記入します。向かい合う壁面を上下に並べて描きますが、天井や梁、床は左右が逆になるので気をつけましょう。

インテリアエレメントの表現

ウインドートリートメント、照明器具、インテリア小物、インテリアグリーン、絵画などのインテリアエレメントを記入します。

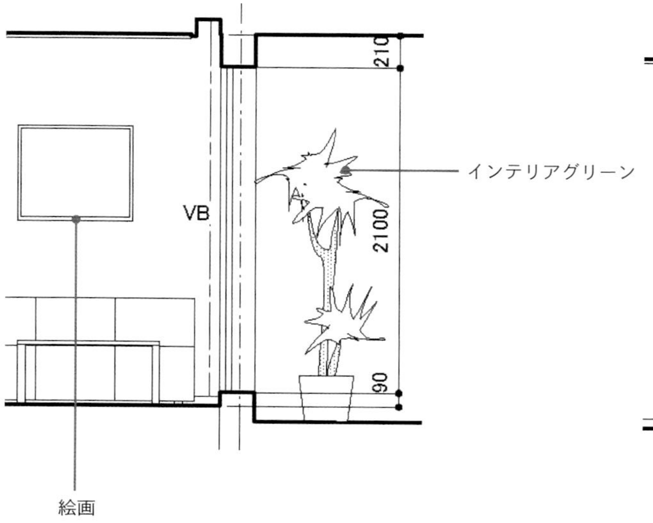
210
VB
2100
90
インテリアグリーン
絵画

線の太さは明快に

断面線は太線、建具・インテリアエレメントなどの外形線は中線、木目などの質感や細部は細線で描きます。

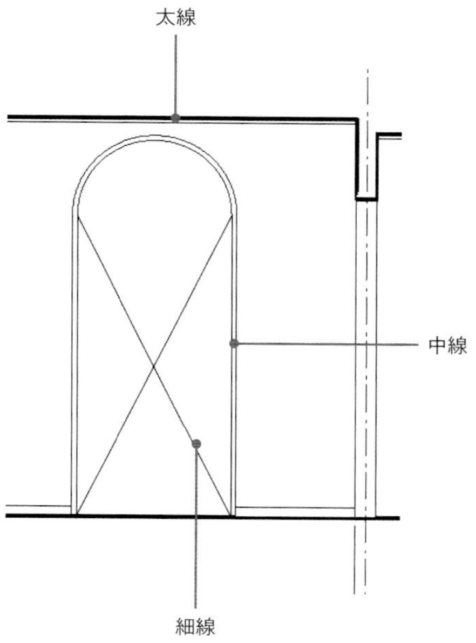
太線
中線
細線

素材の質感表現

必要に応じて、木目、布、ガラス、金属などを表現します。

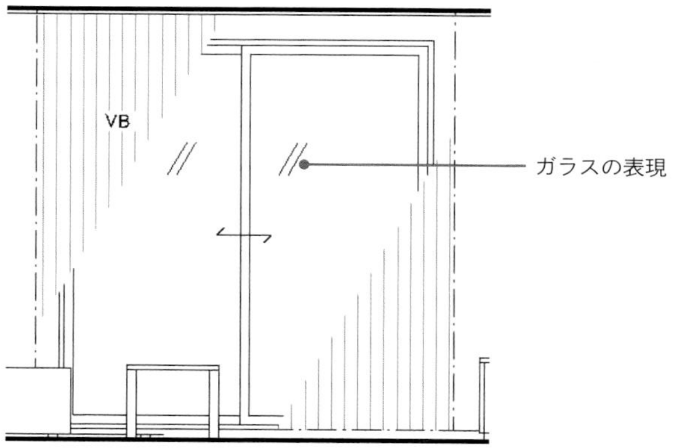
VB
ガラスの表現

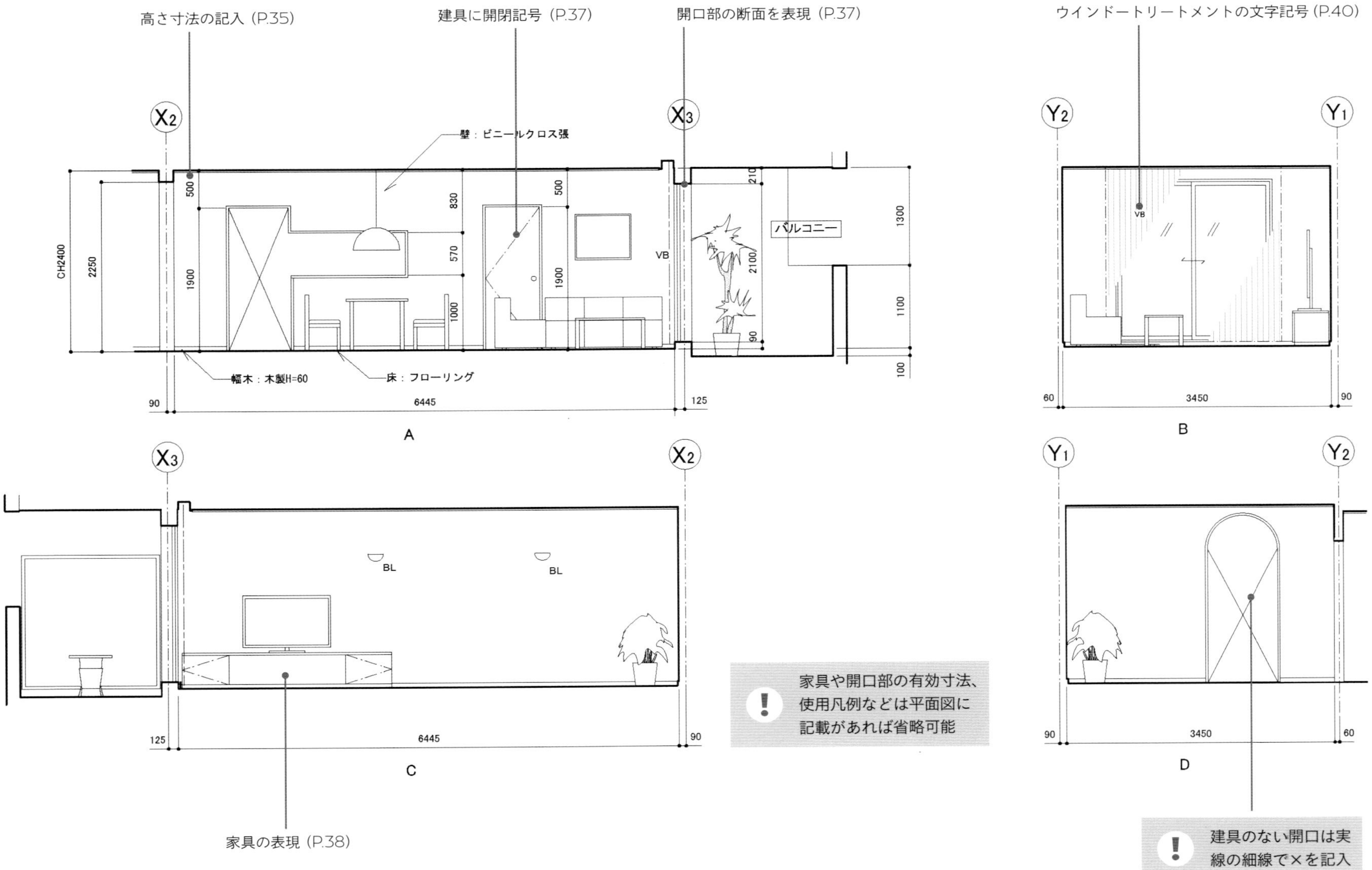
高さ寸法の記入（P.35）
建具に開閉記号（P.37）
開口部の断面を表現（P.37）
ウインドートリートメントの文字記号（P.40）
家具の表現（P.38）
壁：ビニールクロス張
幅木：木製H=60
床：フローリング
バルコニー
CH2400
2250
500
1900
830
570
1000
VB
210
2100
1300
1100
100
90
6445
125
A
B
C
D
BL
3450
60

家具や開口部の有効寸法、使用凡例などは平面図に記載があれば省略可能

建具のない開口は実線の細線で×を記入

SECTION

2-13 インテリア図面のポイントー天井伏図

天 井伏図は天井を上から見下ろした状態で表現する図面です。天井の仕上げや照明器具、カーテンボックスを表現するときに使用します。

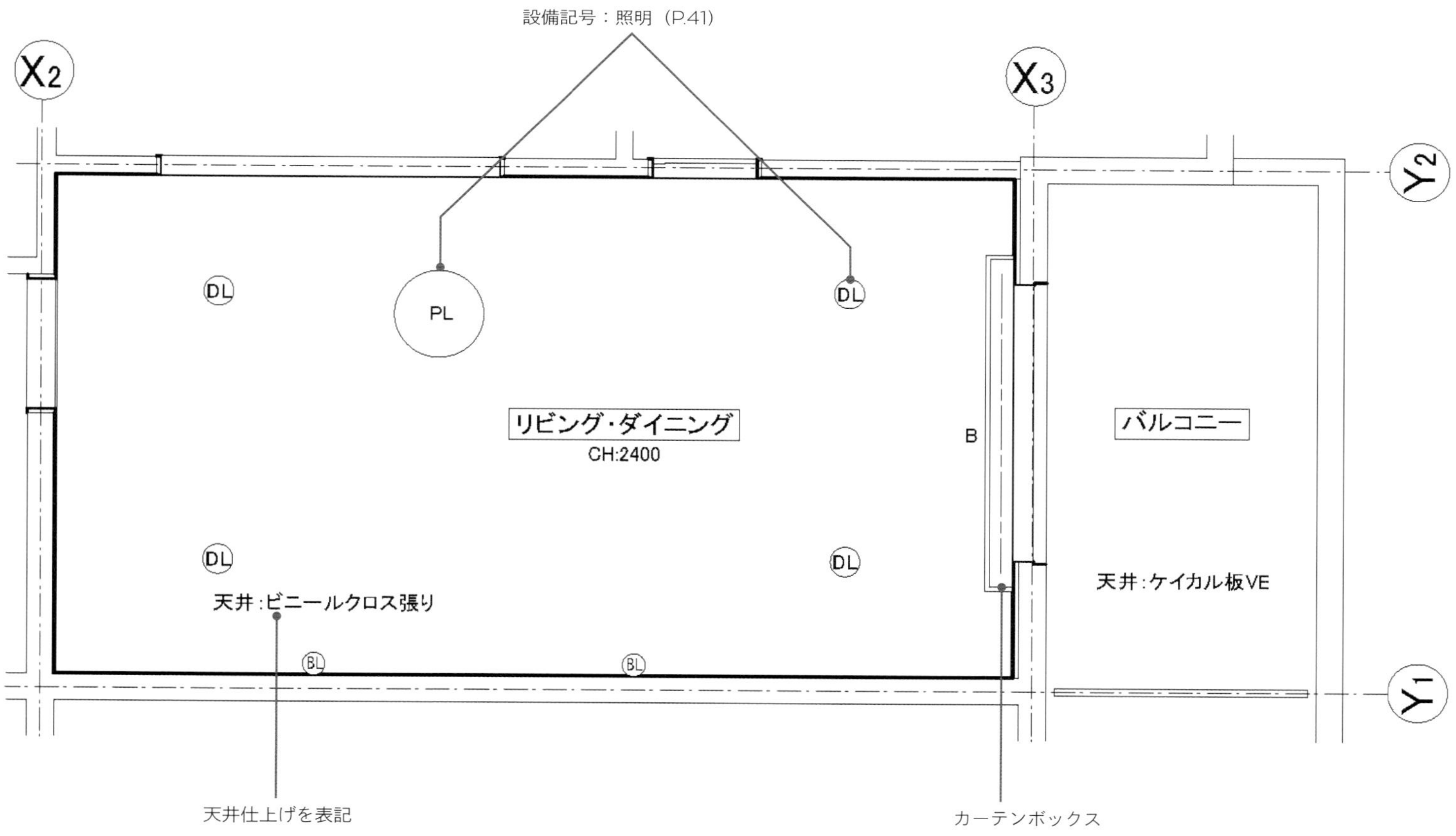

設備記号：照明（P.41）
X2
X3
Y2
Y1
DL
PL
DL
リビング・ダイニング
CH:2400
B
バルコニー
DL
DL
天井：ビニールクロス張り
天井：ケイカル板VE
BL
BL
天井仕上げを表記
カーテンボックス

凡例：使用文字記号

名称	記号
天井埋込灯（ダウンライト）	DL
天井直付灯（シーリングライト）	CL
天井吊下灯（ペンダント）	PL
壁付灯（ブラケット）	BL
カーテンボックス	B
塩化ビニル樹脂エナメル	VE

CHAPTER

3

インテリア製図のプロセス

手描きによる平面図、インテリア立・断面図、家具図の作図プロセスを説明します。家具の標準的な大きさや、通路幅をふまえた家具の配置なども紹介していますので、プランニングの参考にしてください。

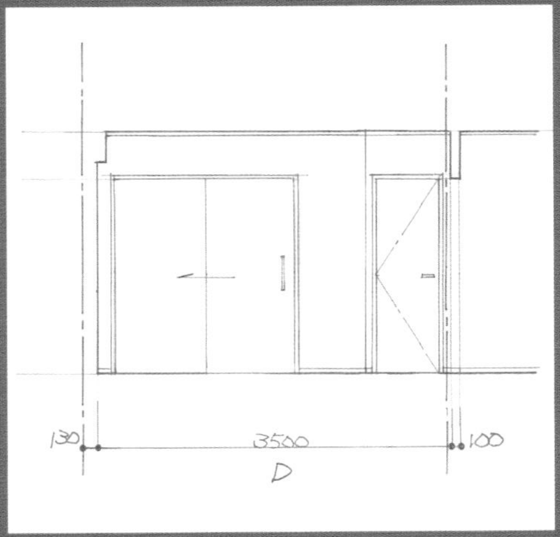
130
3500
100
D

SECTION
3-1 印象のよい図面を目指す

この章では手描きで図面を描いていくプロセスを説明します。前章で紹介した製図のルールと重なる部分がありますが、見やすくわかりやすい図面にするためのポイントとして、次の点に気を付けましょう。

明快なプランを作る

よい計画は、よい印象の図面につながります。客とサービスの分離、公私の分離などを意識して、ゾーニングを明確に分けます。また、用途に応じた各スペースの面積をバランスよく取るよう心がけましょう。

通路幅など重要な寸法の記入がある

通路幅や出入口の有効幅、家具の寸法、カウンターの奥行など、動線や人体に関わる重要な寸法は表記が必要です。

サービス部分
カウンター席5席
ショップコーナー
ショーケース
スクリーン
舞台
カフェ36席
サービス台
客席部分
ラウンジ10席
エントランスロビー
コンシェルジュデスク
壁面 展示スペース
コワーキングスペース
テラス
客席16席
入口 -100
サービス
部分
ショーウィンドー
6000
24000

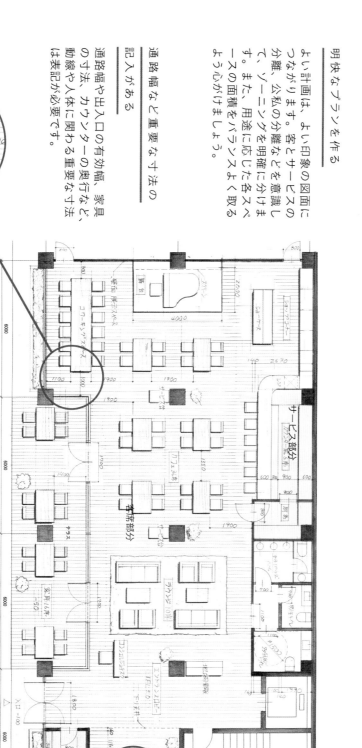

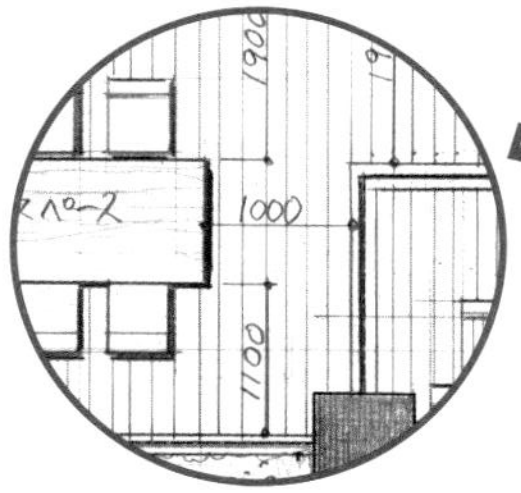

生活感を出す

インテリアグリーン、絵画、小物など、暮らしをイメージできる要素を必ず入れましょう。

見やすくきれいな図面

手描き図面でも線の太さを明確に使い分けます。文字も高さや位置をそろえて描きます。家具には影を付けると立体感が出ます。また、壁の太線は上方から描く、こまめに刷毛で鉛筆の粉を払うなど、図面を汚さない工夫も必要です。

! 文字の高さをそろえる

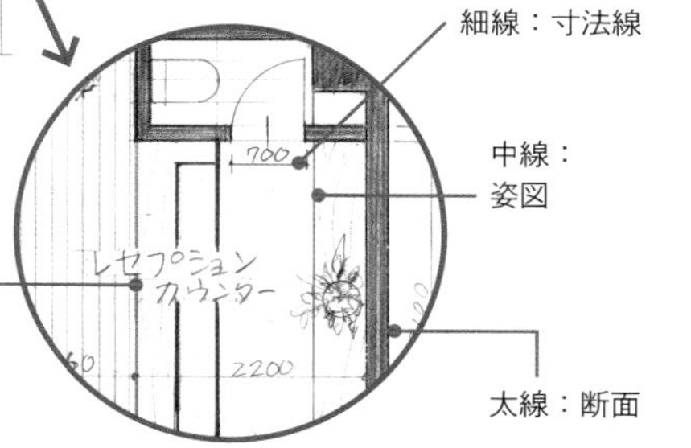

細線：寸法線
中線：姿図
太線：断面

SECTION
3-2 人体寸法と通路幅

動線計画には、一般的な人体の大きさや通路幅の知識が必要です。通路は移動するためだけの生産性のないスペースですが、あまり狭いと移動を阻害し、ストレスが生じてしまいます。通路の用途などを考慮し、適正な通路幅を確保しましょう。

一般的な人体の大きさと通路幅の関係

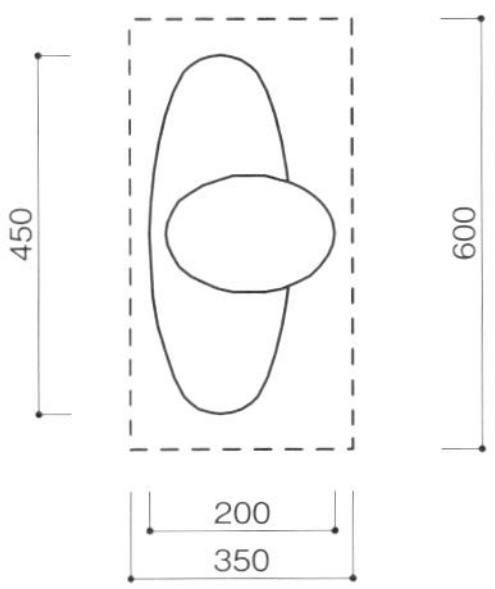
450
600
200
350

一般的な人体の大きさは、幅450、厚み200である。歩行に必要な幅は600で、横向きの場合は350である

動線・通路幅（専用通行スペース※両側が壁の場合）

①最小通路幅
・物を持たず体だけが移動する

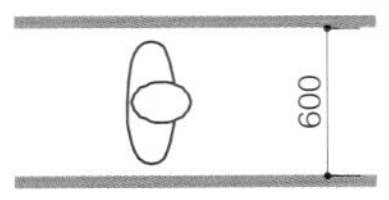
600

②廊下の最小幅
・物を持って移動する

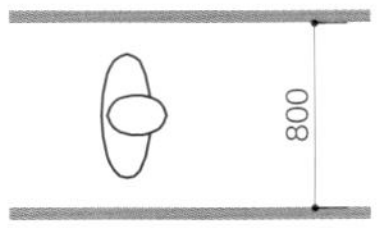
800

③すれ違い
・1人が横向きですれ違う
・一般的な動線の幅

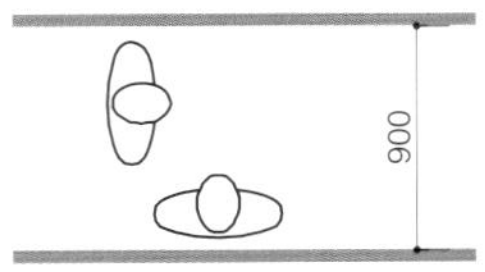
900

④2人が正面を向いてすれ違う
・主動線

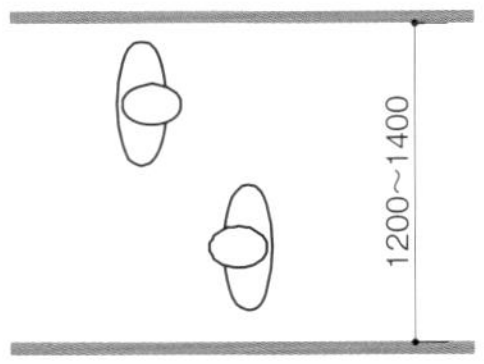
1200～1400

通路幅（サービスのための必要スペース）

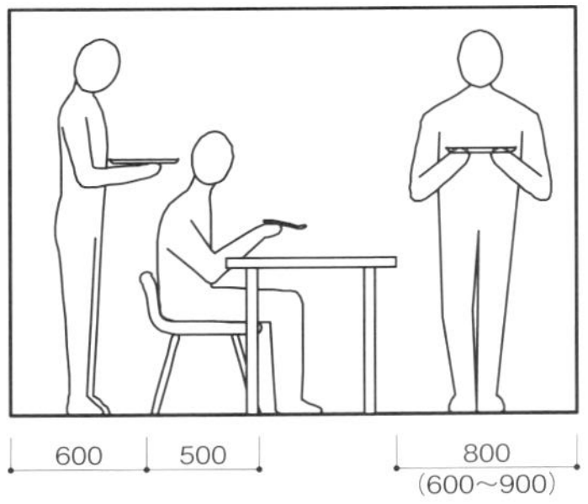
600
500
800
(600～900)

主要通路　幅：900～1400
主要通路から分岐した通路（副通路）：600～900
客席に至る最終通路（補助通路）：400～600

通路幅を考慮したレストランの客席配置例

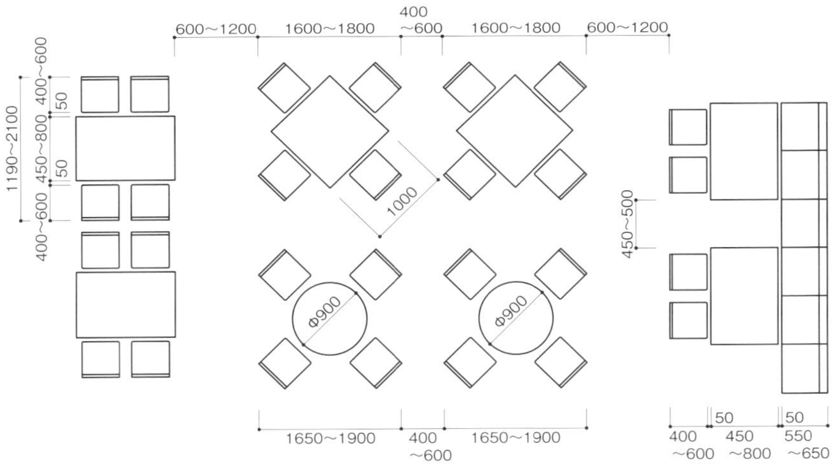
600～1200
1600～1800
400
～600
1600～1800
600～1200
1190～2100
400～600
50
450～800
50
400～600
1000
Φ900
Φ900
1650～1900
400
～600
1650～1900
450～500
50
50
400
～600
450
～800
550
～650

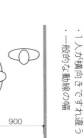

SECTION
3-3 家具の標準寸法

室内に配置するおもな家具の標準寸法は次のとおりです。

リビングルームの家具：ソファ、スツール

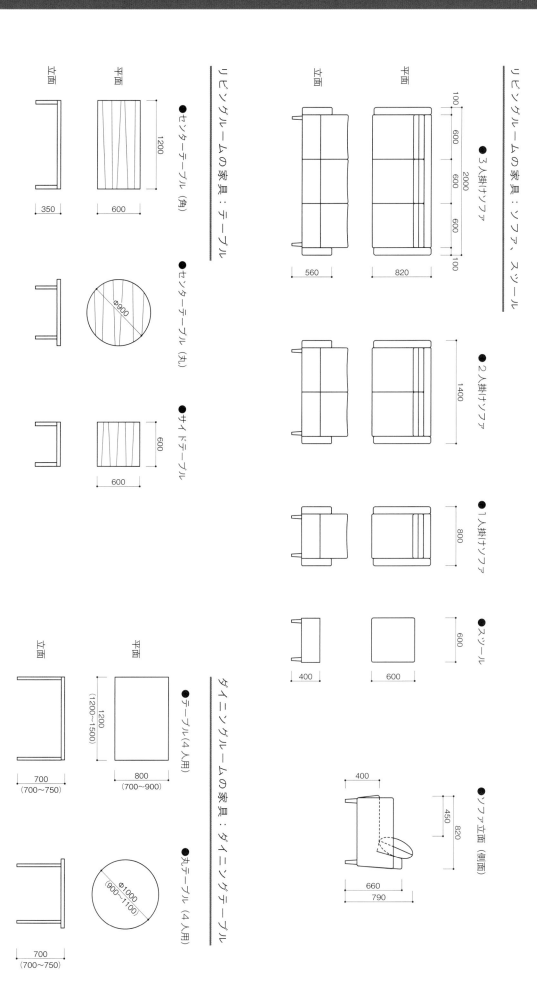

●3人掛けソファ　●2人掛けソファ　●1人掛けソファ　●スツール

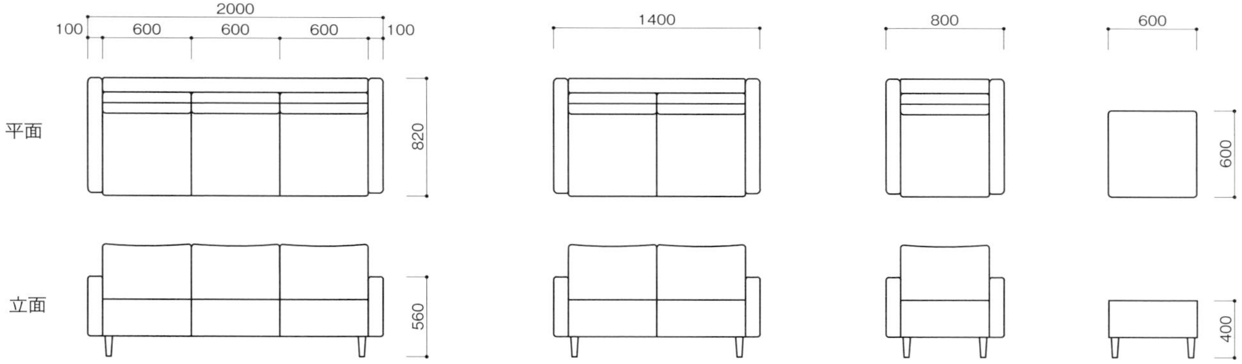
平面
立面
2000
100
600
600
600
100
820
560
1400
800
600
600
400

●ソファ立面（側面）

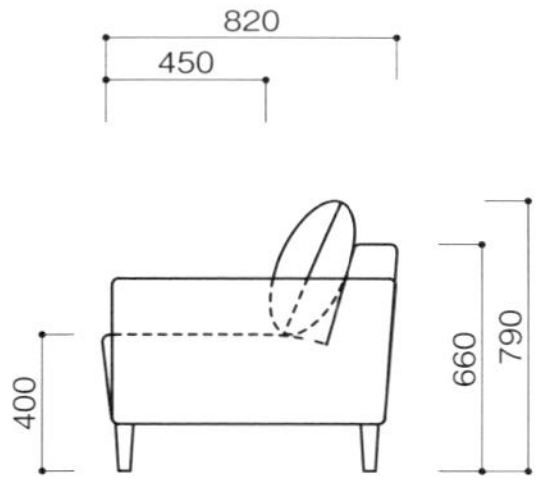
820
450
400
660
790

リビングルームの家具：テーブル

●センターテーブル（角）　●センターテーブル（丸）　●サイドテーブル

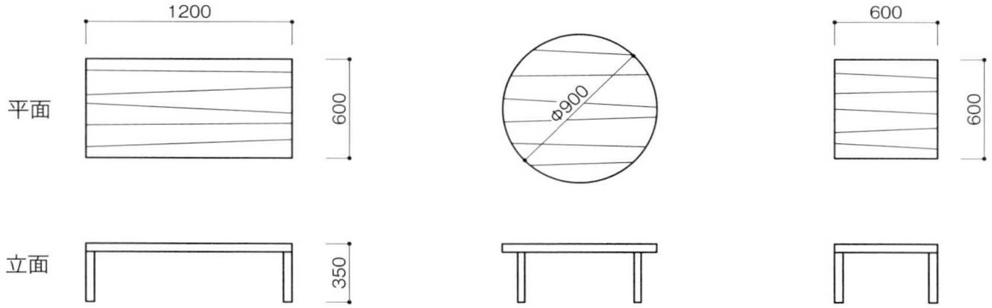
平面
立面
1200
600
350
Φ900
600
600

ダイニングルームの家具：ダイニングテーブル

●テーブル（4人用）　●丸テーブル（4人用）

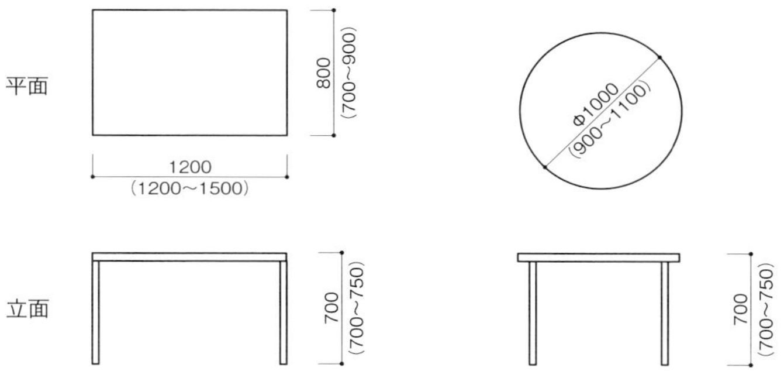
平面
立面
800
(700～900)
1200
(1200～1500)
700
(700～750)
Φ1000
(900～1100)
700
(700～750)

ダイニングルームの家具：ダイニングチェア

●ダイニングチェア

平面

立面

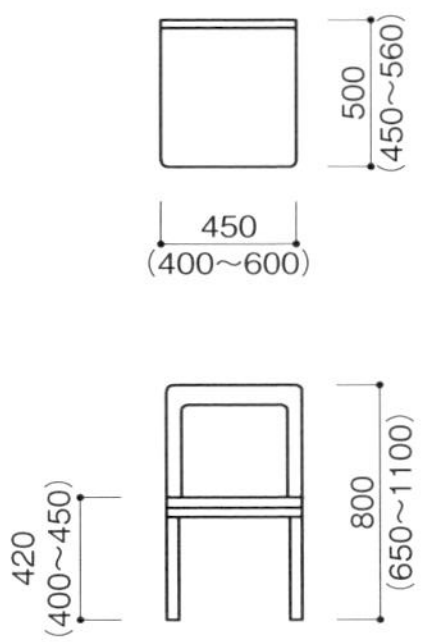
500
(450〜560)
450
(400〜600)
420
(400〜450)
800
(650〜1100)

●子ども用イス

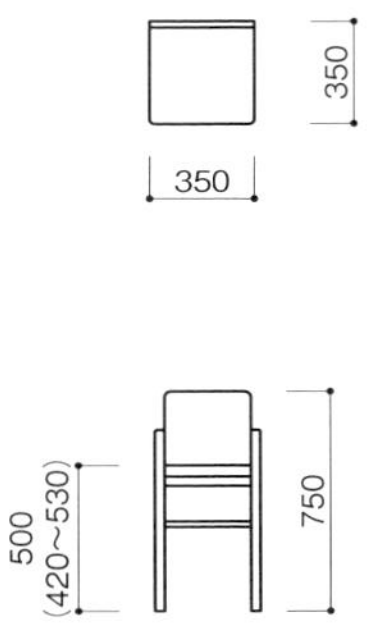
350
350
500
(420〜530)
750

ベッドルームの家具：ベッド

●シングルベッド　●セミダブルベッド　●ダブルベッド

平面

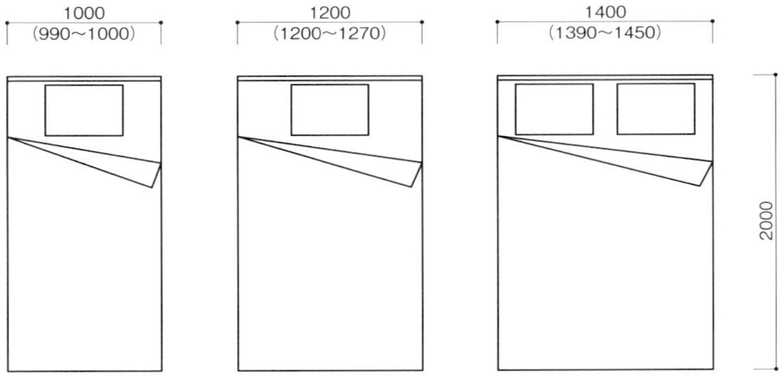
1000
(990〜1000)
1200
(1200〜1270)
1400
(1390〜1450)
2000

ベッドルームの家具：ナイトテーブル

平面　立面

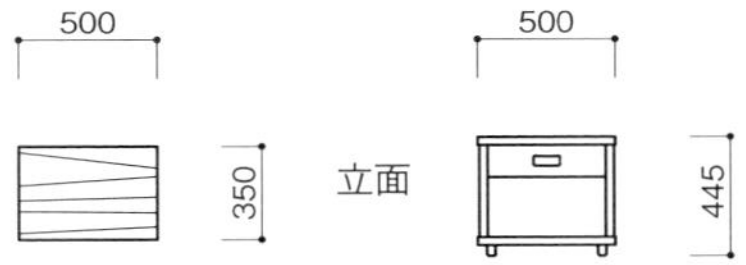
500
350
500
445

ベッドルームの家具：ドレッサー

●ドレッサー（本体）

平面

立面

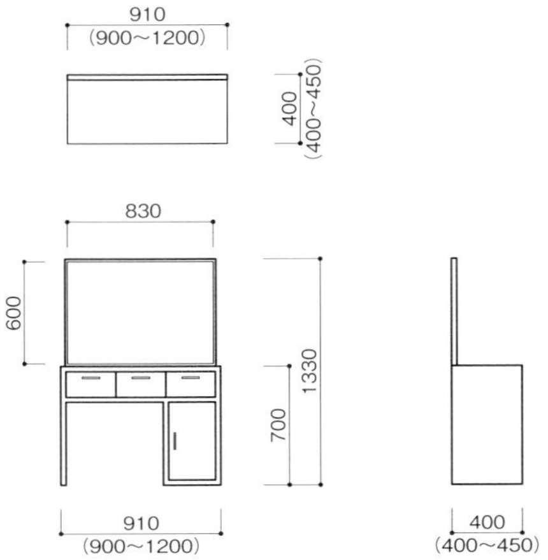
910
(900〜1200)
400
(400〜450)
830
600
1330
700
910
(900〜1200)
400
(400〜450)

●ドレッサー（イス）

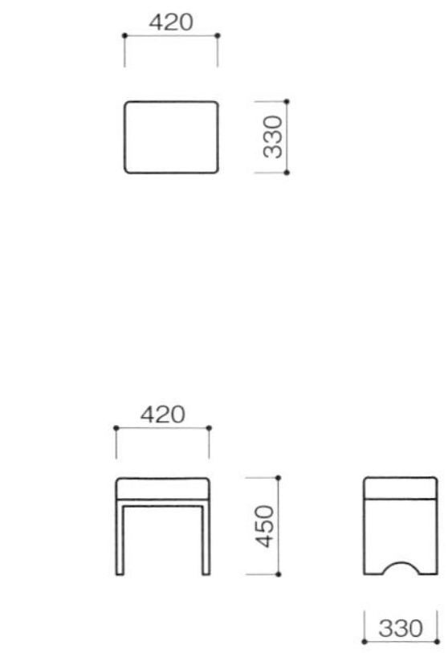
420
330
420
450
330

●シンプルなベッド：ヘッドボードのみ／
マットレス一重

立面

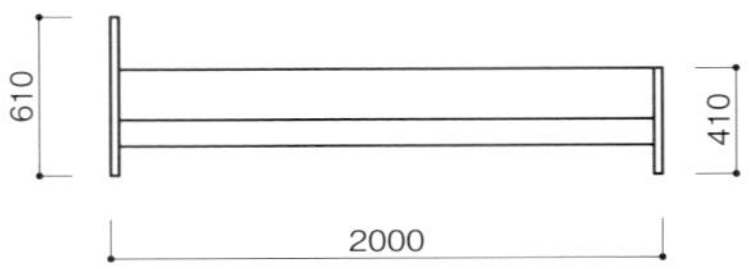
610
410
2000

●豪華なダブルベッド：ヘッドボードに収納／
マットレス二重

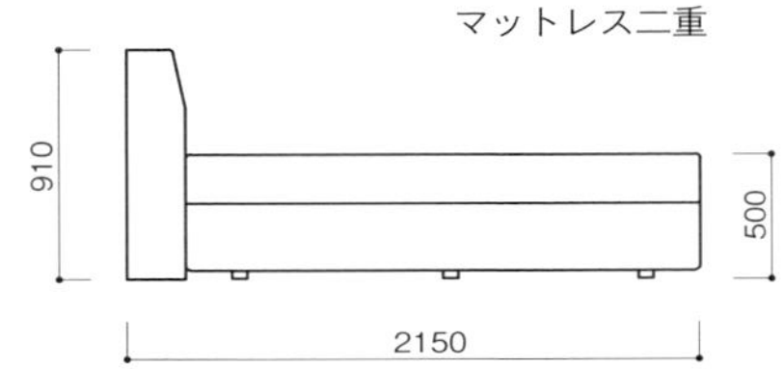
910
500
2150

SECTION

3-4 家具の配置と部屋の広さ

ダイニングルームやベッドルームは、家具を組み合わせて置いたときのスペースや、人が通る幅などを考慮して家具を配置しなくてはなりません。家具の大きさや位置、通路の条件によって、必要な部屋の広さが変わってきます。

ダイニングルーム

●テーブルセットの必要スペース

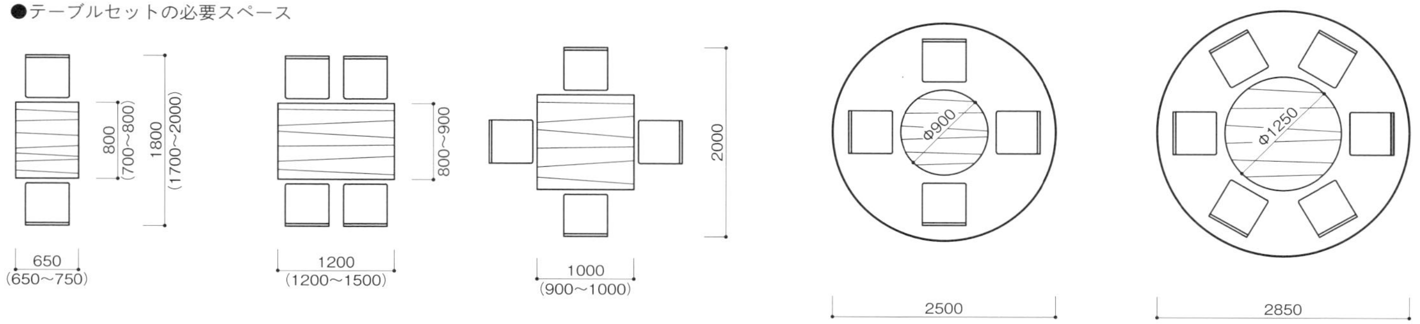

800
(700～800)
1800
(1700～2000)
650
(650～750)
800～900
1200
(1200～1500)
2000
1000
(900～1000)
Φ900
2500
Φ1250
2850

●家具と部屋の広さの関係

■ 7.5㎡（約 4.5 畳）
ダイニング対向６人＋３方向通路

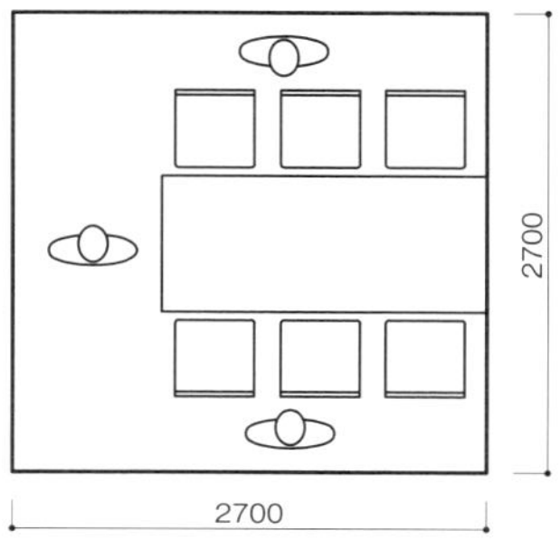

2700
2700

■ 10㎡（約６畳）
ダイニング対向６人＋４方向通路

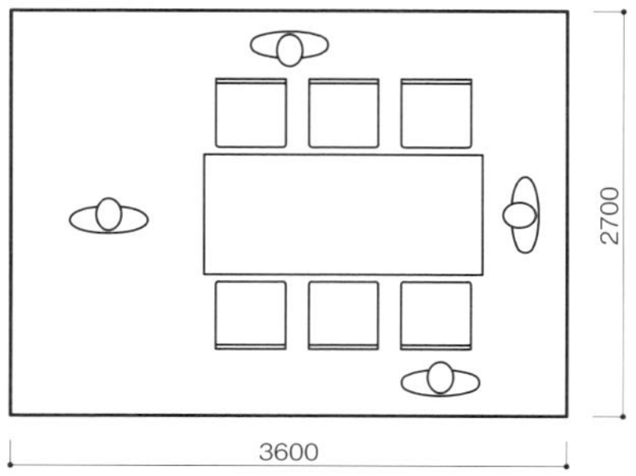

2700
3600

■ 13㎡（約８畳）
ダイニング対向８人＋４方向通路

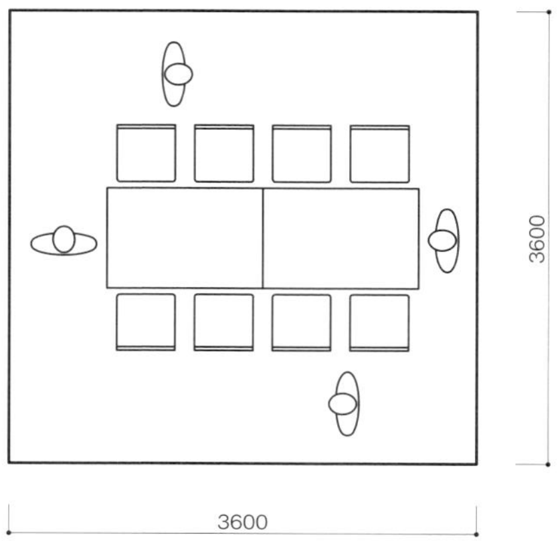

3600
3600

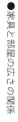

ベッドルーム

●家具と部屋の広さの関係

■子ども部屋　7.5㎡（約4.5畳）
シングルベッド＋2方向通路

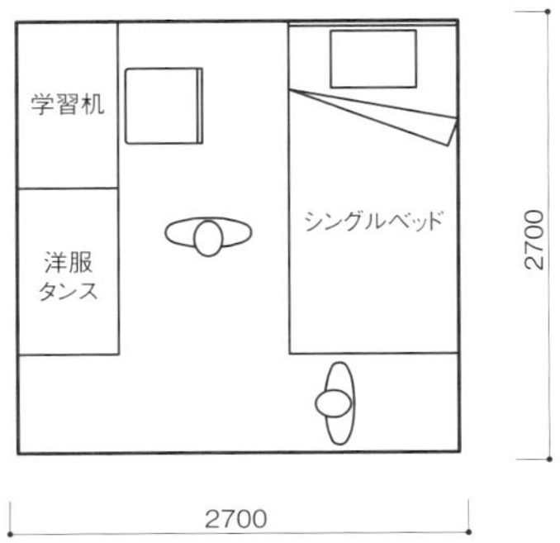
学習机
洋服タンス
シングルベッド
2700
2700

■子ども部屋　10㎡（約6畳）
シングルベッド＋2方向通路

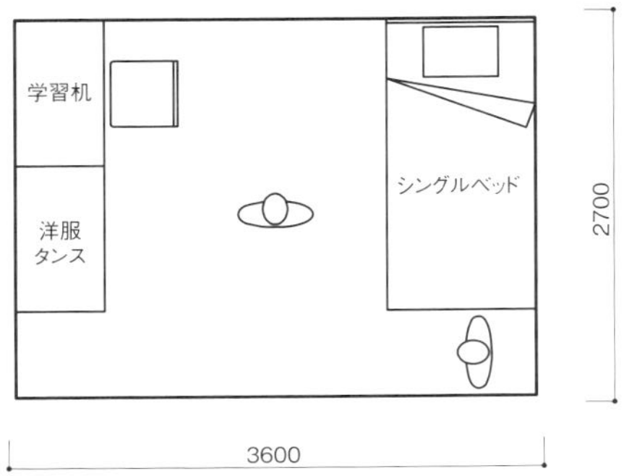
学習机
洋服タンス
シングルベッド
2700
3600

■夫婦寝室　13㎡（約8畳）
ダブルベッド＋3方向通路

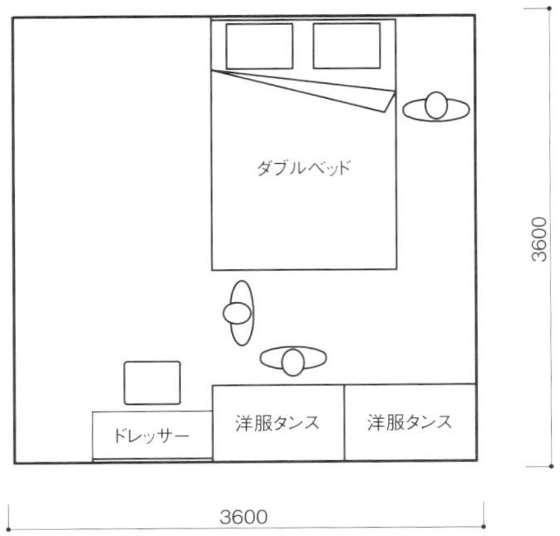
ダブルベッド
ドレッサー
洋服タンス
洋服タンス
3600
3600

■夫婦寝室　16㎡（約10畳）
シングルベッド2＋4方向通路

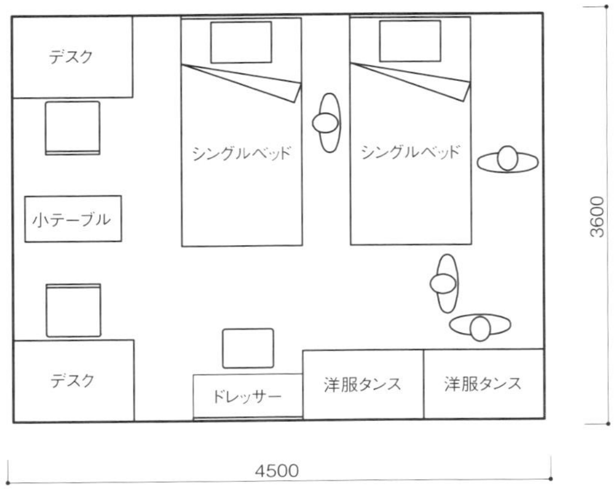
デスク
小テーブル
デスク
シングルベッド
シングルベッド
ドレッサー
洋服タンス
洋服タンス
3600
4500

部屋の広さを示す「畳」と「m^2」の関係

和室文化の日本では、部屋の広さを示すときによく「○畳」と表現されます。地方によって少し差がありますが、畳1畳分は900（910）mm×1800（1820）mmが一般的な大きさです。したがって6畳の広さは、2700mm×3600mm＝9.72m^2で、約10m^2となります。この広さをおぼえておくと、部屋の広さを感覚的にとらえるのに役立ちます。

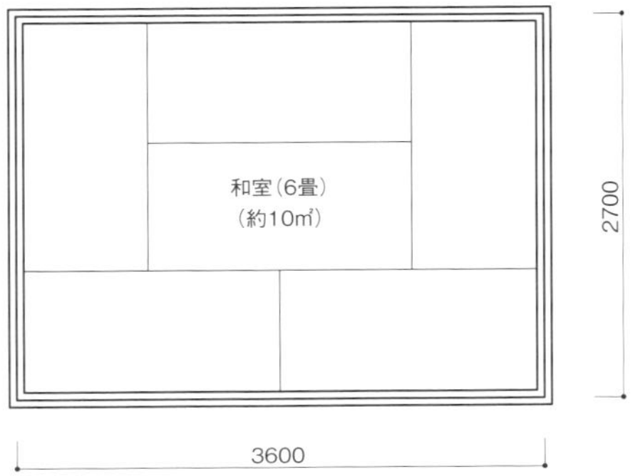
和室（6畳）
（約10㎡）
2700
3600

SECTION
3-5 トイレの必要スペース

トイレは利用する人によって、必要な広さが変わります。高齢者や車椅子に対応させる場合は既定のスペースが必要です。

●一般的なトイレ

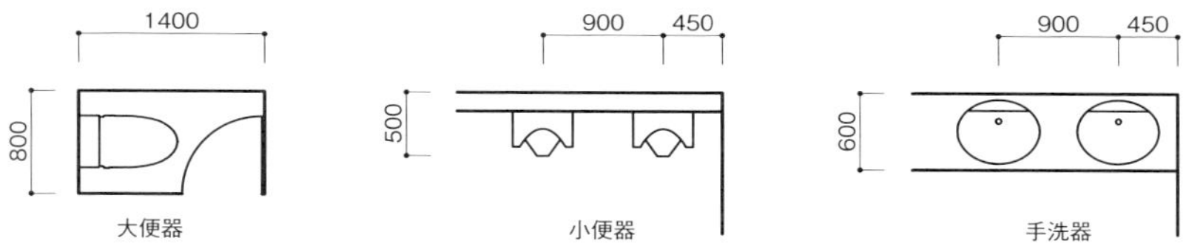
1400
800
大便器
900
450
500
小便器
900
450
600
手洗器

●多目的トイレ（車椅子用）

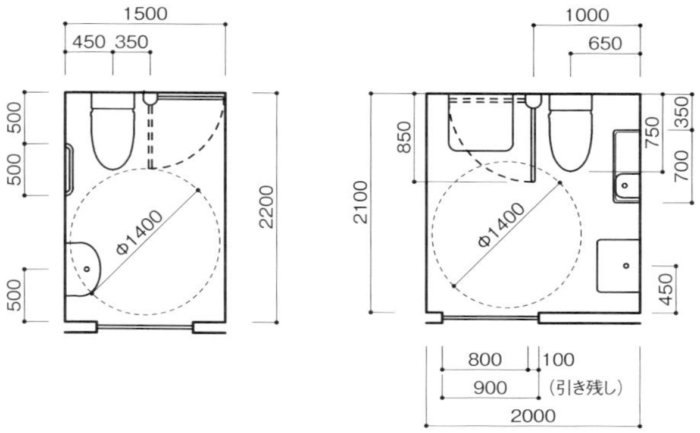
1500
450
350
500
500
500
Φ1400
2200
1000
650
850
2100
350
750
700
450
800
100
900
(引き残し)
2000

●高齢者に配慮したトイレ

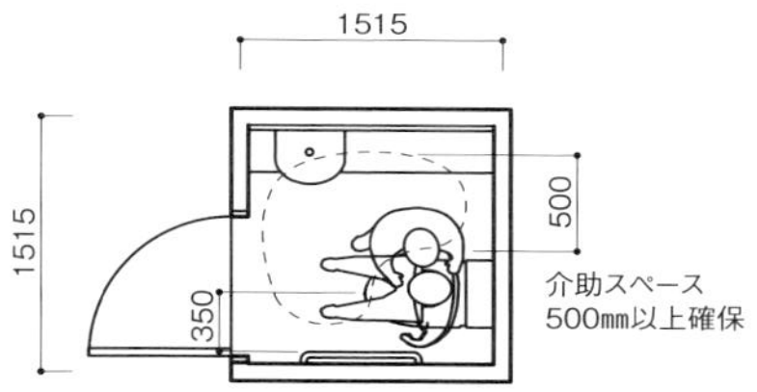
1515
1515
350
500
介助スペース
500㎜以上確保

●トイレの配置例

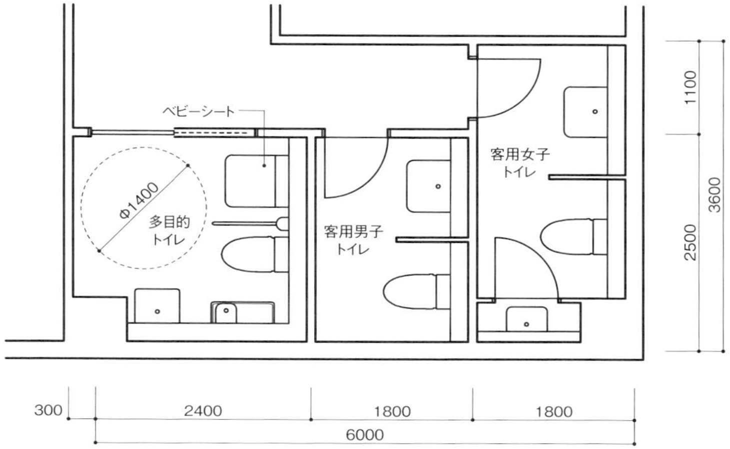
ベビーシート
Φ1400
多目的
トイレ
客用男子
トイレ
客用女子
トイレ
1100
2500
3600
300
2400
1800
1800
6000

高齢者への配慮

高齢者に配慮した通路や浴室の寸法は次のとおりです。

●通路幅

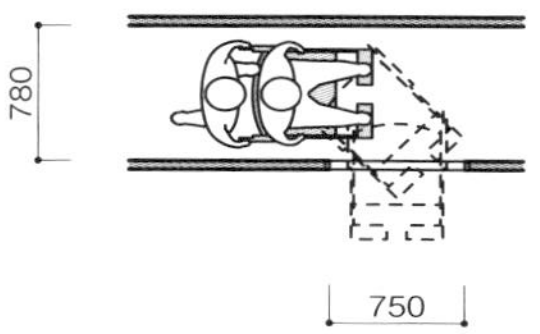
780
750

●浴室の寸法

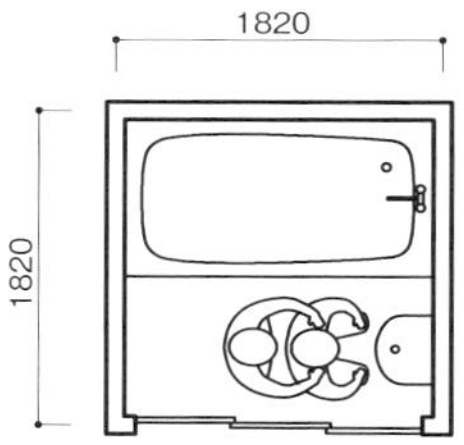
1820
1820

●洗面脱衣室の寸法

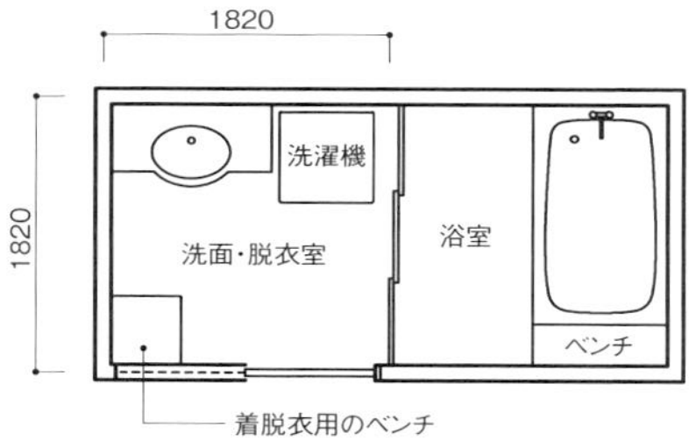
1820
1820
洗濯機
洗面・脱衣室
浴室
ベンチ
着脱衣用のベンチ

SECTION

3-6 平面図の作図プロセス① ＞完成見本

これから平面図の作図プロセスを説明します。図面は建築物を説明するために用いられます。だれが見ても理解できるように、正確かつ分かりやすく描かれていなければなりません。

線にはいろいろな種類や約束事があるので正しく使い分ける必要があります。この平面図は1/50で描かれていますが、誌面では縮小されています。また*印の付いた用語は章末に解説があります。

想定住居

鉄筋コンクリート造

ラーメン構造のマンション

1LDK

専有面積：72.72㎡

バルコニー面積：7.2㎡

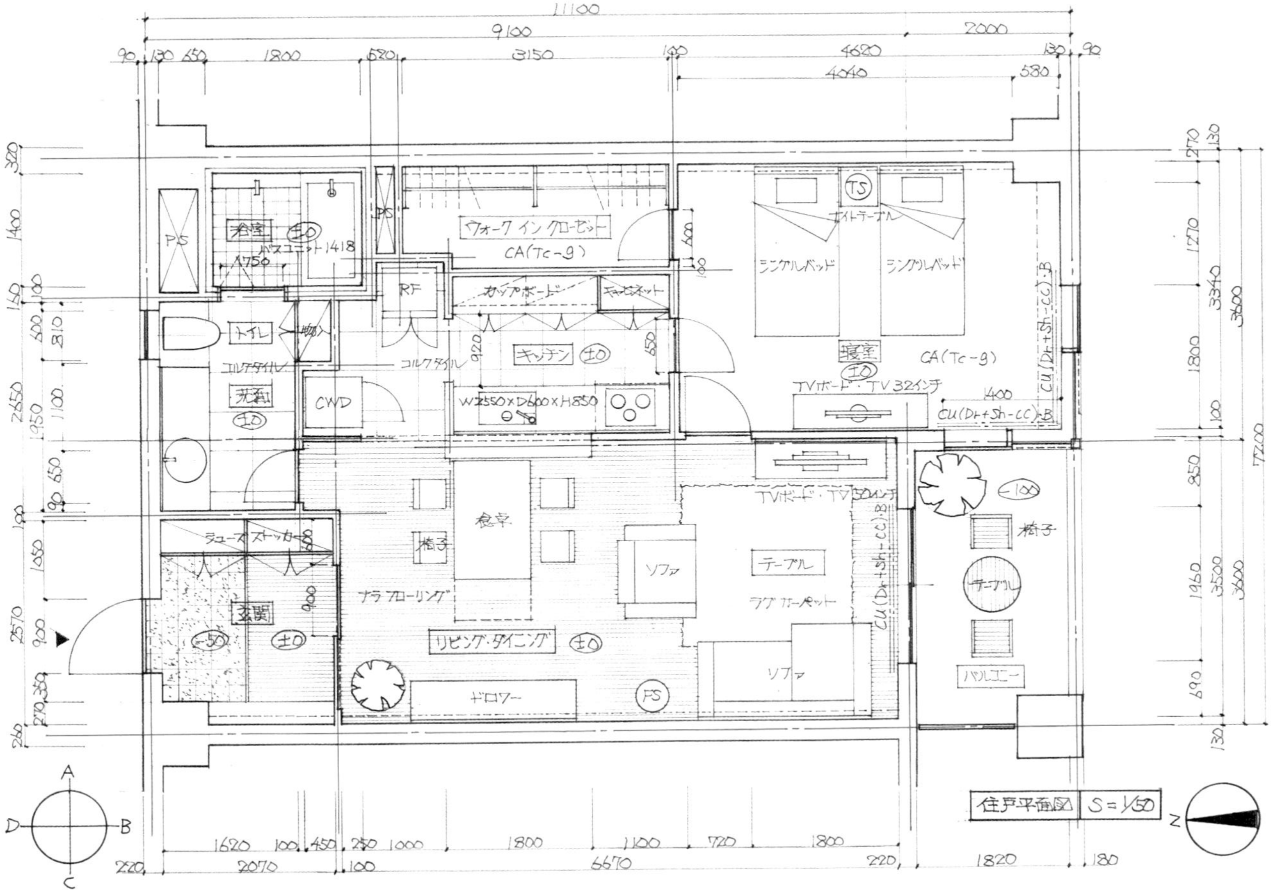
住戸平面図 S=1/50
玄関
トイレ
洗面
浴室
CWD
RF
キッチン
ウォークインクローゼット
CA(Tc-g)
寝室
シングルベッド
ナイトテーブル
TVボード・TV32インチ
CU(Dr+Sh-CC)・B
リビング・ダイニング
フラフローリング
食卓
椅子
ソファ
テーブル
ラグカーペット
ドロワー
TVボード・TV50インチ
バルコニー
テーブル
11100
9100
7200

凡例・使用文字記号

	名称		記号
カーペット	カーペット一般		CA
	種別	タフテッド	Tc
	施工法	敷込(グリッパー構法)	-g
		置敷(ラグカーペット)	なし
窓装飾	カーテン一般		Cu
	種別	ドレープ	Dr
		シアー	sh
	施工法	センタークロス	CC
	カーテンボックス		B
家電機器	テレビ		TV
	冷凍冷蔵庫		RF
	電気洗濯乾燥機		CWD
照明器具	テーブルスタンド		TS
	フロアスタンド		FS

SECTION

3-7 平面図の作図プロセス②　›通り心を描く

壁や柱の中心線となる基準線を「通り心」といいます。最初に通り心で間取りを描きます。手描き図面では、あとからレイアウトを調整することができません。この時点で寸法などを入れるスペースを考慮して、用紙内に平面図を置く位置を決めます。通り心は細線の一点鎖線です。図の黒い線と数値は参考用に表記した寸法です。

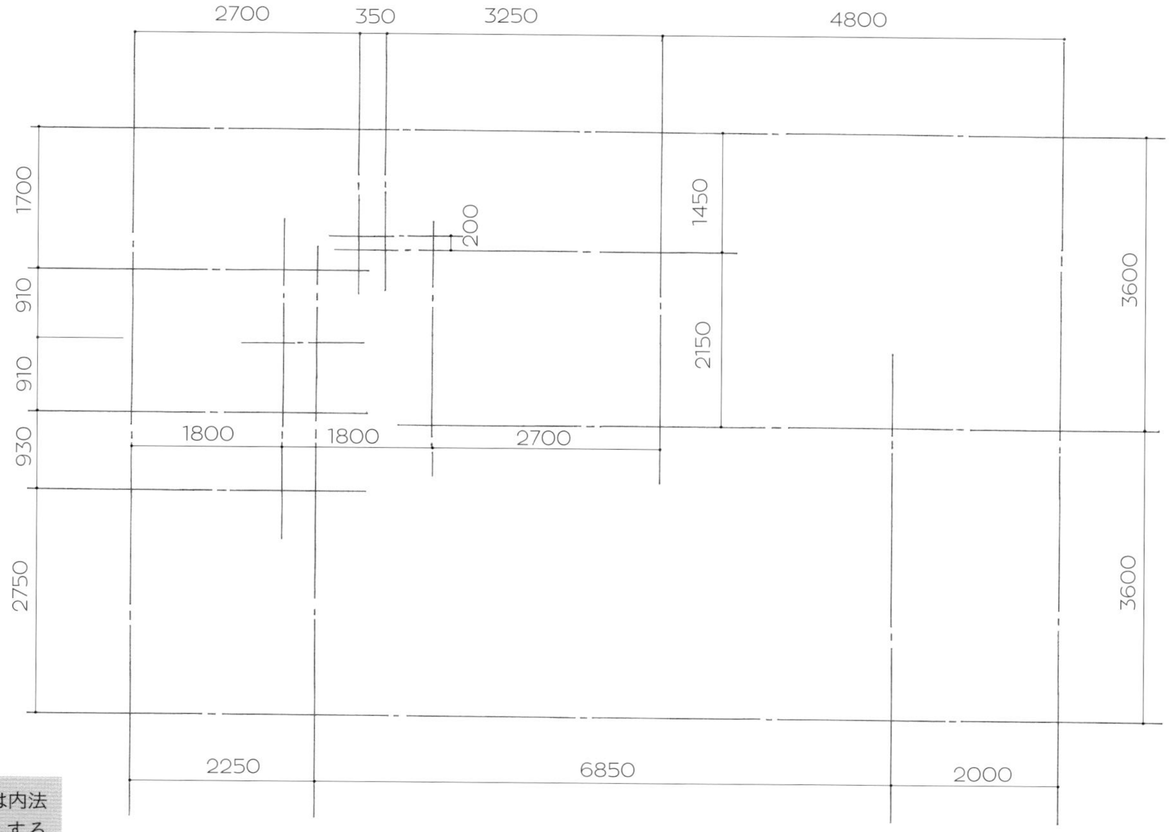
2700
350
3250
4800
1700
910
910
930
2750
200
1450
2150
1800
1800
2700
3600
3600
2250
6850
2000

1 | 一番外側の外壁の通り心を鉛筆で下描きする

2 | 室内の間仕切り壁の通り心を鉛筆で下描きする

3 | 下描きした通り心を細線の一点鎖線で仕上げる

! インテリアでは内法寸法*を基本とするが、通り心は基準線間の寸法(心々寸法)で描く

SECTION
3-8 平面図の作図プロセス③ ＞壁を下描きする

壁や柱などを下描きして、開口部の位置をマークします。壁や柱は通り心の両側に厚みを振り分けて描きます。外壁と内壁では壁の厚みがちがうので注意してください。

また、通り心からの壁の厚みが均等でない場合もあるので、寸法をよく確認して描きましょう。下描き段階では開口部は位置をマークするだけでかまいません。

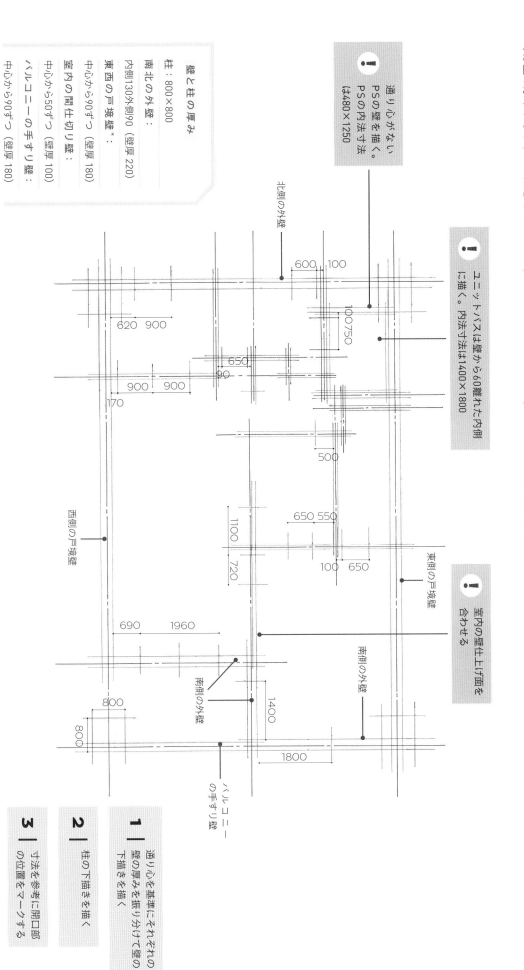

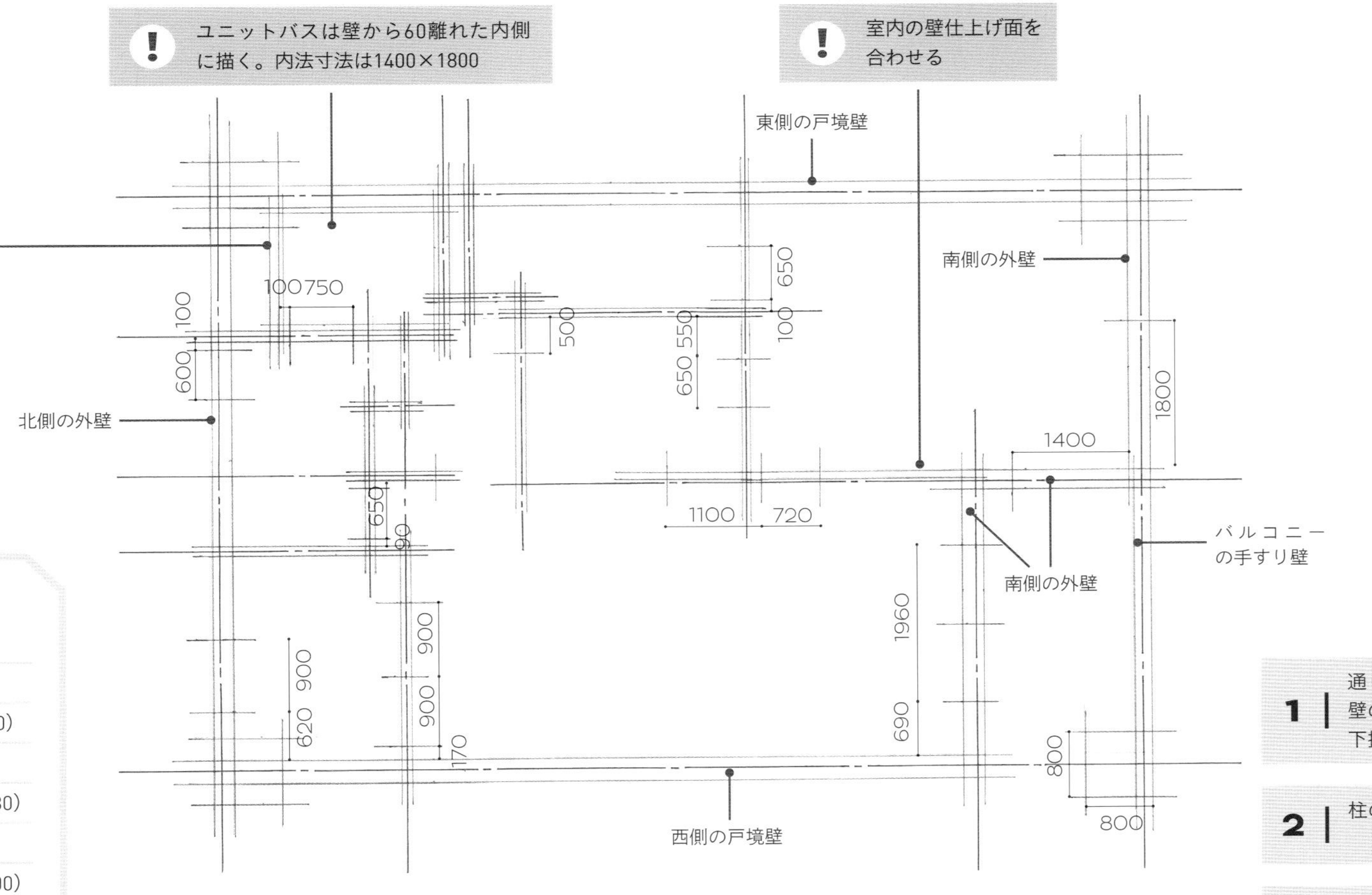

ユニットバスは壁から60離れた内側に描く。内法寸法は1400×1800
室内の壁仕上げ面を合わせる
通り心がないPSの壁を描く。PSの内法寸法は480×1250
東側の戸境壁
南側の外壁
北側の外壁
バルコニーの手すり壁
南側の外壁
西側の戸境壁
100750
100
600
650
90
500
650 550
650
100
1100
720
1400
1800
1960
690
900
900
900
620
900
170
800
800

壁と柱の厚み

柱：800×800

南北の外壁：

内側130外側90（壁厚 220）

東西の戸境壁*：

中心から90ずつ（壁厚 180）

室内の間仕切り壁：

中心から50ずつ（壁厚 100）

バルコニーの手すり壁：

中心から90ずつ（壁厚 180）

1 | 通り心を基準にそれぞれの壁の厚みを振り分けて壁の下描きを描く

2 | 柱の下描きを描く

3 | 寸法を参考に開口部の位置をマークする

SECTION

3-9 平面図の作図プロセス④ ▶壁や柱、建具を描く

下描きの壁や柱の線をもとに線を清書します。壁や柱の線は断面なので太線です。開口部の位置には壁を描かず、建具を描きます。鉛筆の下描き線は、完成時に消さなくてもかまいません。実務では、下描き線はうっすら見える程度の濃さで描きます。

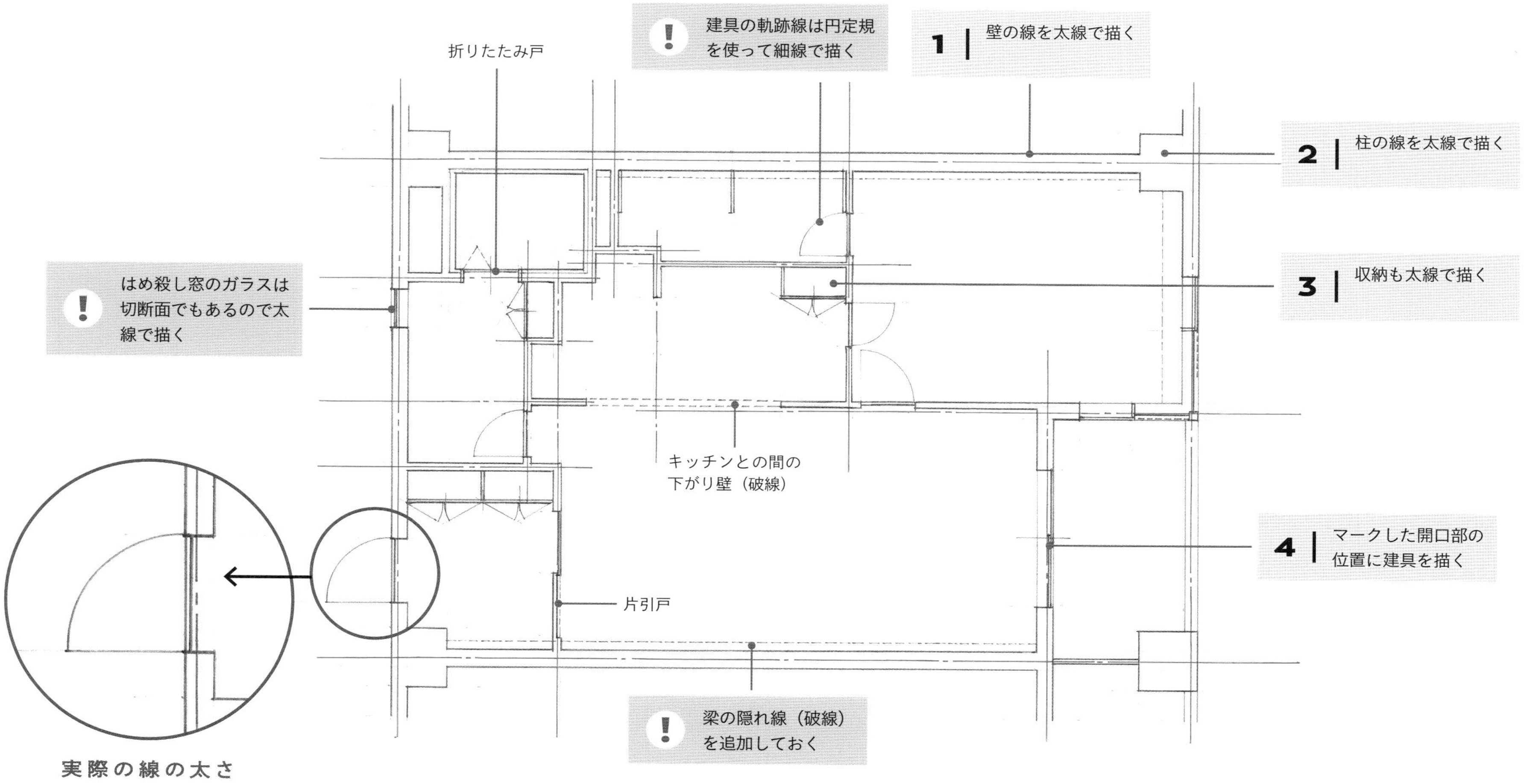

折りたたみ戸
! 建具の軌跡線は円定規を使って細線で描く
1 | 壁の線を太線で描く
2 | 柱の線を太線で描く
3 | 収納も太線で描く
! はめ殺し窓のガラスは切断面でもあるので太線で描く
キッチンとの間の下がり壁（破線）
4 | マークした開口部の位置に建具を描く
片引戸
! 梁の隠れ線（破線）を追加しておく
実際の線の太さ

SECTION

3-10 平面図の作図プロセス⑤ ›家具や設備機器を下描きする

寸法を参考にして、家具や設備機器、インテリアエレメントなどの配置場所を下描きで記入します。置き家具は壁から少し離すため、その部分も考慮して家具を配置するようにしましょう。

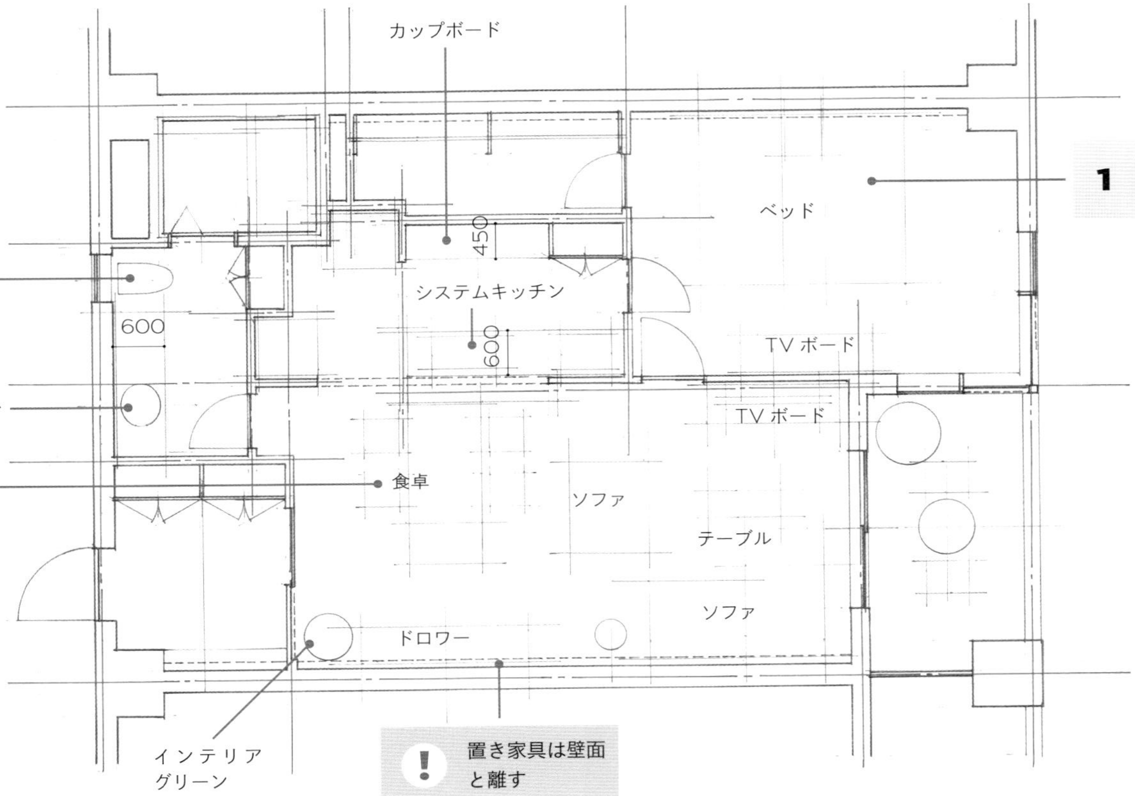
カップボード
450
システムキッチン
600
ベッド
600
洗面台
TV ボード
TV ボード
食卓
ソファ
テーブル
ソファ
ドロワー
インテリア
グリーン

1 家具などの位置を下描きする

2 設備機器などの位置を下描きする

! 椅子はテーブルから引き出した状態で描く

! 置き家具は壁面と離す

SECTION

3-11 平面図の作図プロセス⑥ ›家具や設備機器を描く

下 描きの線をもとに家具や設備機器などを清書します。家具や設備機器などは中線で描き、上部にある吊戸棚やレンジフード、仮で配置している小物（ハンガーなど）は破線で描きます。

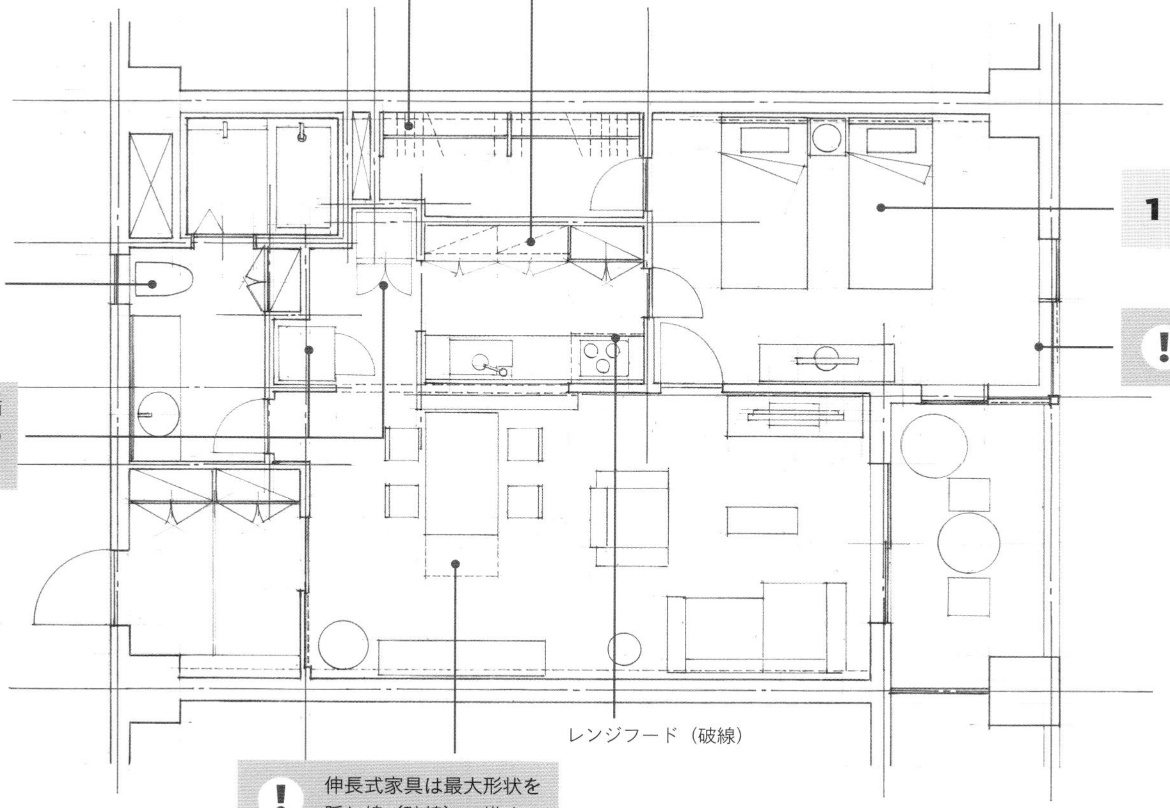
ハンガー（破線）
吊戸棚（破線）
レンジフード（破線）

1 | 家具などを中線で描く

2 | 設備機器などを中線で描く

! 窓の下枠も中線で描いておく

! 確定している家電も描く。とびらがあるものは開閉方向も描く

! 伸長式家具は最大形状を隠れ線（破線）で描く

SECTION
3-12 平面図の作図プロセス⑦ ›インテリアエレメントを描く

インテリアグリーン、スタンド型の照明器具、床仕上げの目地、ウインドートリートメントなどのインテリアエレメントを描きます。目地などは細線、ウインドートリートメントは一点鎖線で描きます。

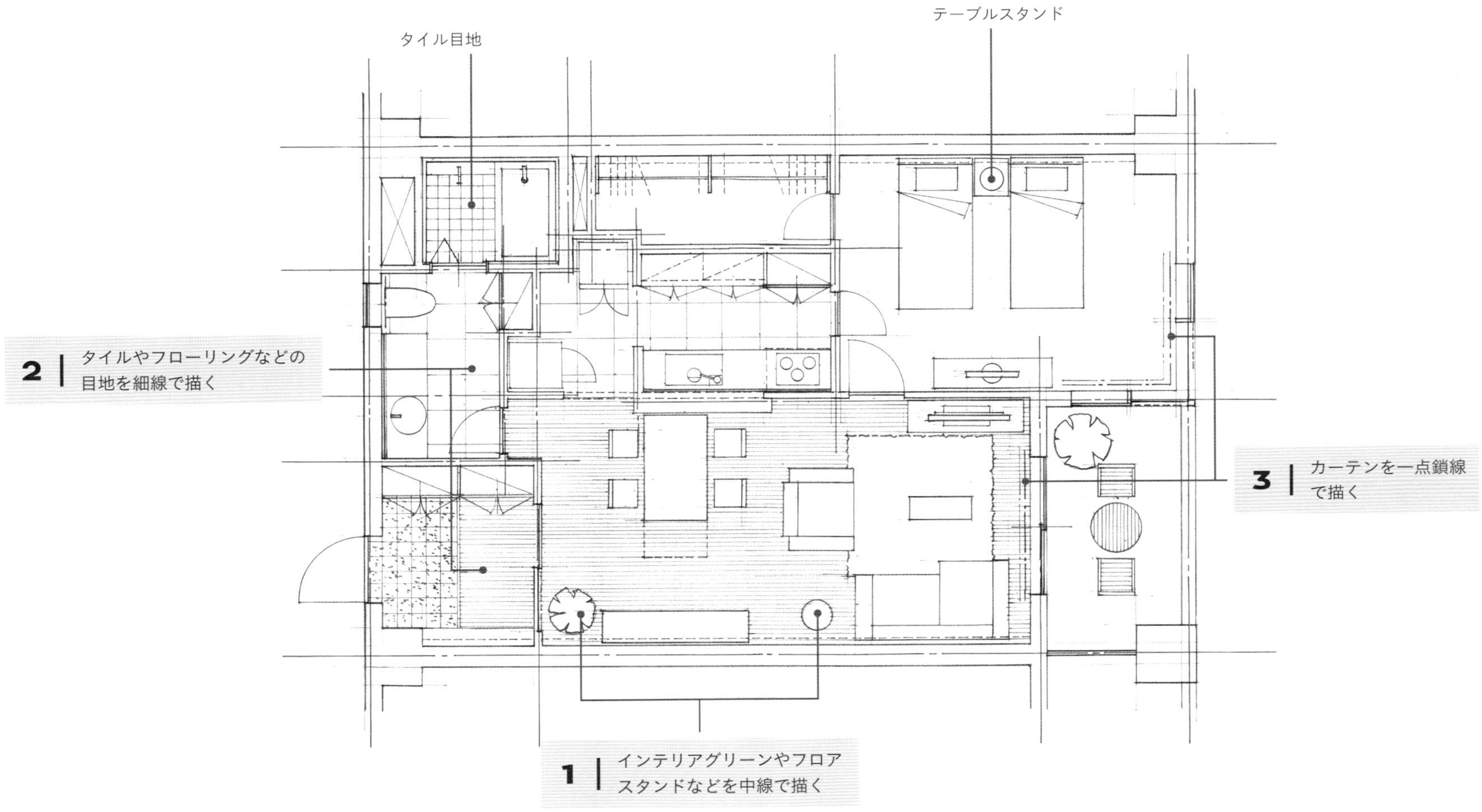
タイル目地
テーブルスタンド
2 タイルやフローリングなどの目地を細線で描く
3 カーテンを一点鎖線で描く
1 インテリアグリーンやフロアスタンドなどを中線で描く

SECTION

3-13 平面図の作図プロセス⑧ ＞寸法や文字を入れる

寸法や文字、記号は図面の重要な部分です。これらが入っていないと図面は完成とはいえません。インテリアの図面では内法寸法とし、開口部の有効寸法も表記します。寸法や文字は、用紙全体のレイアウトを考えながらバランスよく記入しましょう。

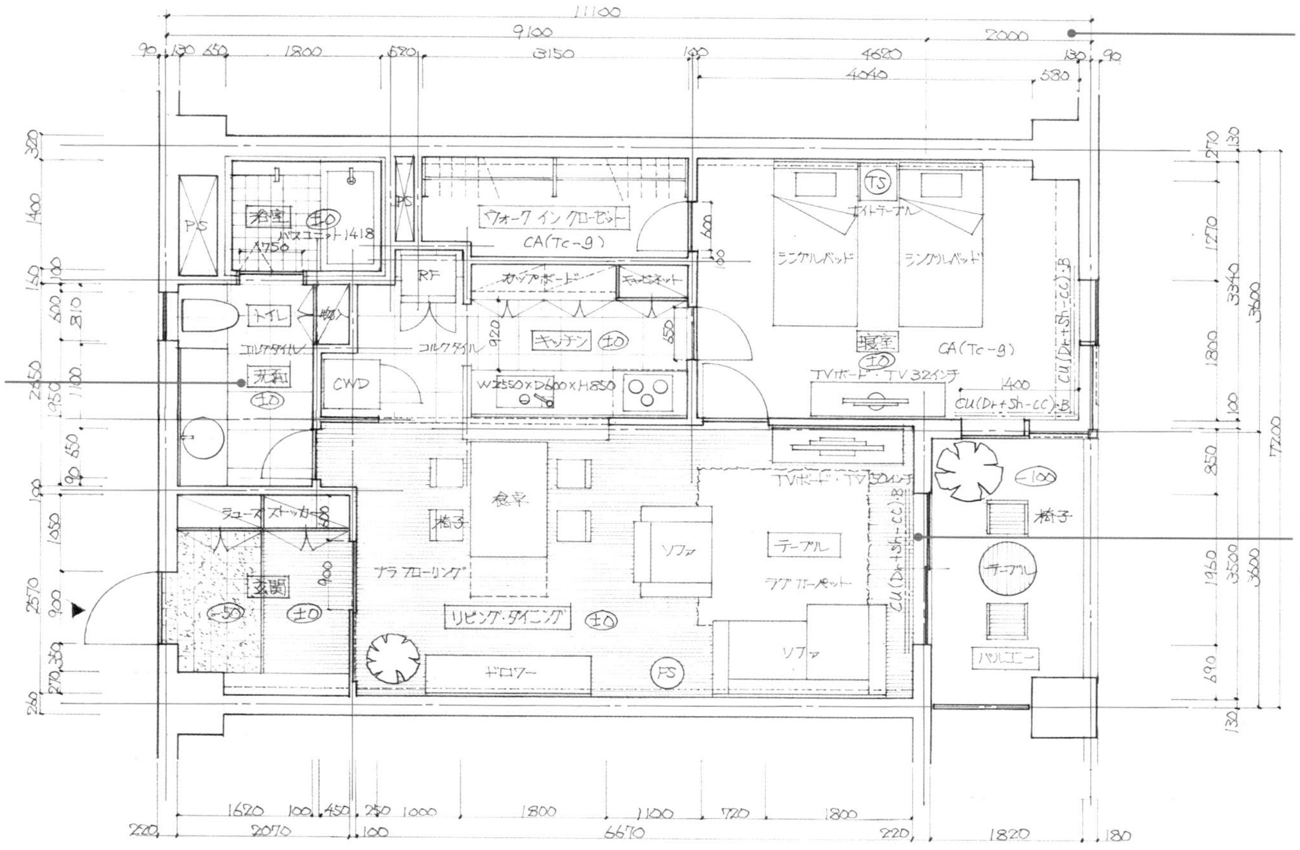
ウォーク イン クローゼット
CA(Tc-9)
シングルベッド
寝室
TVボード・TV32インチ
キッチン
トイレ
洗面
CWD
玄関
ダイニング
リビング・ダイニング
食卓
椅子
ソファ
テーブル
ラグカーペット
サーブル
バルコニー
11100
9100
7200
3600
3500
3340

1 | 寸法は内法寸法で表記し、寸法線は細線で描く。外側にいくほど大きな範囲の寸法になる

2 | 各部屋の室名と床高さを表記する

3 | 必要に応じて、家具名称、文字記号、設備記号などを表記する

開口部の有効寸法

各部屋の内法、壁厚の寸法のほか、開口部の有効寸法も表記します。

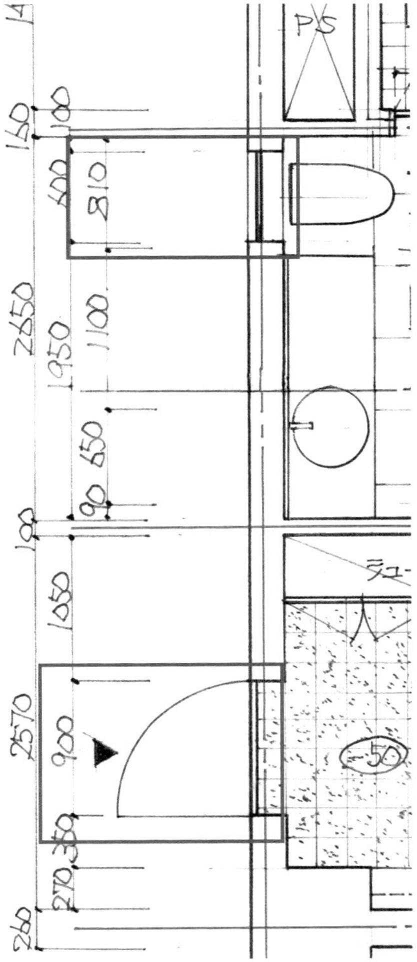
P/S
810
600
100
160
2650
1950
1100
90
650
100
1050
2570
900
270
350
260
-50
シュー

家具寸法

手描きでも1/50程度で十分な大きさがあるときは、家具名称に家具寸法を併記します。家具寸法の基本はW（幅）×D（奥行）×H（高さ）です。家具によってはL（長さ）や、SH（座面高さ）になります（P.38）。

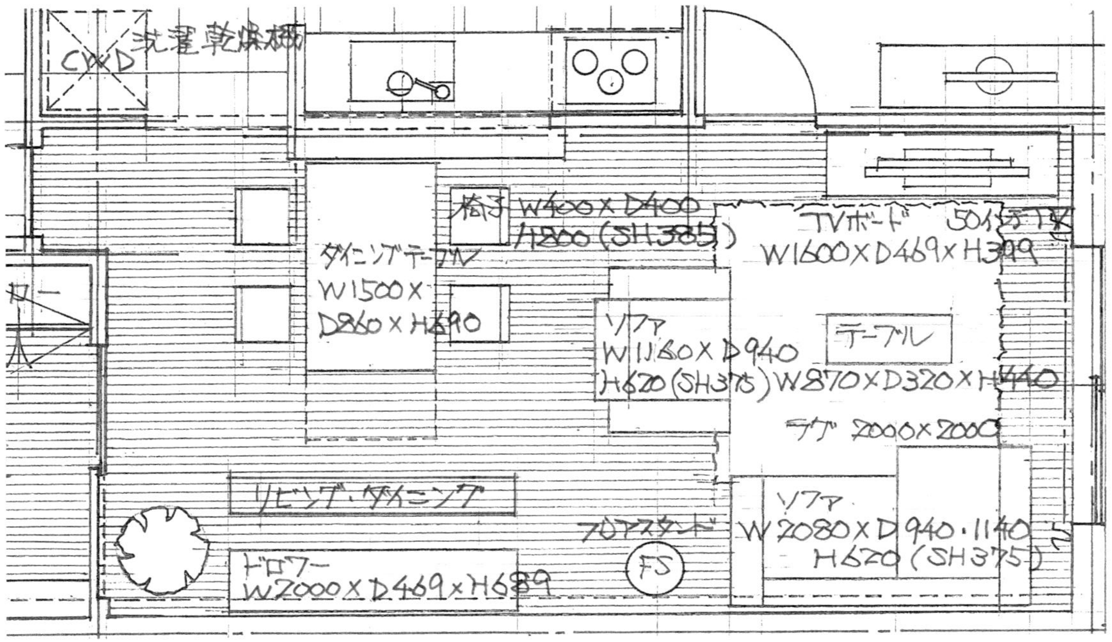
CW/D 洗濯乾燥機
椅子 W400×D400
H800（SH385）
ダイニングテーブル
W1500×
D860×H690
TVボード 50インチ
W1600×D469×H399
ソファ
W1160×D940
H620（SH375）
テーブル
W870×D320×H440
ラグ 2000×2000
リビング・ダイニング
フロアスタンド
FS
ソファ
W2080×D940・1140
H620（SH375）
ドロワー
W2000×D469×H689

文字記号

ウインドートリートメントやカーペット、家電機器などは、文字記号で表記します。使用した文字記号は凡例に追加します。

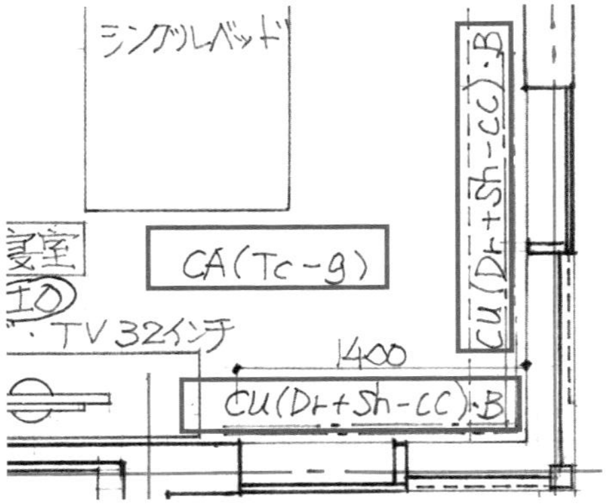
シングルベッド
CA（Tc-9）
TV 32インチ
1400
CU（Dr+Sh-CC）・B
CU（Dr+Sh-CC）・B

SECTION

3-14 平面図の作図プロセス⑨ 〉方位記号や凡例などを入れる

最後に、方位記号、縮尺、図面名称、凡例、インテリア立・断面図の壁面方向を示す記号を入れたら、平面図の完成です。

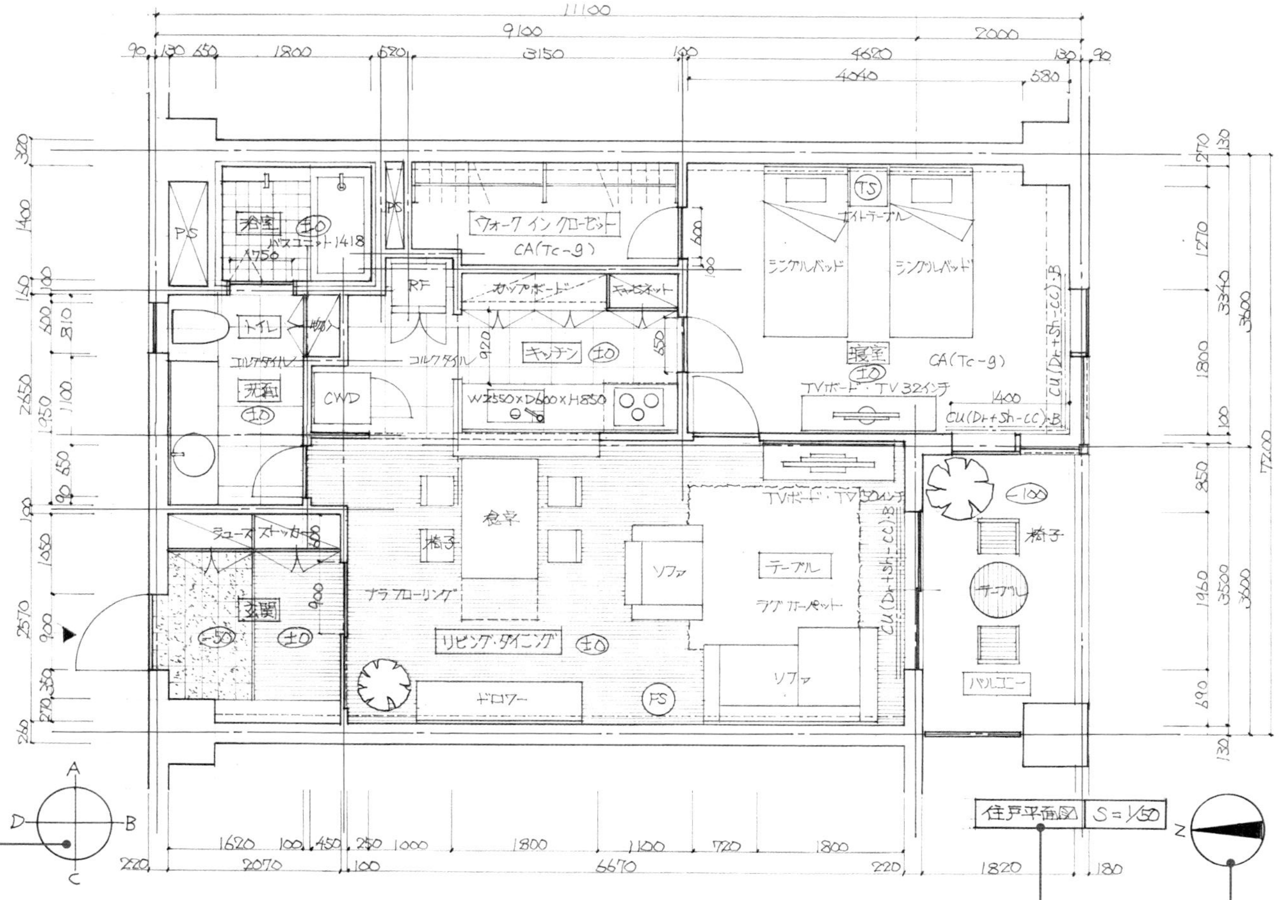

A
B
C
D
住戸平面図
S＝1/50
N
玄関
トイレ
洗面
浴室
CWD
RF
キッチン
ウォーク イン クローゼット
CA(Tc-g)
寝室
シングルベッド
ナイトテーブル
TS
食卓
椅子
リビング・ダイニング
フラフローリング
ソファ
テーブル
ラグカーペット
ドロワー
FS
バルコニー
テーブル
11100
7200

この記号は、インテリア立・断面図の壁面方向を示している

図面名称と縮尺

方位記号

凡例

凡例・使用文字記号

	名称		記号
カーペット	カーペット一般		CA
	種別	タフテッド	Tc
	施工法	敷込グリッパー構法	-g
		置敷（ラグカーペット）	なし
窓装飾	カーテン一般		Cu
	種別	ドレープ	Dr
		シアー	Sh
	施工法	センタークロス	CC
	カーテンボックス		B
家電機器	テレビ		TV
	冷凍冷蔵庫		RF
	電気洗濯乾燥機		CWD
照明器具	テーブルスタンド		TS
	フロアスタンド		FS

COLUMN 2

製図板やシャープペンの使い方

手描きで図面をきれいに描くため、製図板やシャープペンの使い方をマスターしましょう。

製図板の使い方

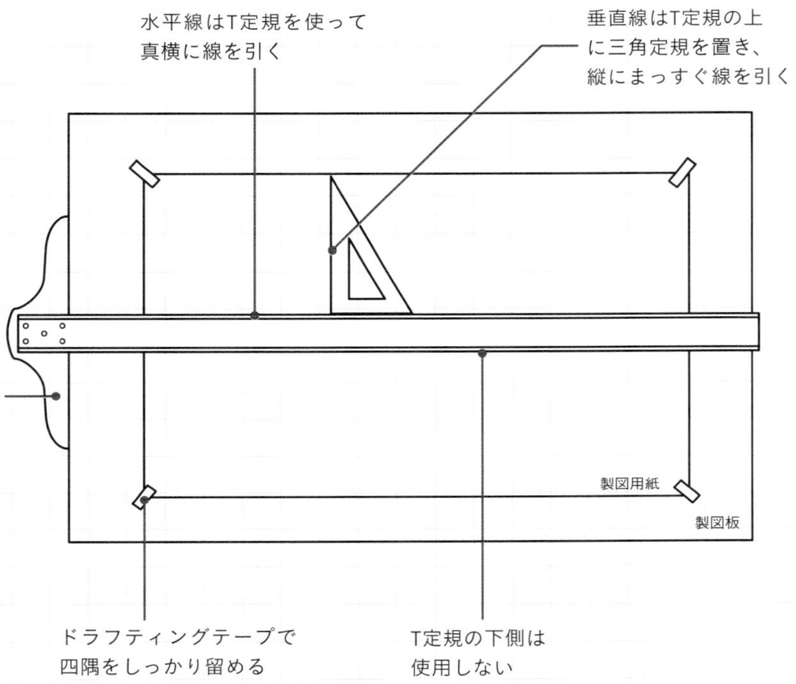
水平線はT定規を使って真横に線を引く
垂直線はT定規の上に三角定規を置き、縦にまっすぐ線を引く
T定規は動かないように左手で固定し、上下にスライドさせる
製図用紙
製図板
ドラフティングテープで四隅をしっかり留める
T定規の下側は使用しない

シャープペンの使い方

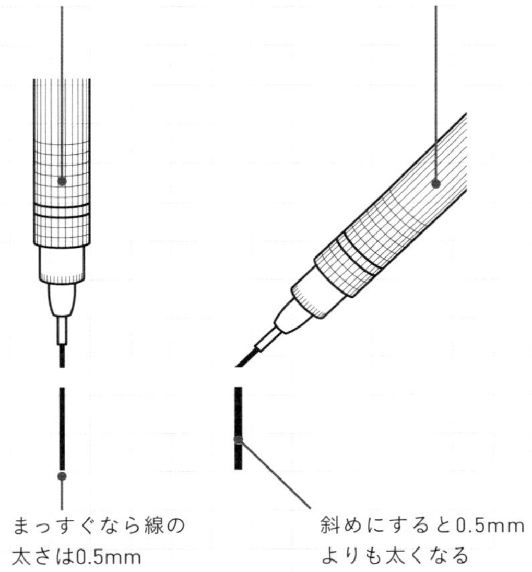
製図用のシャープペンシルを使う。芯は0.5mmが多く用いられる
シャープペンは斜めに寝かせて描くほど描線が太くなる
まっすぐなら線の太さは0.5mm
斜めにすると0.5mmよりも太くなる

! シャープペンを進行方向に若干傾けて、同じ角度、同じスピード、同じ力の入れ具合で線を引くと均一でシャープな線が描ける

SECTION

3-15 インテリア立・断面図の作図プロセス①＞完成見本

インテリア立・断面図の作図プロセスを説明します。線の使い分けは平面図と同じです。平面図と重複する寸法は、基本的にインテリア立・断面図には入れません。おもに高さ寸法を表記します。家具は形がよりわかりやすい立面の表現になり、絵画や照明器具などのインテリアエレメントも表現します。なお、この図は1/50で描かれていますが、誌面では縮小されています。

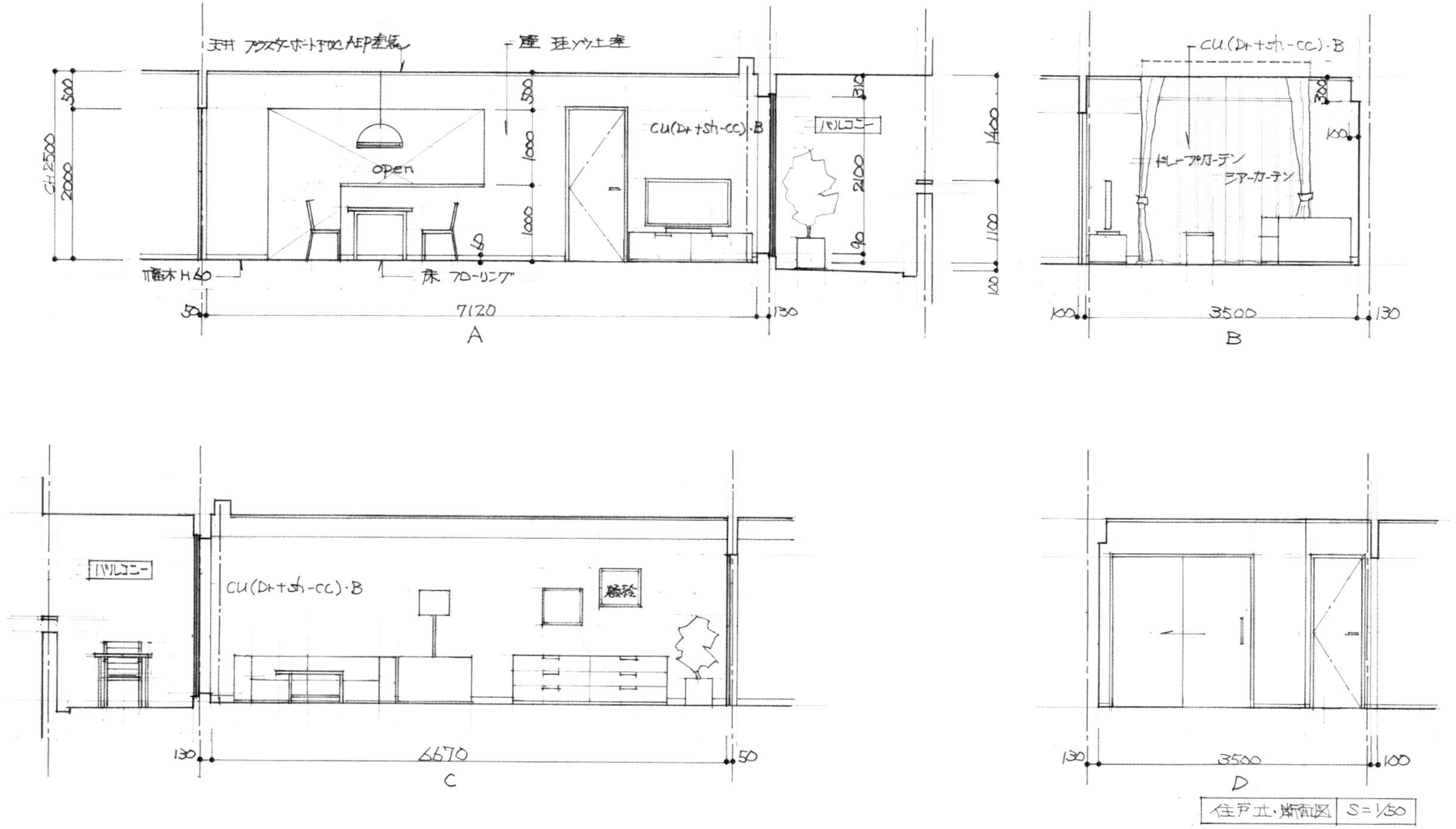

A
B
C
D
7120
3500
6670
CH2500
2000
open
バルコニー
CU(Dr+Sh-CC)・B
ドレープカーテン
シアーカーテン
床 フローリング
住戸立・断面図
S=1/50

SECTION

3-16 インテリア立・断面図の作図プロセス②＞見る位置と方向

インテリア立・断面図を作成する部屋を決めます。部屋を決めたら、見る位置と方向を平面図上で切断線を使って確定します。直線が見る位置（切断面）、矢印が見る方向です。見る方向は壁面方向を示す記号に準じます。切断線は図面に入れたい家具、逆に入れたくない家具などを考慮して決めるため、一直線でなくてもかまいません。

！ ここではリビング・ダイニングのインテリア立・断面図を作成する

！ Aにはダイニングのテーブルセットを入れ、1人掛けのソファは入れない

壁面方向を示す記号

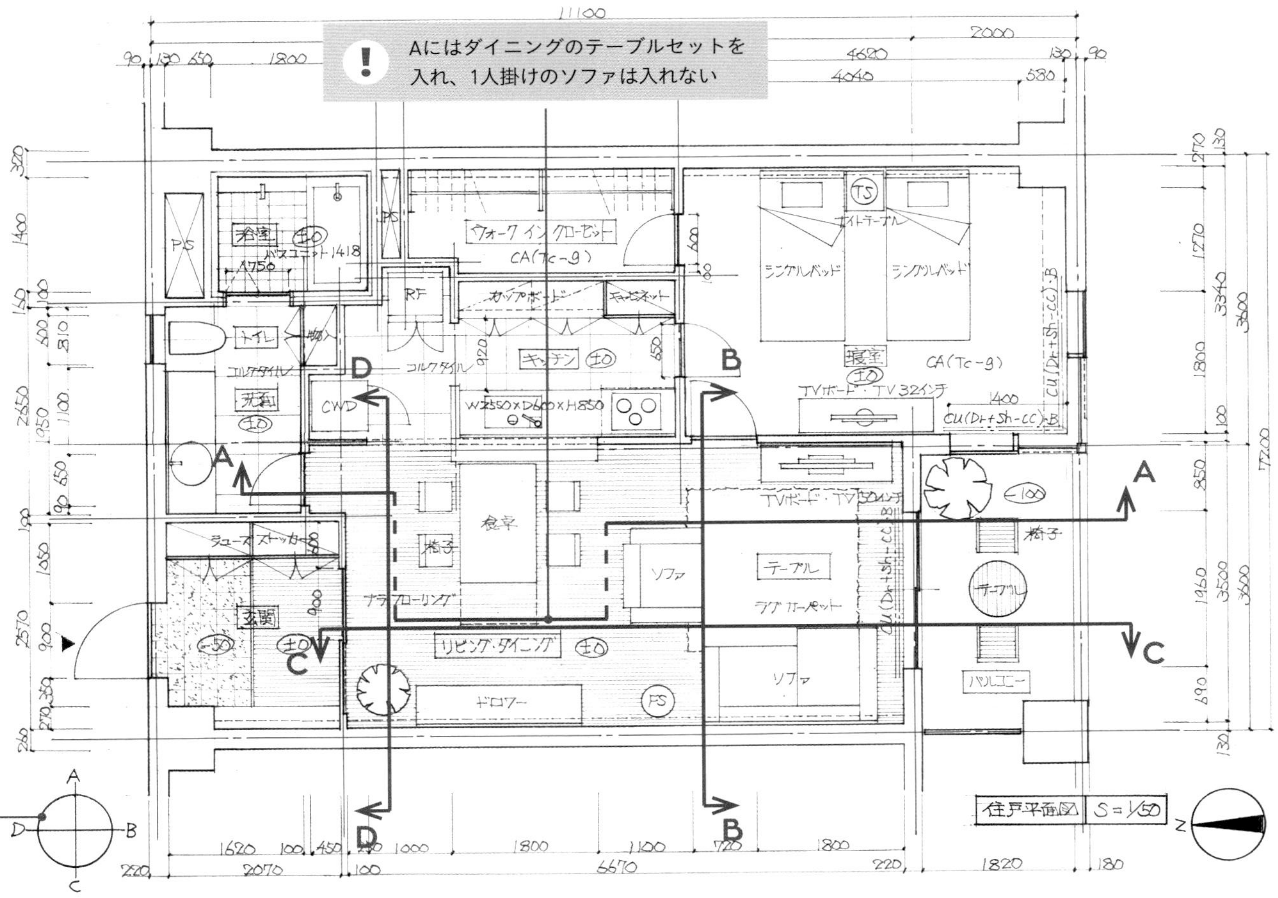

住戸平面図　S＝1/50
ウォークインクローゼット
CA(Tc-9)
シングルベッド
ナイトテーブル
寝室
TVボード・TV32インチ
キッチン
カップボード
キャビネット
W2350×D650×H850
トイレ
浴室
洗面
玄関
シューズストッカー
CWD
RF
PS
食卓
椅子
ナラフローリング
リビング・ダイニング
ソファ
テーブル
ラグカーペット
ドロワー
バルコニー
A
B
C
D
11100
7200

SECTION

3-17 インテリア立・断面図の作図プロセス③ ❯通り心を描く

平 面図と同じように壁や柱の中心線となる通り心を描きます。通り心は細線の一点鎖線です。高さ寸法が中心となること、4方向の図が入ることなどを考慮して位置を決めましょう。

1 | 切断面にあたる壁の通り心を下描きで描く

2 | 下描きした通り心を細線の一点鎖線で仕上げる

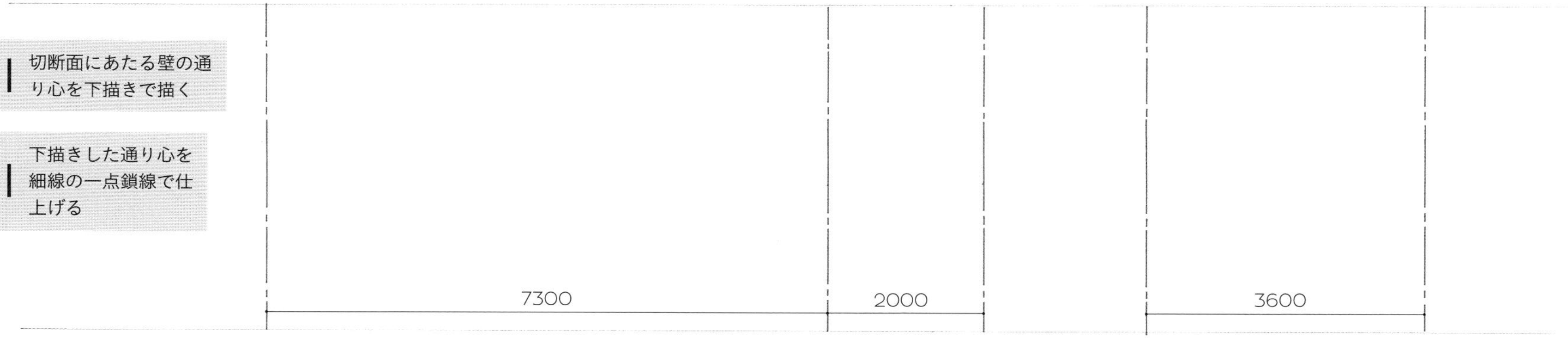
7300
2000
3600

A　B

! AとCが上下、BとDが上下になるように図を配置する。AとC、BとDはそれぞれ見る方向が逆になっていることに注意する

2000
6850
3600

C　D

SECTION

3-18 インテリア立・断面図の作図プロセス④ ＞壁・床・天井を下描きする

壁の厚みを下描きで描きます。平面図と同じように通り心の両側に厚みを振り分けて描きますが、外壁は通り心からの壁の厚みが均等ではないので、寸法をよく確認して描いてください。床と天井の線もマークしておき、左右の図は床と天井の線をそろえます。

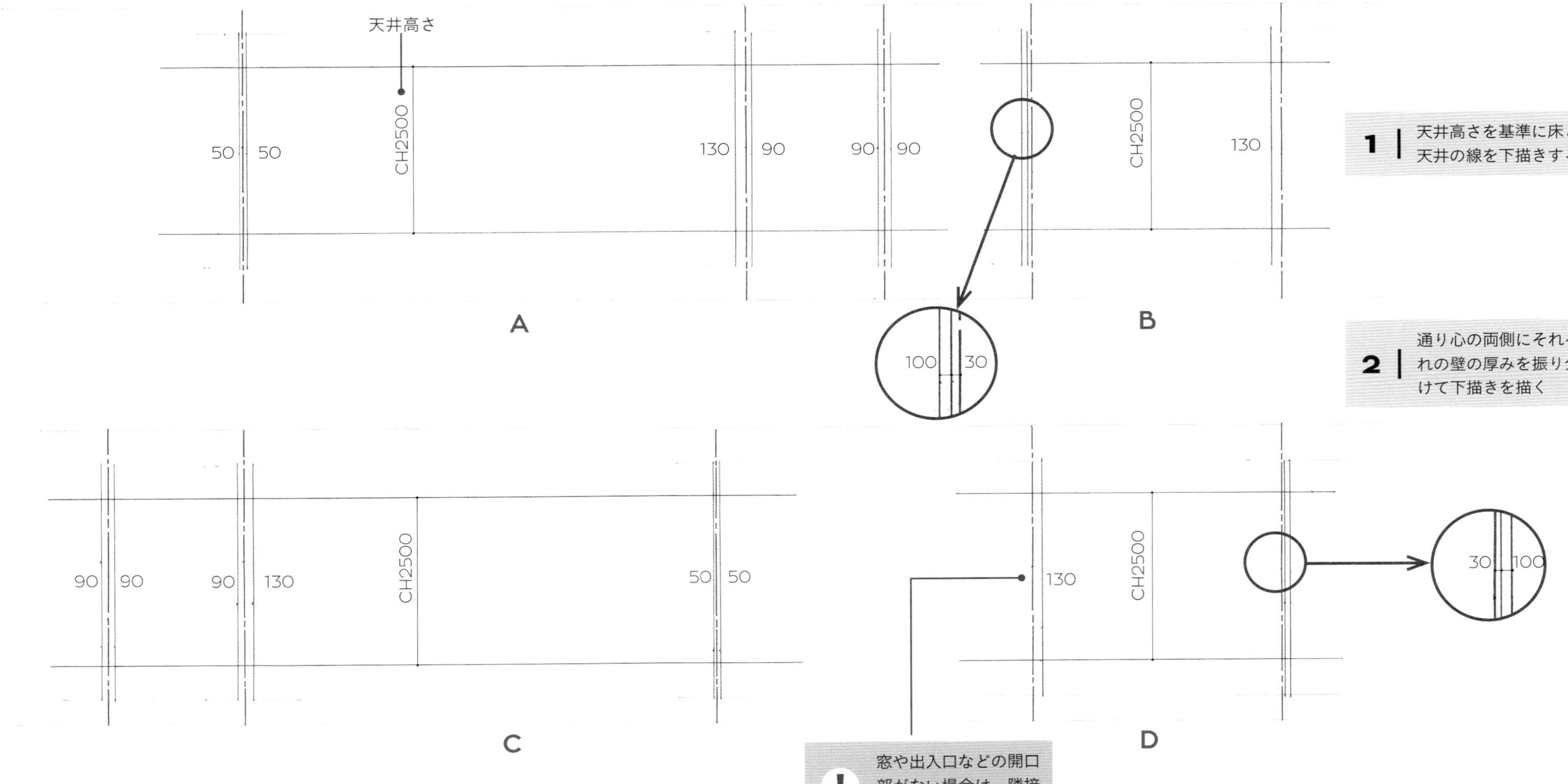

天井高さ
50
50
CH2500
130
90
90
90
A
100
30
CH2500
130
B
90
90
90
130
CH2500
50
50
C
130
CH2500
30
100
D

1 | 天井高さを基準に床と天井の線を下描きする

2 | 通り心の両側にそれぞれの壁の厚みを振り分けて下描きを描く

! 窓や出入口などの開口部がない場合は、隣接する壁は描かない

SECTION

3-19 インテリア立・断面図の作図プロセス⑤ ›壁・床・天井を描く

下 描きをもとに壁・床・天井を清書します。下描きの各線に開口部、梁、段差の位置などをマークし、すべて太線で描きます。

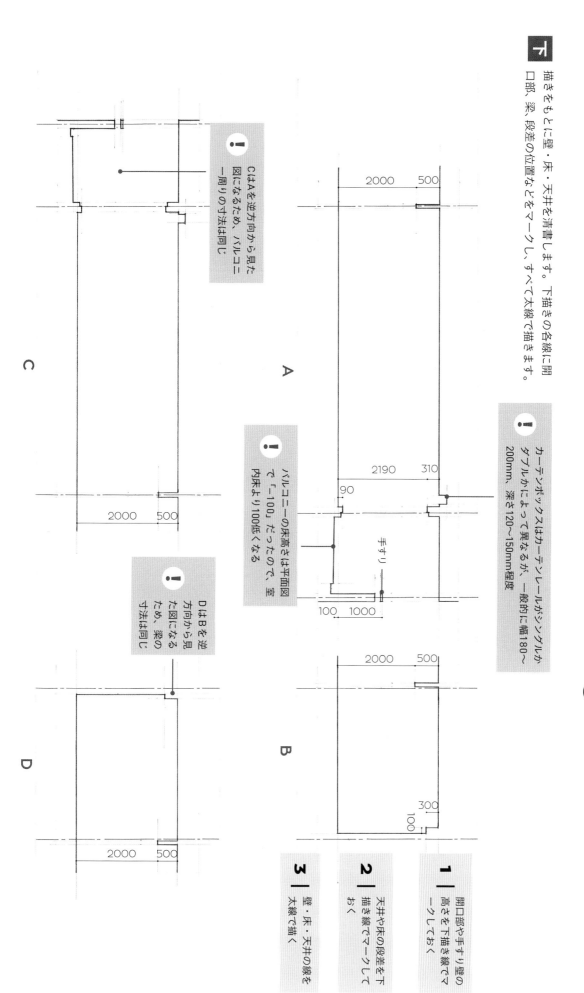

! カーテンボックスはカーテンレールがシングルかダブルかによって異なるが、一般的に幅180〜200mm、深さ120〜150mm程度

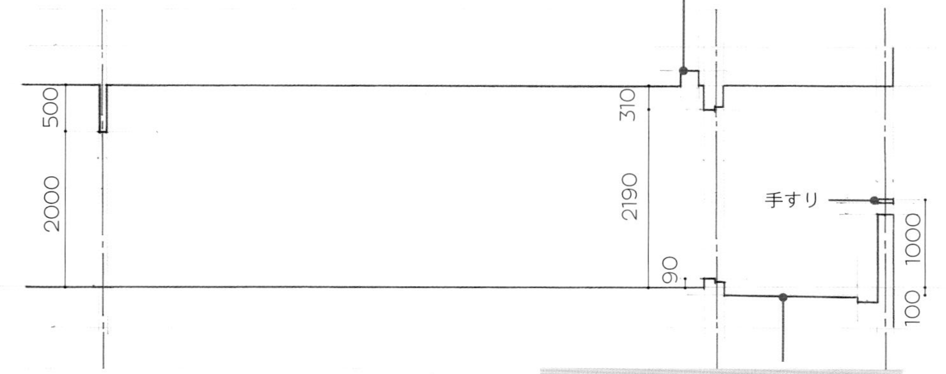
500
2000
310
2190
90
手すり
1000
100

A

! バルコニーの床高さは平面図で「−100」だったので、室内床より100低くなる

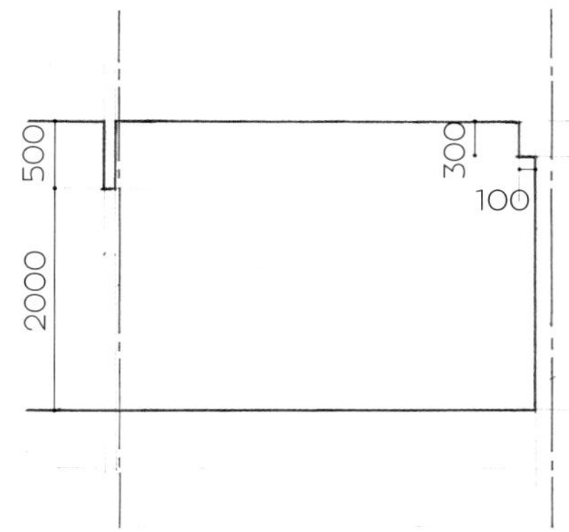
500
2000
300
100

B

1 | 開口部や手すり壁の高さを下描き線でマークしておく

2 | 天井や床の段差を下描き線でマークしておく

3 | 壁・床・天井の線を太線で描く

! CはAを逆方向から見た図になるため、バルコニー周りの寸法は同じ

500
2000

C

! DはBを逆方向から見た図になるため、梁の寸法は同じ

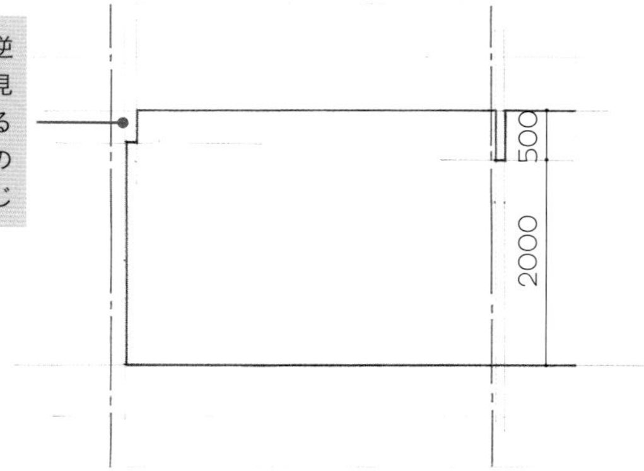
500
2000

D

SECTION

3-20 インテリア立・断面図の作図プロセス⑥ 〉家具や建具などを下描きする

家具や建具、幅木*、天井回り縁*などを下描きで記入します。置き家具は壁から少し離すため、その部分も考慮して家具を配置するようにしましょう。

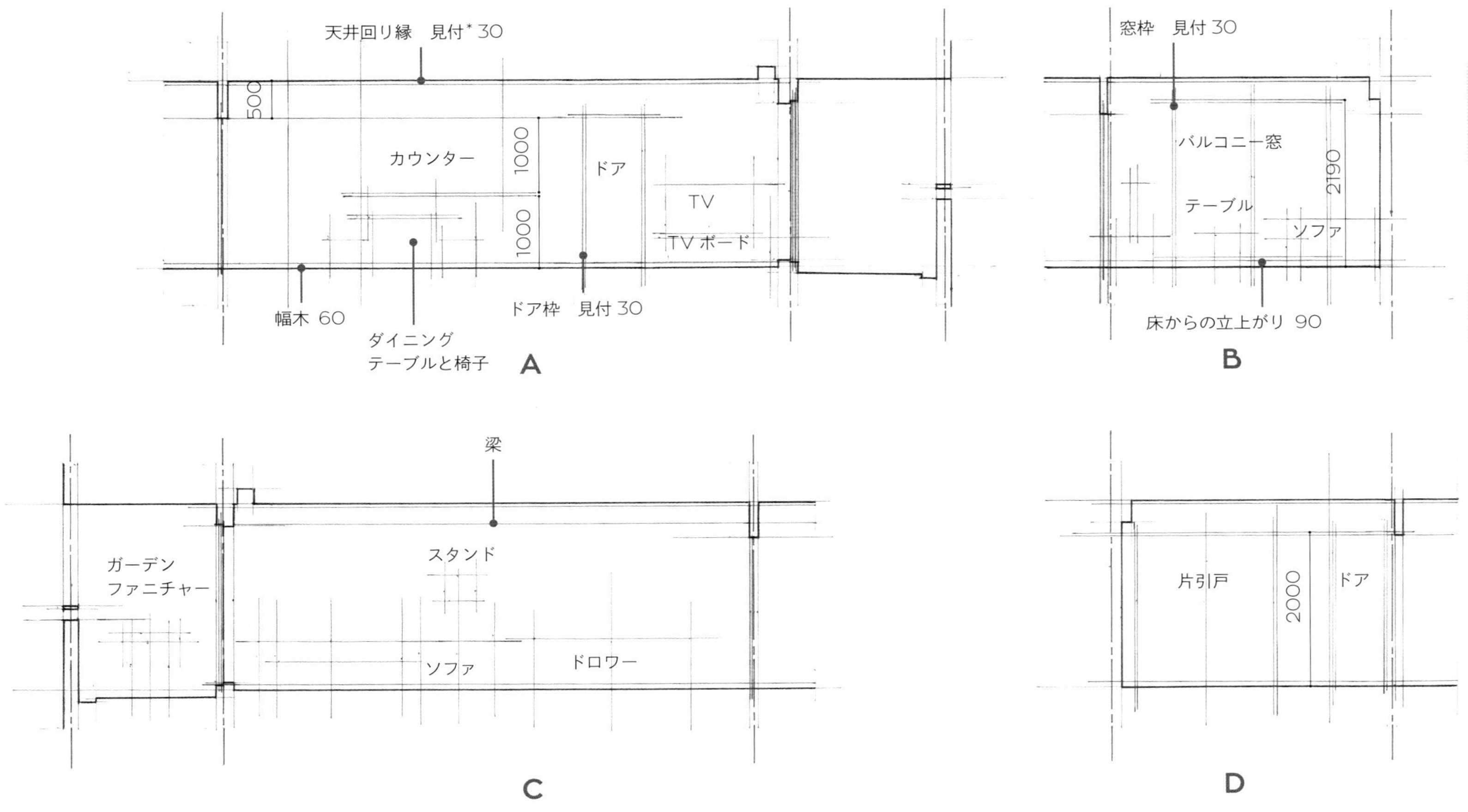
天井回り縁　見付* 30
500
カウンター
1000
1000
ドア
TV
TVボード
幅木 60
ダイニング
テーブルと椅子
ドア枠　見付 30
A
窓枠　見付 30
バルコニー窓
2190
テーブル
ソファ
床からの立上がり 90
B
梁
ガーデン
ファニチャー
スタンド
ソファ
ドロワー
C
片引戸
2000
ドア
D

1 | 幅木、天井回り縁、開口部の枠などを下描きする

2 | 家具や建具などの位置を下描きする

SECTION

3-21 インテリア立・断面図の作図プロセス⑦ ›家具や建具などを描く

下描きの線をもとに家具や建具などを清書し、カーテンやインテリアグリーン、絵画などのインテリアエレメントを追加します。家具や建具などの姿図は中線です。とびらの開く向きは一点鎖線で描きます。

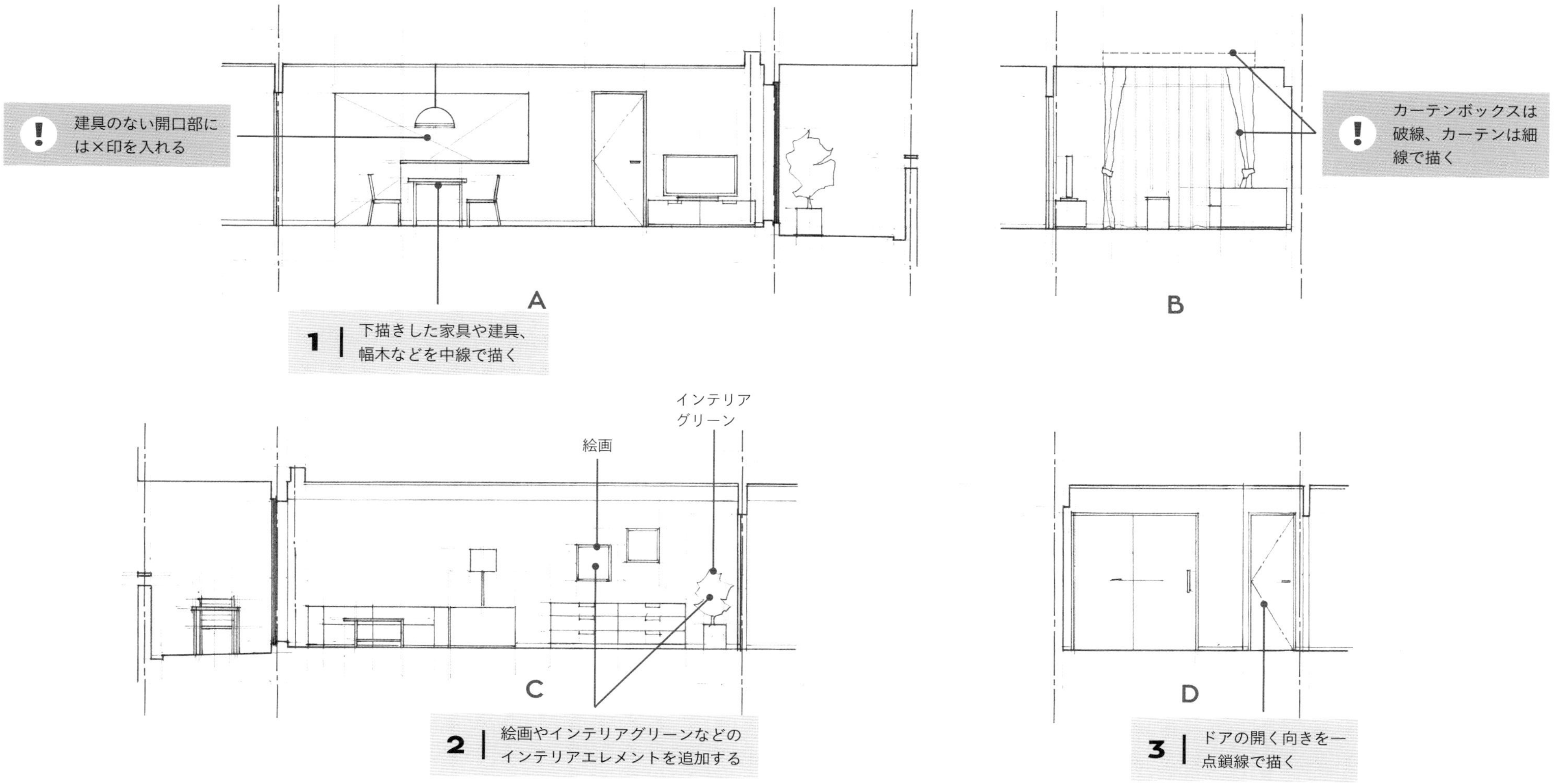

建具のない開口部には×印を入れる
A
1 下描きした家具や建具、幅木などを中線で描く
B
カーテンボックスは破線、カーテンは細線で描く
インテリアグリーン
絵画
C
2 絵画やインテリアグリーンなどのインテリアエレメントを追加する
D
3 ドアの開く向きを一点鎖線で描く

SECTION
3-22 インテリア立・断面図の作図プロセス⑧ ＞寸法や文字を入れる

寸法や文字、記号などを入れて図面は完成です。平面図と同じように寸法は細線でバランスを考えた位置に表記します。平面図と重複する寸法は入れません。文字は位置と高さがそろうように、ガイドを描いてから入れると丁寧な図面に見えます。平面図と一緒に作成する場合、平面図に使用凡例があれば、インテリア立・断面図の凡例は省略できます。

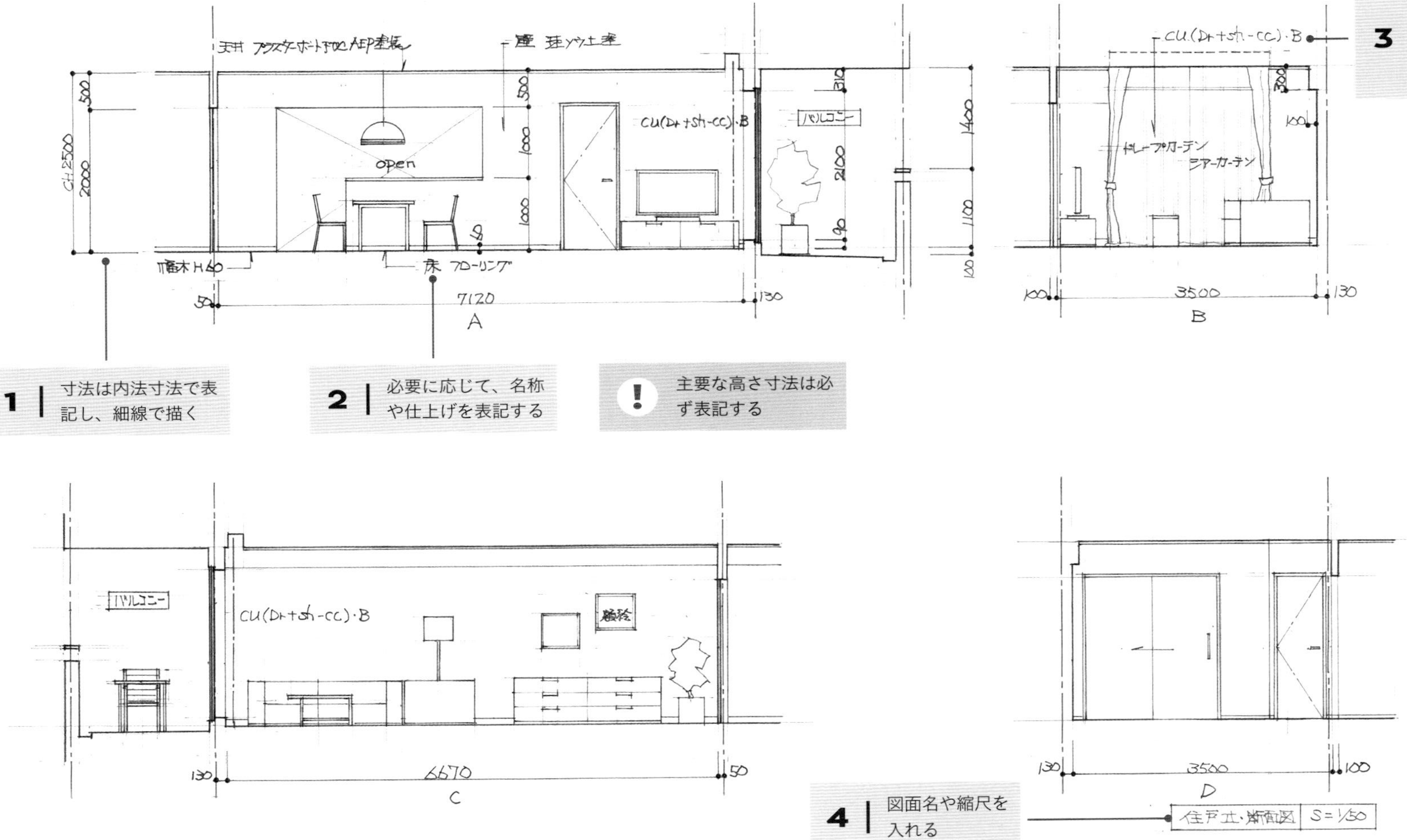
CU(Dr+sh-cc)・B
open
バルコニー
床 フローリング
ドレープカーテン
シアーカーテン
A
B
C
D
住戸立・断面図
S=1/50

1 寸法は内法寸法で表記し、細線で描く

2 必要に応じて、名称や仕上げを表記する

! 主要な高さ寸法は必ず表記する

3 ウインドートリートメントの文字記号を入れる

4 図面名や縮尺を入れる

COLUMN 3 店舗の平面図とインテリア立・断面図

参考までに、店舗の平面図とインテリア立・断面図の例を掲載します。図面の描き方は、ここまで説明してきた住宅の図面と同じです。寸法の取り方（内法寸法）や線の太さ、表現方法などに留意して図面を描きます。また、店舗などの商業施設では、家具や設備が増えること、不特定多数の人が利用することから、動線や通路幅の確保が重要です。そのあたりも考慮しましょう。店舗では造り作け家具が使われることがよくあります。家具の図面については次で説明します。

想定店舗

木造軸組構法

店舗併用住宅2階建て1階部分

店舗（カフェ）部分床面積： 62.34m²

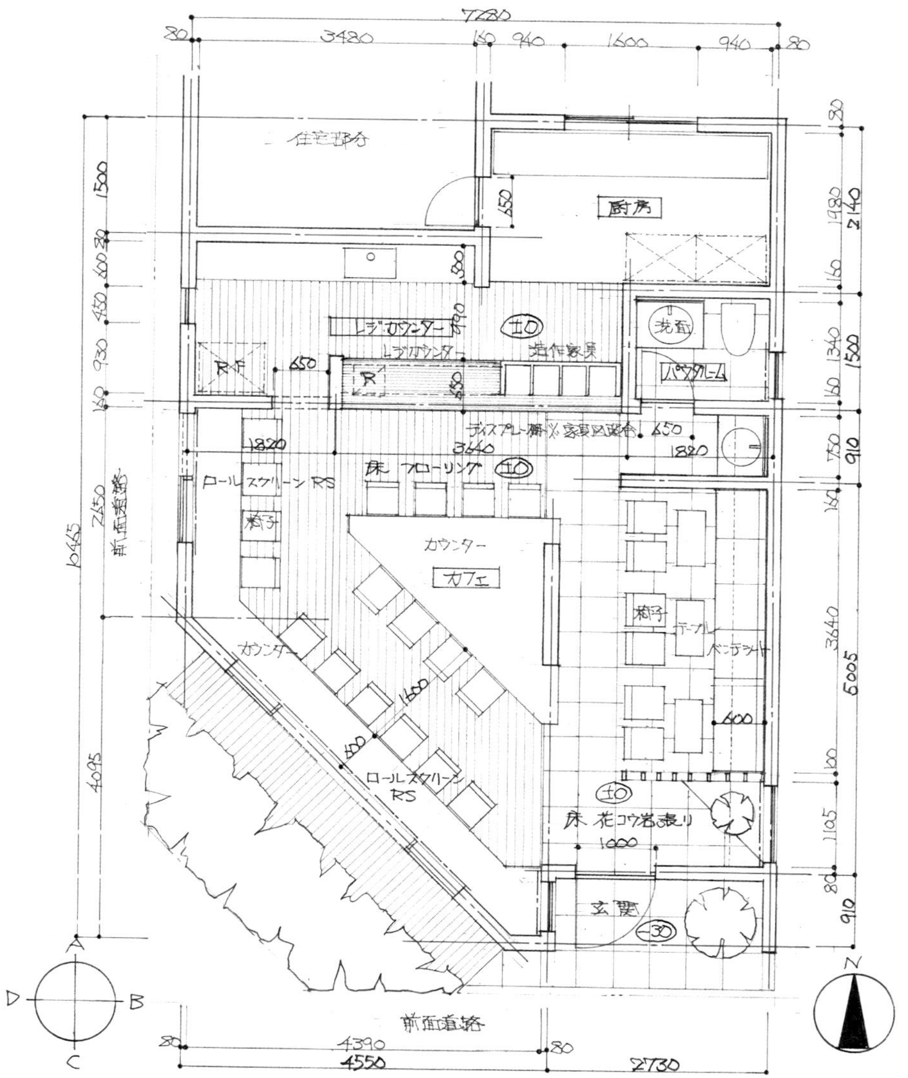

住宅部分
厨房
洗面
パウダールーム
レジカウンター
造作家具
ディスプレー棚兼家具収納
床 フローリング
ロールスクリーン RS
椅子
カウンター
カフェ
テーブル
ベンチシート
床 花コウ岩張り
玄関
前面道路

店舗の平面図
（実際の図面は S = 1/50）

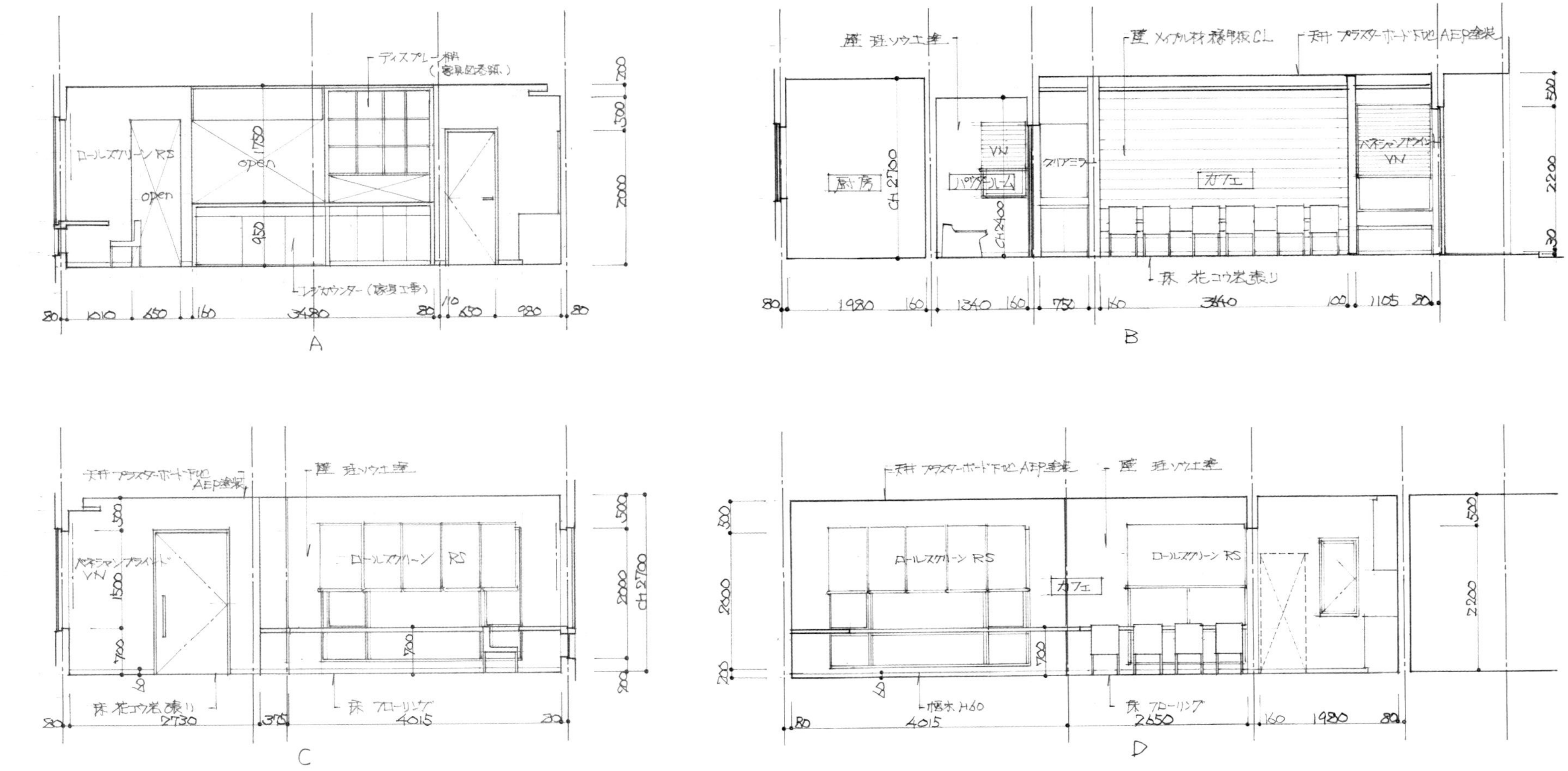
A
B
C
D
ロールスクリーン RS
open
ディスプレー棚
カフェ
パウダールーム
厨房
CH 2700
CH 2400
VN
床 花コウ岩張り
床 フローリング
壁 珪ソウ土塗
天井 プラスターボード下地 AEP塗装

店舗のインテリア立・断面図（実際の図面はS＝1/50）

SECTION

3-23 家具図の作図プロセス①＞完成見本

家具は置き家具と造り付け家具に分けられます。置き家具の図面は正投影図法の第三角法*で表現されます。造り付け家具は建築と一体となる場合が多いので、床・壁・天井と取り合う部分を詳細に作図する必要性から、一般的に平面図、正面図、断面図の3面図で表現されます。

ここでは造り付け家具（ディスプレー棚）の図面を作成します。この家具図は縮尺1/20で描かれていますが、紙面の都合上、縮小されています。

斜線部分は建築本体

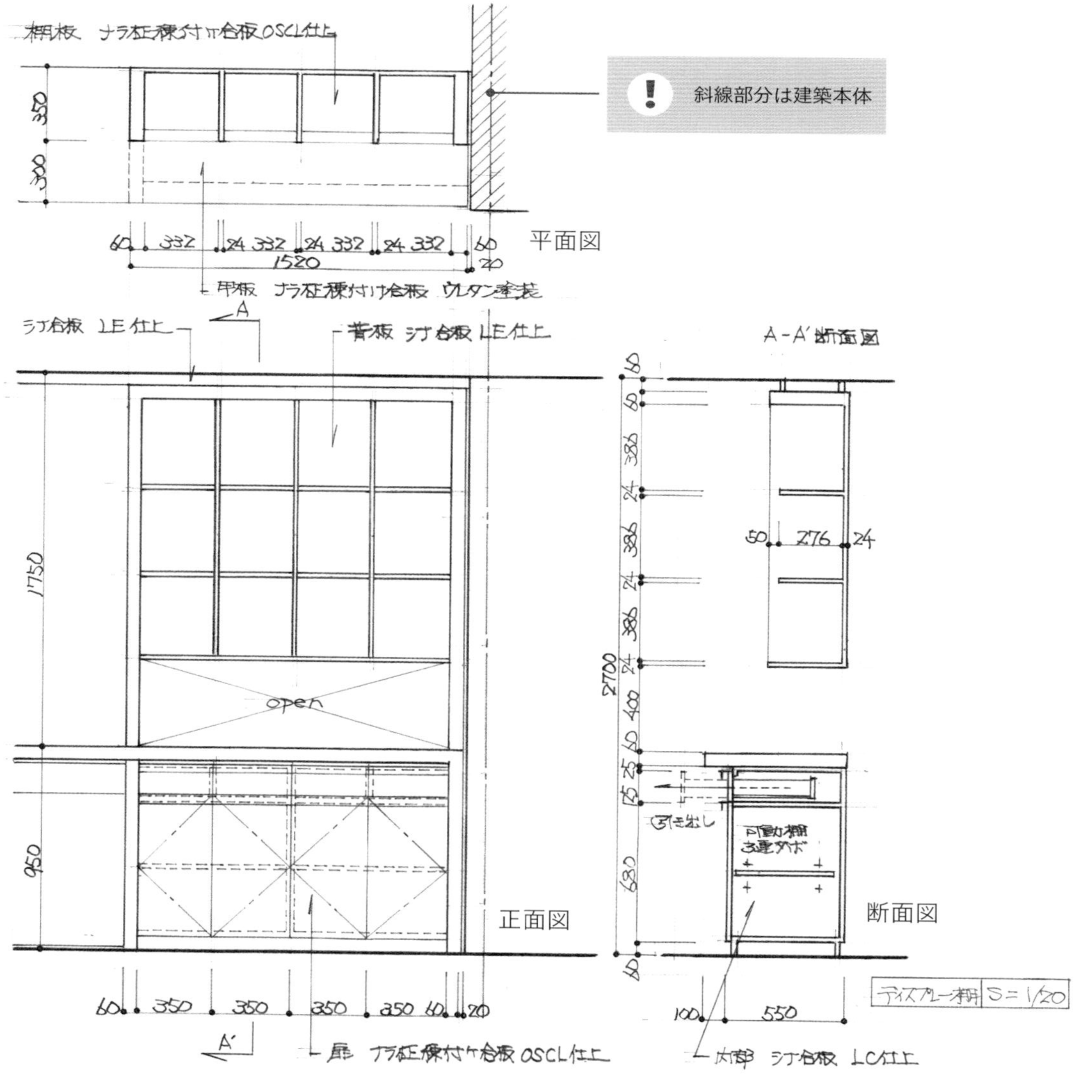
平面図
正面図
断面図
A-A'断面図
1520
1750
950
2700
open
550
276

SECTION

3-24 家具図の作図プロセス②＞下描きを描く

造り付け家具は建築と一体になる場合が多いので、最初に建物の床、壁、天井を太線で描いておきます。あとは寸法を確認しながら家具の各部材を下描きします。
建築の床、壁、天井は造り付け家具に比べて施工精度*が低く、傾斜や凸凹などの不陸*が多く生じています。床との間には台輪*、壁との間にはアキ、天井との間には支輪*などで調整します。

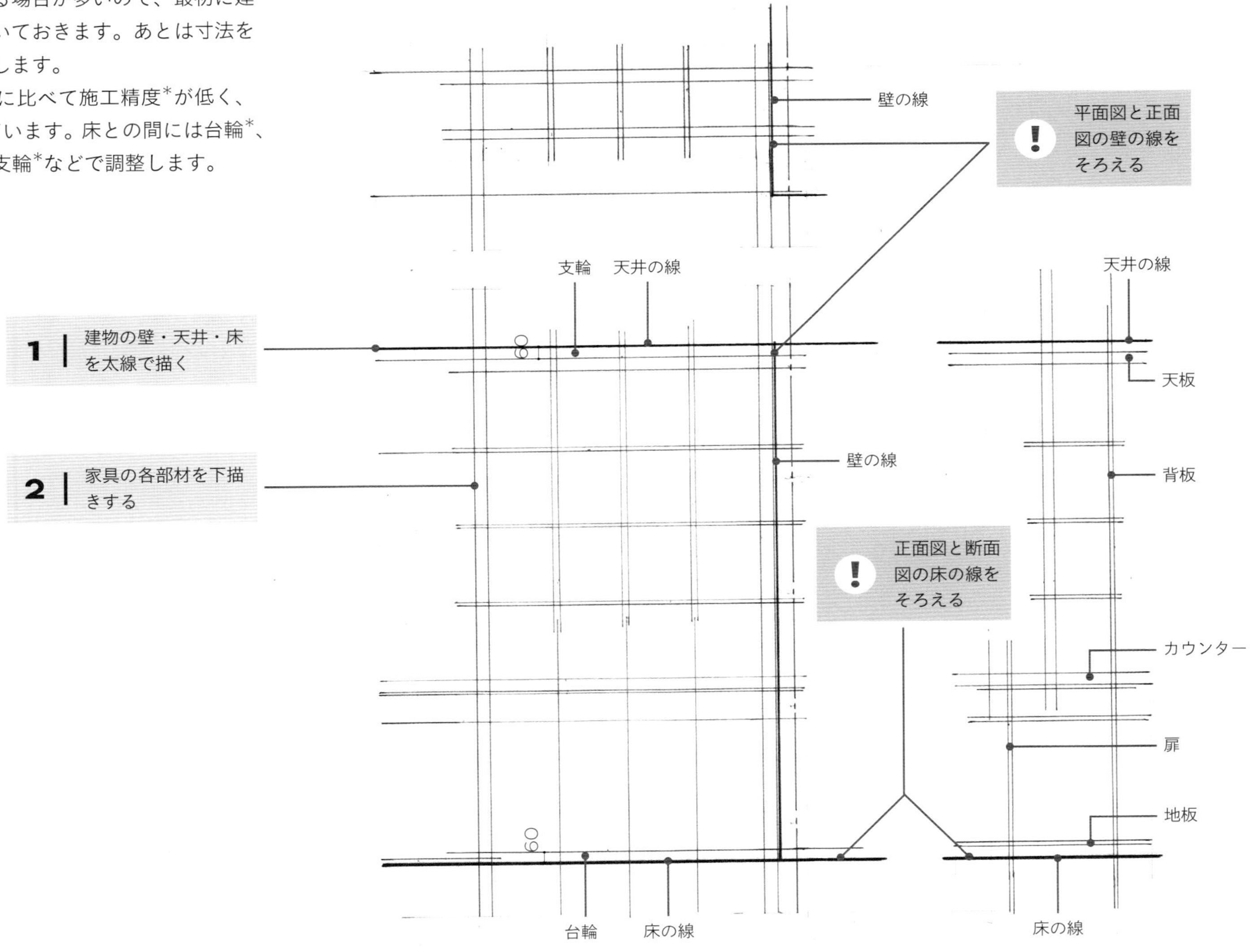
1 建物の壁・天井・床を太線で描く
2 家具の各部材を下描きする
壁の線
平面図と正面図の壁の線をそろえる
支輪
天井の線
60
壁の線
正面図と断面図の床の線をそろえる
60
台輪
床の線
天井の線
天板
背板
カウンター
扉
地板
床の線

SECTION

3-25 家具図の作図プロセス③ ＞家具の線を描く

下 描きの線をもとに家具を清書します。壁や天井、床は断面なので太線です。平面図や断面図の家具も切断面のため、太線で描きます。正面図の家具は中線です。

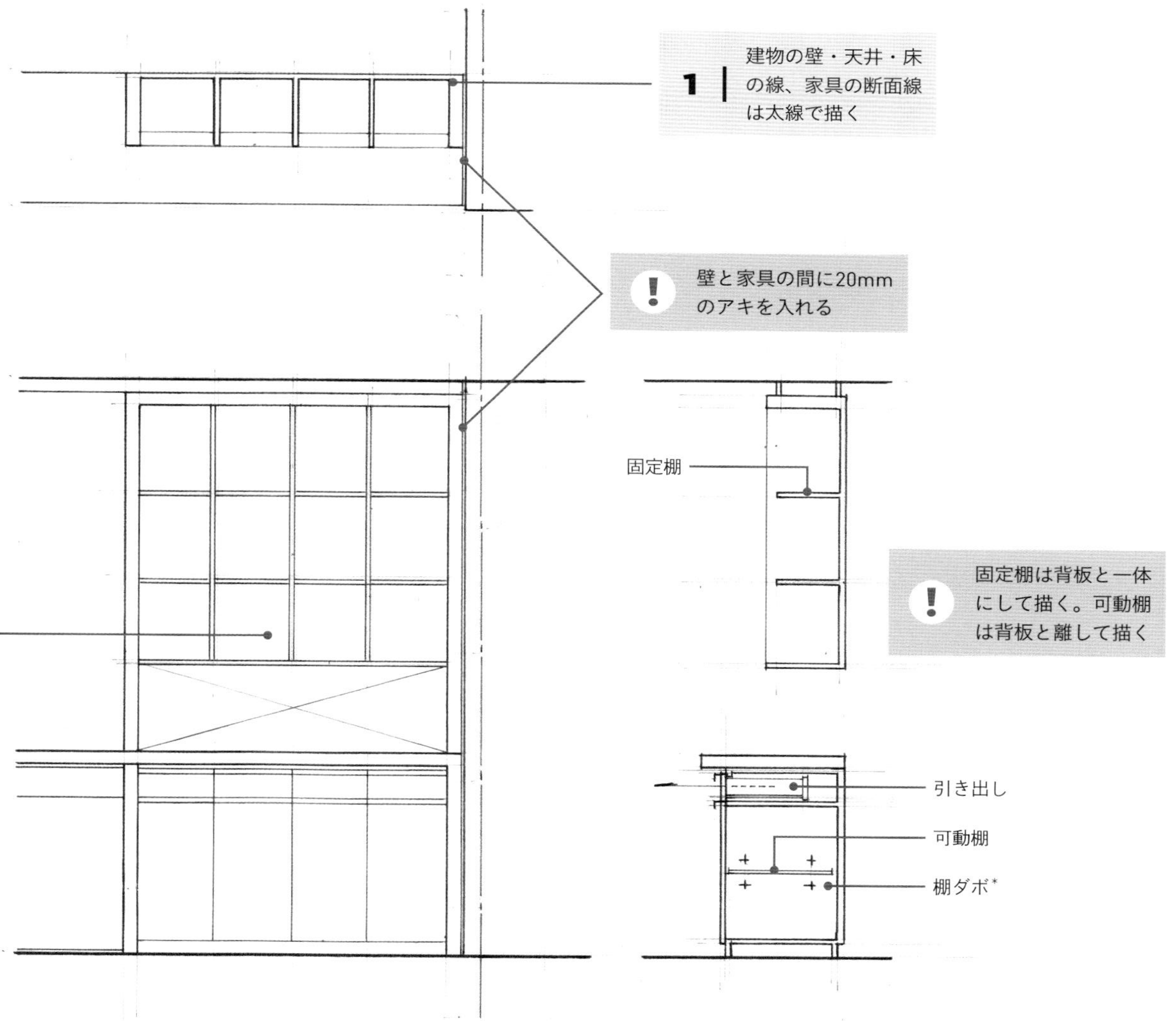
1 建物の壁・天井・床の線、家具の断面線は太線で描く
! 壁と家具の間に20mmのアキを入れる
2 正面図の家具の線は中線で描く
固定棚
! 固定棚は背板と一体にして描く。可動棚は背板と離して描く
引き出し
可動棚
棚ダボ*

SECTION

3-26 家具図の作図プロセス④ ＞寸法や文字を入れる

寸法は図面全体のバランスを考えた位置に表記します。図は３つありますが、重複する寸法がないように記入します。とびらの開く向きや内部の棚板などの隠れ線を表現し、材料や塗装などの仕様を文字で記入して仕上げます。図面タイトル、縮尺、切断位置を表記して、家具図の完成です。

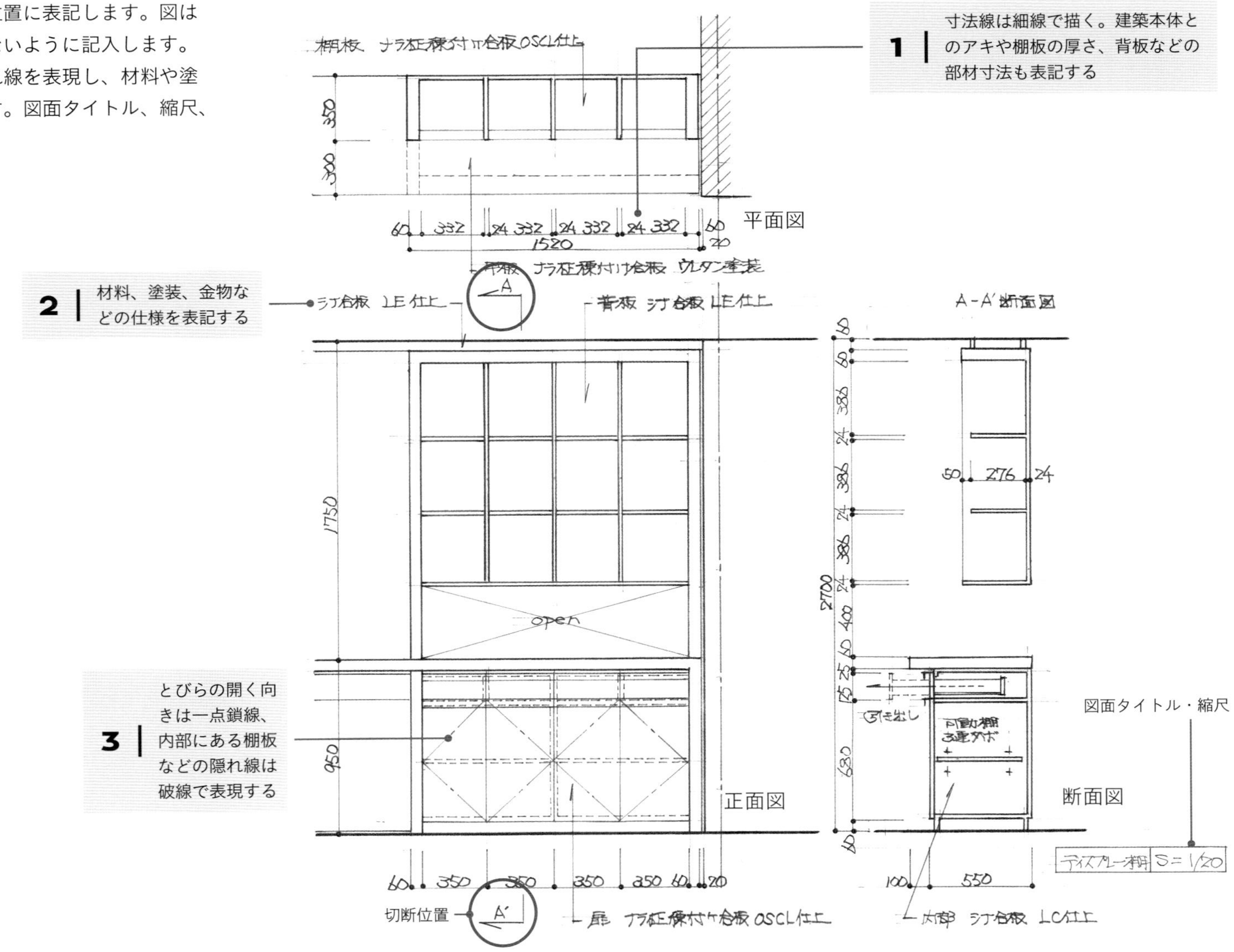

1 寸法線は細線で描く。建築本体とのアキや棚板の厚さ、背板などの部材寸法も表記する
2 材料、塗装、金物などの仕様を表記する
3 とびらの開く向きは一点鎖線、内部にある棚板などの隠れ線は破線で表現する
平面図
正面図
断面図
A-A'断面図
切断位置
図面タイトル・縮尺

SECTION
3-27 天井伏図の作図

天井伏図とは、天井を見上げた図面ですが、平面図と同様に上から見下ろした図面として描きます。天井伏図には各室名、天井高、天井仕上げの表示だけでなく、照明器具や天井換気扇の配置、取り付け穴の大きさ、天井付けのカーテンボックスなどを表記します。その他、「板張り」といった天井仕上げの張り方、天井回り縁を表記する場合もあります。

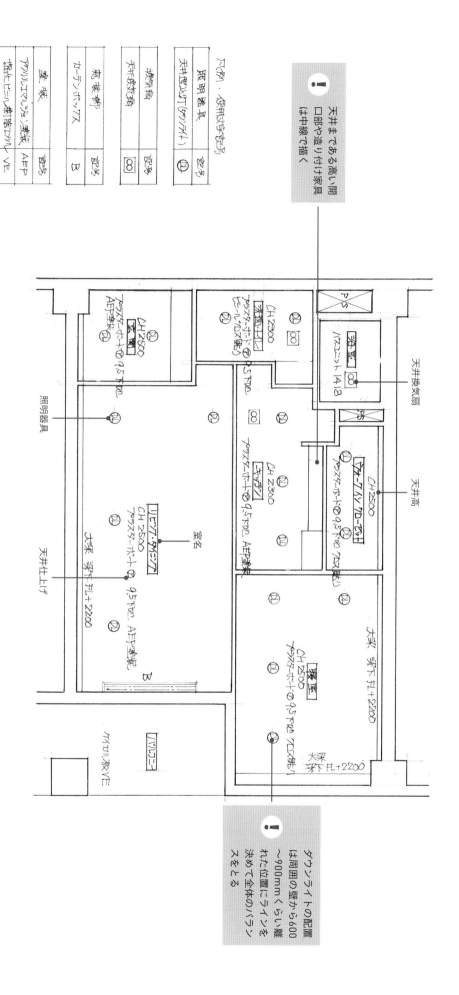

! 天井まである高い開口部や造り付け家具は中線で描く

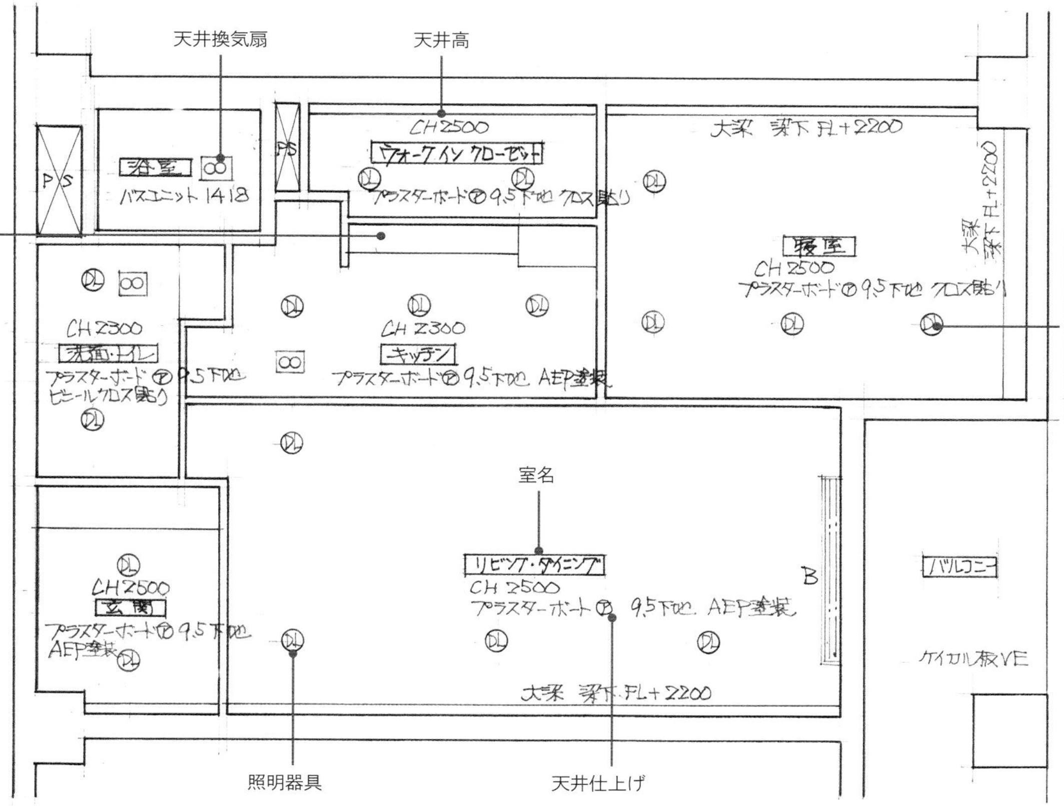
天井換気扇
天井高
室名
照明器具
天井仕上げ
浴室
バスユニット 1418
CH2500
ウォークイン クローゼット
プラスターボード⑦9.5下地 クロス貼り
寝室
CH2500
プラスターボード⑦9.5下地 クロス貼り
大梁 梁下 FL+2200
CH2300
洗面・トイレ
プラスターボード⑦9.5下地
ビニールクロス貼り
CH2300
キッチン
プラスターボード⑦9.5下地 AEP塗装
リビング・ダイニング
CH2500
プラスターボード⑦ 9.5下地 AEP塗装
B
CH2500
玄関
プラスターボード⑦9.5下地
AEP塗装
バルコニー
ケイカル板VE
P.S

! ダウンライトの配置は周囲の壁から600～900mmくらい離れた位置にラインを決めて全体のバランスをとる

凡例・使用文字記号

照明器具	記号
天井埋込灯(ダウンライト)	DL

換気扇	記号
天井換気扇	∞

窓装飾	記号
カーテンボックス	B

塗装	記号
アクリルエマルジョン塗装	AEP
塩化ビニル樹脂エナメル	VE

SECTION
3-28 配線図の作図

配線図とは照明器具、スイッチ、インターホン、コンセントなどの位置が示された図面です。「スイッチと各器具のつながりをどのようにまとめて配置するか」といった、使い勝手を想定して配線を表記します。図面に使われている表示記号はインテリア製図通則で定められていますが、慣習的に略号を使うこともあるので、必ず凡例として明記しましょう。

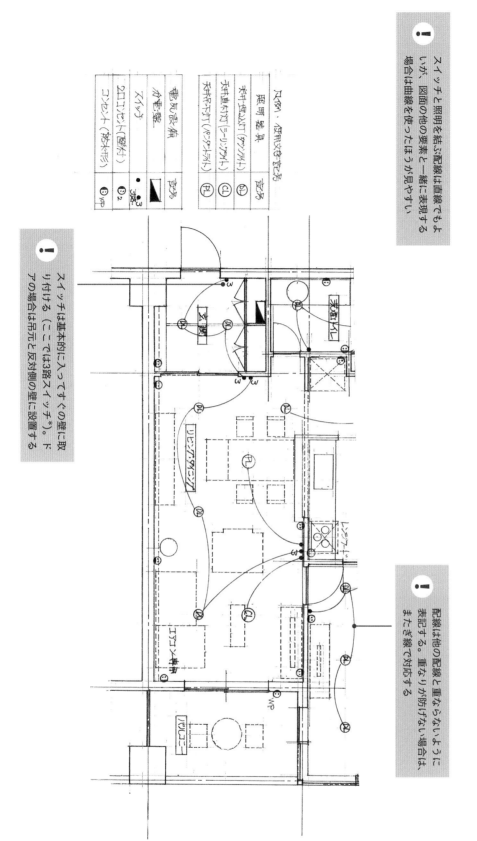

! スイッチと照明を結ぶ配線は直線でもよいが、図面の他の要素と一緒に表現する場合は曲線を使ったほうが見やすい

! 配線は他の配線と重ならないように表記する。重なりが防げない場合は、またぎ線で対応する

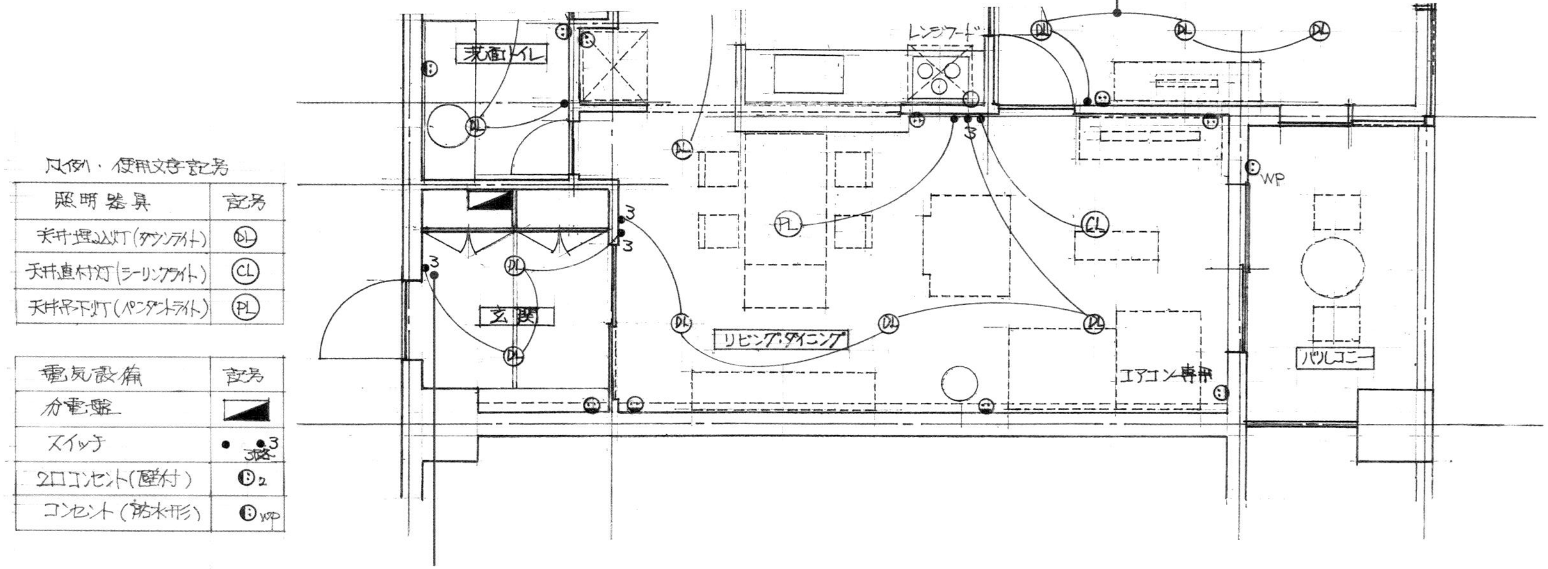
凡例・使用文字記号
照明器具
記号
天井埋込灯(ダウンライト)
DL
天井直付灯(シーリングライト)
CL
天井吊下灯(ペンダントライト)
PL
電気設備
記号
分電盤
スイッチ
3路
2口コンセント(壁付)
2
コンセント(防水形)
WP
洗面トイレ
玄関
リビング・ダイニング
レンジフード
エアコン専用
バルコニー

! スイッチは基本的に入ってすぐの壁に取り付ける（ここでは3路スイッチ*）。ドアの場合は吊元と反対側の壁に設置する

COLUMN 4 図面作成に関連した専門用語

内法寸法（うちのりすんぽう）
部材や室内仕上げの内側から内側までの距離

戸境壁（こざかいかべ）
マンションやアパートなどの各住戸間を仕切る壁。遮音および防火のため、小屋裏または天井裏に達するように設けられる。界壁（かいへき）ともいう

見付（みつけ）
部材の正面の寸法

見込（みこみ）
部材の厚さや奥行の寸法

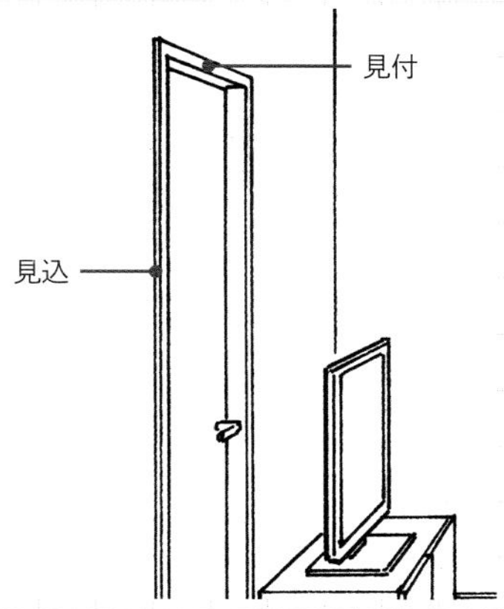
見付
見込

幅木（はばき）
壁と床の接合部に取り付ける横板。ビニール製もある。施工上、見映えをよくする役割と壁の下部を保護する役割がある

天井回り縁（てんじょうまわりぶち）
天井と壁の接合部に取り付ける横木。ビニール製もある。施工上、見映えをよくする役割がある

第三角法（だいさんかくほう）
正投影図法の第三角法とは、正面図が正投影図法の第三象限に位置し、上に平面図、右に側面（または断面）図を描いたもの

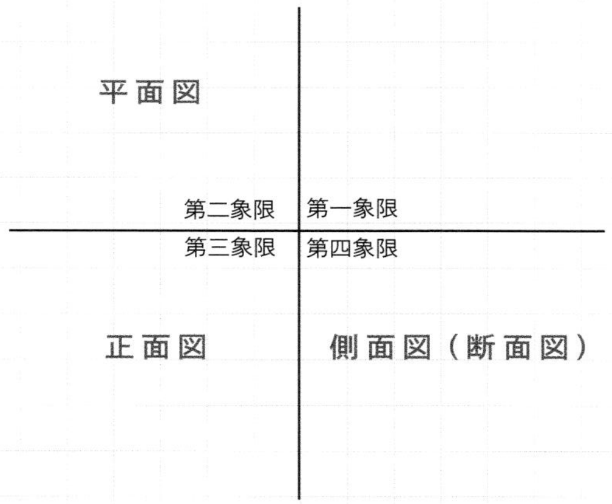
平面図
第二象限
第一象限
第三象限
第四象限
正面図
側面図（断面図）

施工精度（せこうせいど）
施工の精密さの度合い。建築工事の施工精度は一般に1mm単位だが、造り付け家具などの工場生産品の加工精度は1/10mm単位で、建築工事の10倍の精度。つまり、家具のほうが精度が高いといえる

不陸（ふりく）
陸は水平の意味で、面に凸凹があり平らではないこと

台輪（だいわ）
箱物家具において最下部の建物の床に接する部分に設ける部材のこと。床の不陸（凸凹）の調整や汚れ防止の目的がある

幕板（まくいた）
壁面収納や吊戸棚などの箱物家具の最上部と建物の天井の隙間に張った横板

支輪（しりん）
幕板と同様に壁面収納や吊戸棚などの箱物家具の最上部と建物の天井の隙間に後付けする装飾も兼ねた家具部材

錬り付け合板（ねりつけごうはん）
回転式切削機械で高級樹種の天然木を薄く削り取った突き板を、合板や集成材などの心材に張り付けた板、またはその製品

棚ダボ（たなだぼ）
棚板の固定や上下間隔の調整に使う小さな丸棒。側板に浅い穴を開け、軸部を押し込んで使う。漢字では「棚太柄」と書く

3路スイッチ（さんろすいっち）
3本の電線を使って制御するスイッチ。1つの照明器具の点灯を2カ所で行う。階段の上下階などによく設置される

CHAPTER

4

透視図のプロセス

透視図は遠近法で描かれた図です。英語で「PERSPECTIVE」と表記することから「パース」と呼ばれ、インテリア製図でもよく用いられます。ここでは図面から1消点パースを起こす方法を中心に説明します。

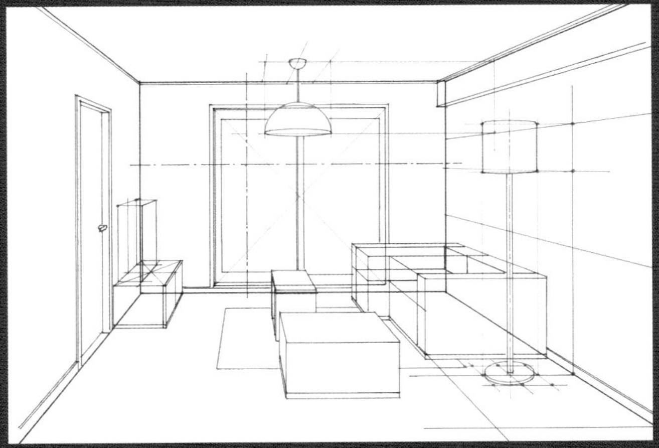

SECTION

4-1 パースとは

パースとは見たままを表現する手法で、アイレベルと消点を基準にした遠近法によって描かれます。空間や物のデザインイメージを相手に伝えるための表現方法です。インテリアでも空間を表現する方法としてよく使われます。

アイレベルは視点の高さのことで、立っていれば高くなり、座っていれば低くなります。消点は奥行方向に集中する点のことです。略語では「VP」(Vanishing Point) と表記されます。消点はアイレベルの線上に設定されます。

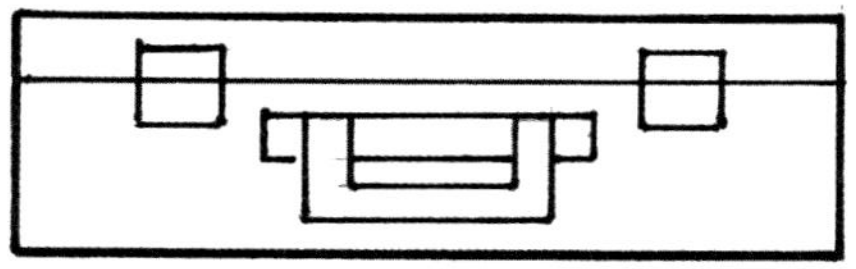

左はトランクケースの正面図です。これだけでは奥行や全体像がわかりません。アイレベルと消点を使ったパース表現にすると、トランクケースのイメージが十分に伝わります。

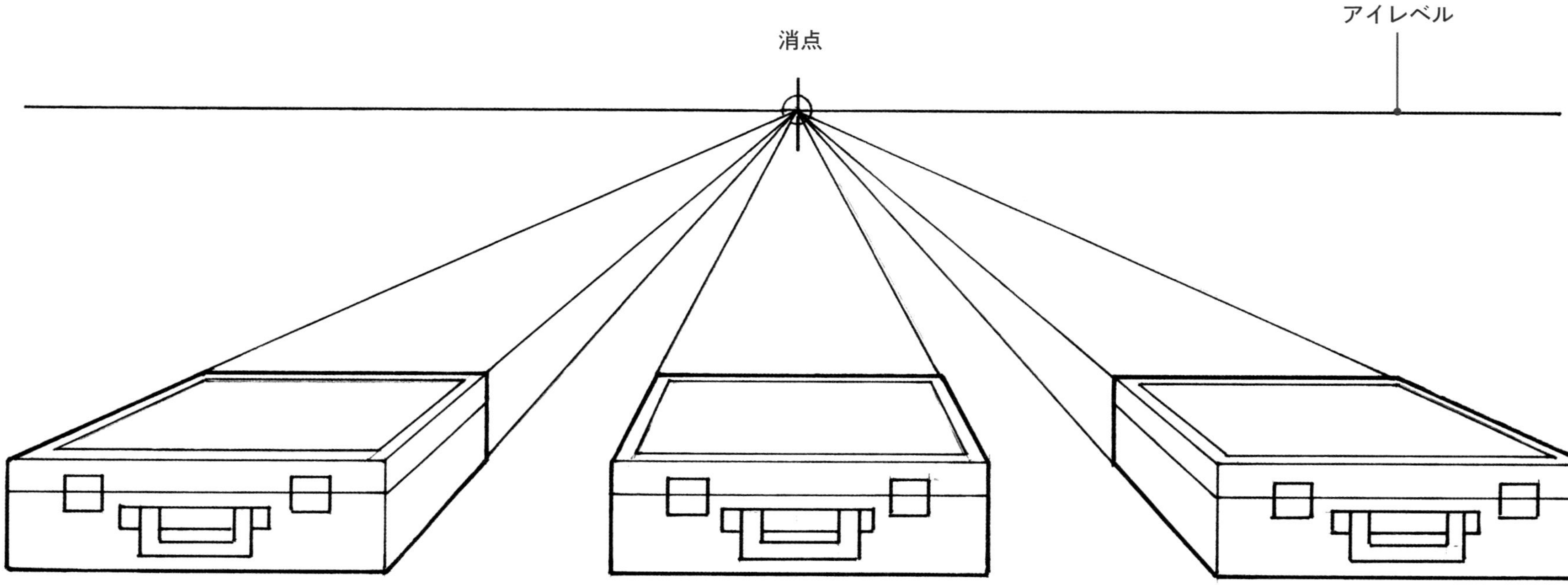
アイレベル
消点

視点の位置を変えて見たトランクケースのパース表現

SECTION
4-2 1消点パースと2消点パース

消点は1つだけではなく、2つ、3つと設定でき、その数に応じて1消点パース、2消点パースなどと呼ばれます。インテリアで使われるのは、1消点パースと2消点パースです。3消点パースはビルなどの高い建物を表現するときに使用されるため、インテリアではあまり使われません。

1消点パースとは平行透視図法のことで、消点が1つの図法です。壁の正面を奥に見る表現に向いています。これに対し2消点パースは、有角透視図法と呼ばれ、消点を左右の2点に設定した図法です。「有角」のとおり、部屋の角を奥に見る表現のときに使います。

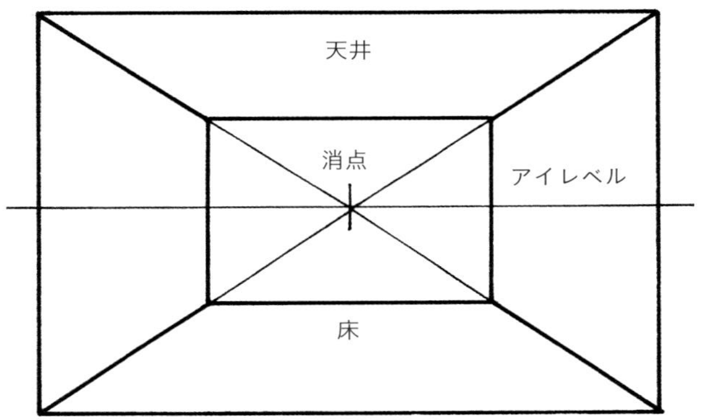
天井
消点
アイレベル
床
1消点パースの基本形

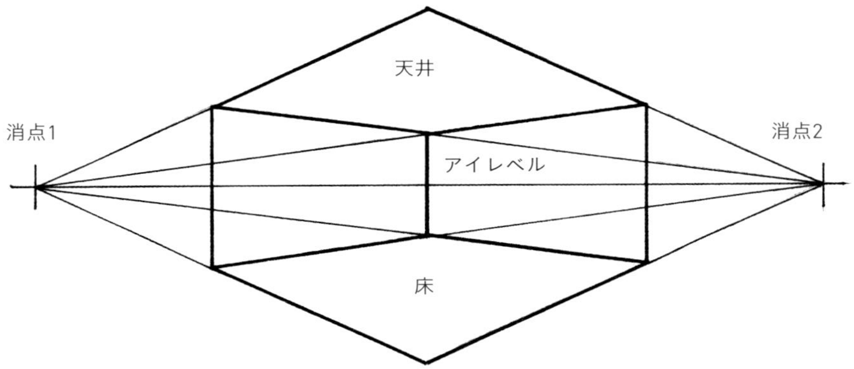
天井
消点1
消点2
アイレベル
床
2消点パースの基本形

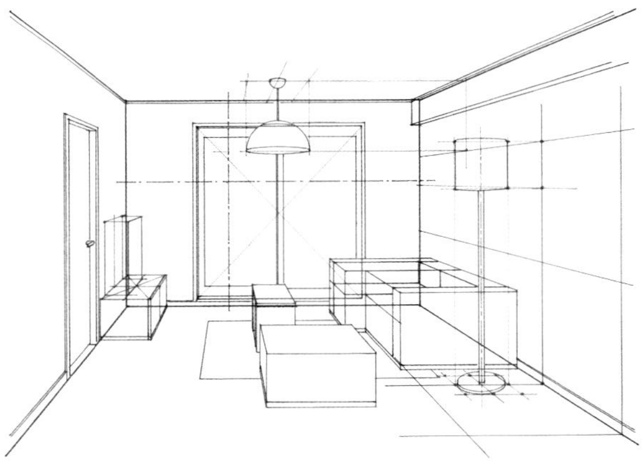
1消点のインテリアパース

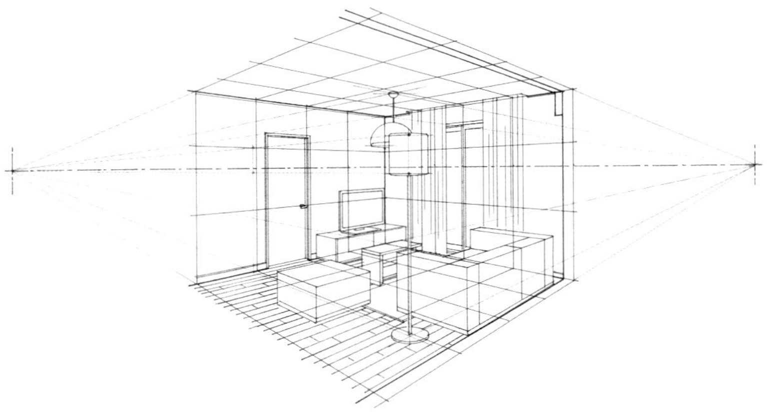
2消点のインテリアパース

SECTION

4-3 1消点パースのプロセス① ❯視点と方向を決め、正面壁を作図

図面をもとに1消点パースを描く方法を説明します。まず、平面図で視点の位置と見る方向を決めます。ここでは、リビング・ダイニングの図のあたりに視点を置き、バルコニー方向の壁面、つまり、インテリア立・断面図のB方向を正面とします。最初に、図面の寸法をもとに正面の壁と開口部（引違い窓）を描き、アイレベルと消点の位置を加えます。

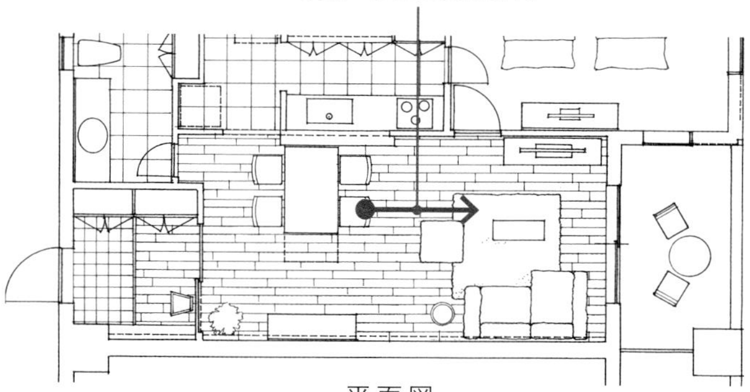
視点の位置と見る方向

平面図

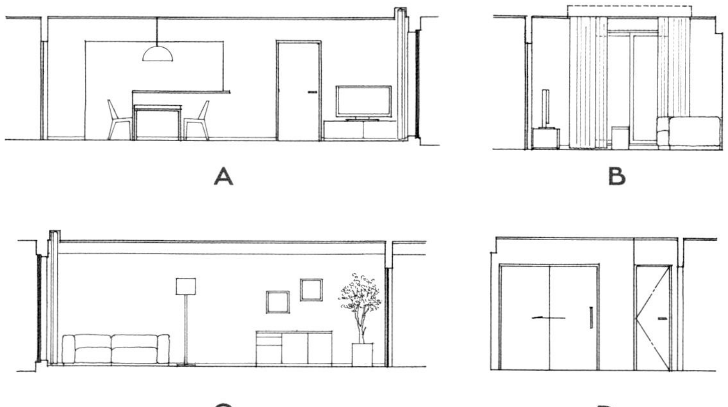
A
B
C
D

インテリア立・断面図

正面の壁（B方向）

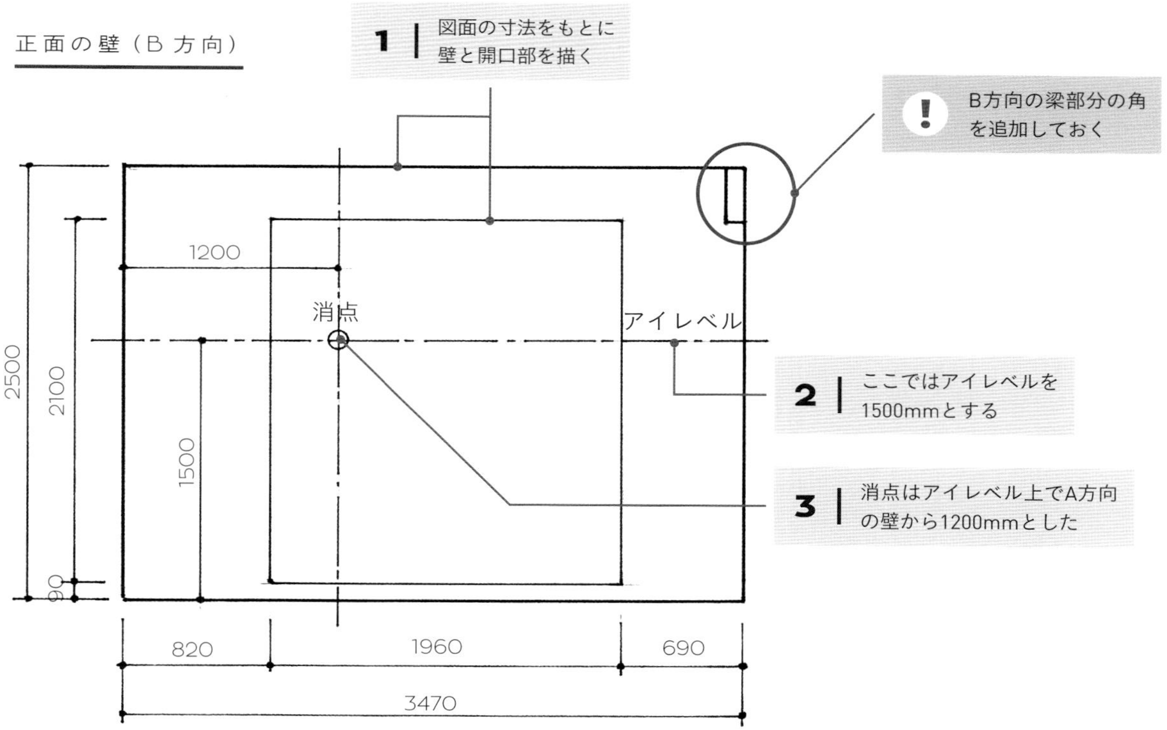
1200
消点
アイレベル
2500
2100
1500
90
820
1960
690
3470
1 図面の寸法をもとに壁と開口部を描く
B方向の梁部分の角を追加しておく
2 ここではアイレベルを1500mmとする
3 消点はアイレベル上でA方向の壁から1200mmとした

縮尺は用紙の大きさや空間の広さを考えて決め（ここではS=1/40程度だが、図は縮小している）、消点やアイレベルの位置は任意で決める

SECTION

4-4 1消点パースのプロセス② ❯パースグリッドの作図　奥行を決める

パースグリッドを作成します。パースグリッドとは、パースの作図を補助するための目盛で、寸法の目安として使用します。目盛の単位は900mmが一般的です。

まず、奥行を決める一番外側のグリッド線を作図します。正面の壁から視点の位置までは3120mmです。一番外側の線はこの長さを含む900の倍数として、正面の壁から3600mmの位置とします。

この寸法は消点から一番遠い右床の線を基準にとります。パースでは消点へ向かう線や消点に近い線が短く見える特徴があるため、そのまま3600mmの寸法を取るのではなく、80〜90％の長さ（ここでは80％の2880mm）の位置を3600mmの寸法とみなします。この点を頂点とする四角形が一番外側のグリッド線です。

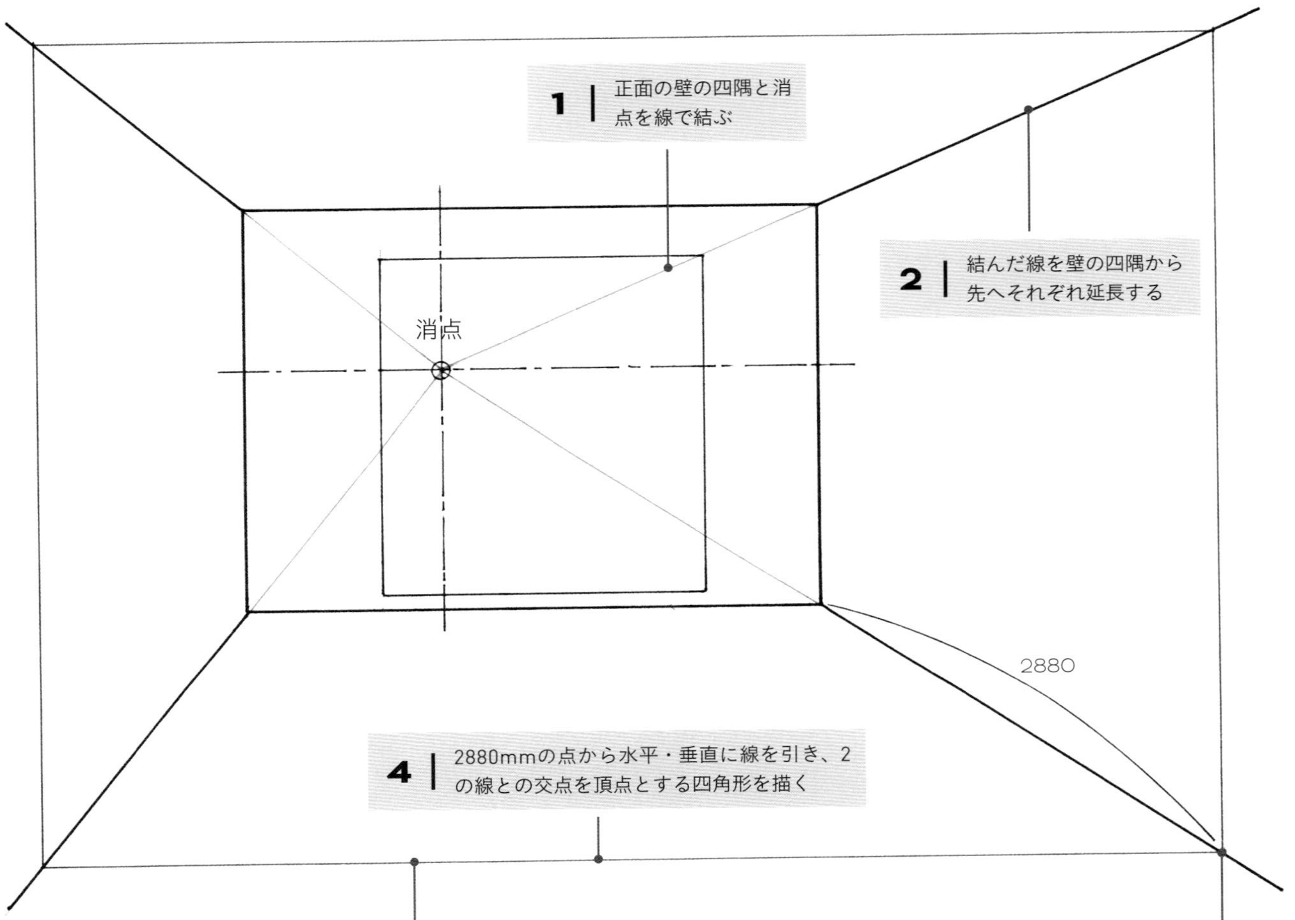
消点
2880

1 正面の壁の四隅と消点を線で結ぶ

2 結んだ線を壁の四隅から先へそれぞれ延長する

3 消点から一番遠くにある右床の線上に正面の壁から2880mmの位置に点をとる

4 2880mmの点から水平・垂直に線を引き、2の線との交点を頂点とする四角形を描く

! この四角形を奥の壁から3600mmの位置とみなし、一番外側のグリッド線とする

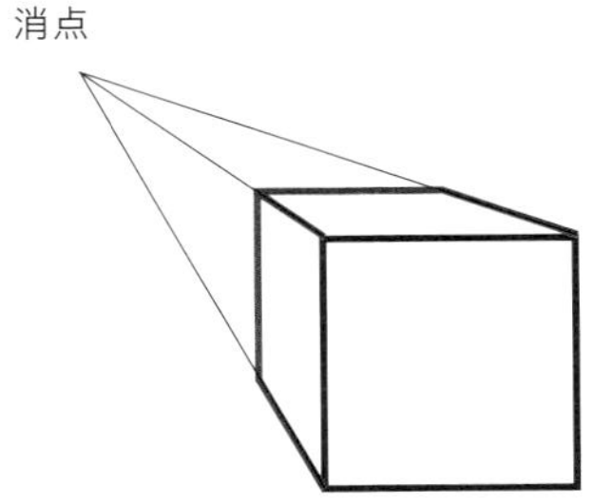
消点

立方体はどの線も同じ長さですが、遠近法では消点へ向かう線や消点に近い線（図の赤い線）は短く見えます。

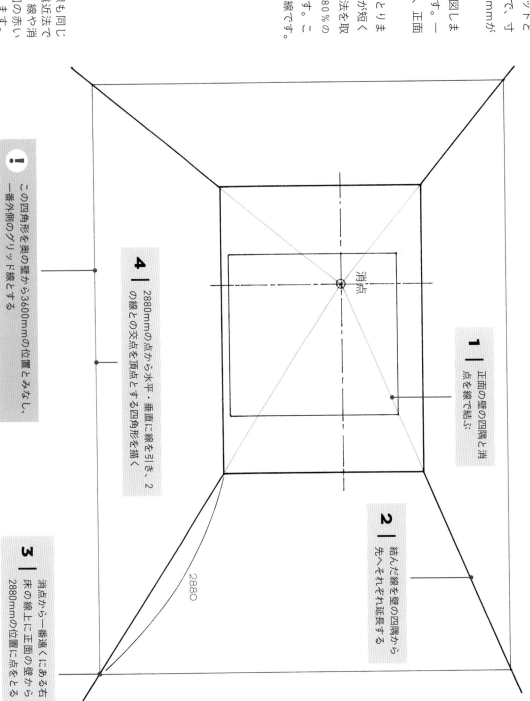

SECTION
4-5 1消点パースのプロセス③ ❯パースグリッドの作図 900mmグリッド①

9 00mmのグリッド線を描き入れます。まず、正面の壁を縦と横に900mmずつ分割する線を描きます。900mmに満たない寸法はその数値のままでかまいません。
消点から、分割線と正面壁の交点を通る線を、一番外側のグリッド線まで引きます。この図では10本の線が引けます。

1 | 正面の壁を900mmで分割する線を描く

2 | 消点から分割線と正面壁の交点を通る線をそれぞれ引く

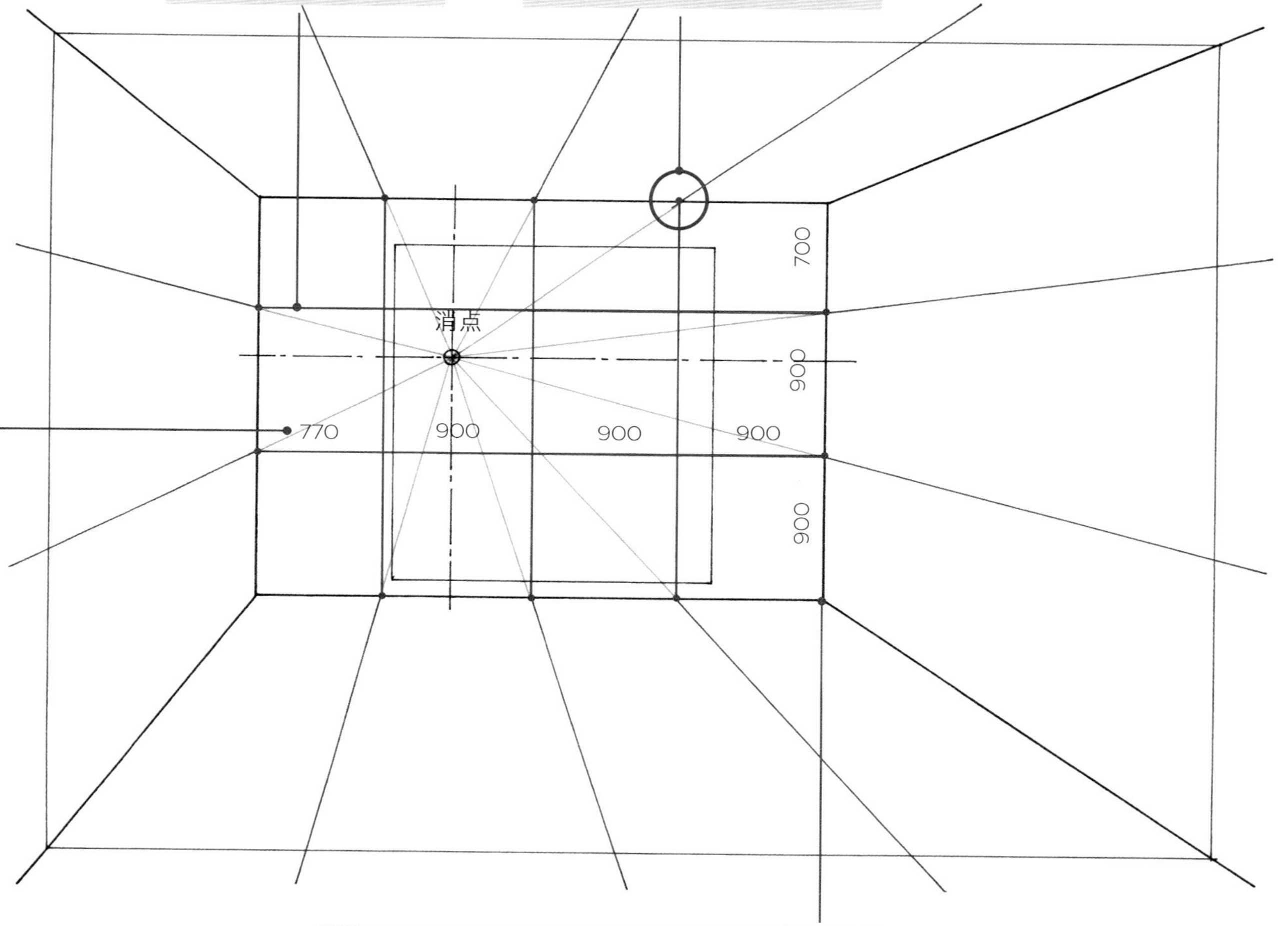
消点
770
900
900
900
700
900
900

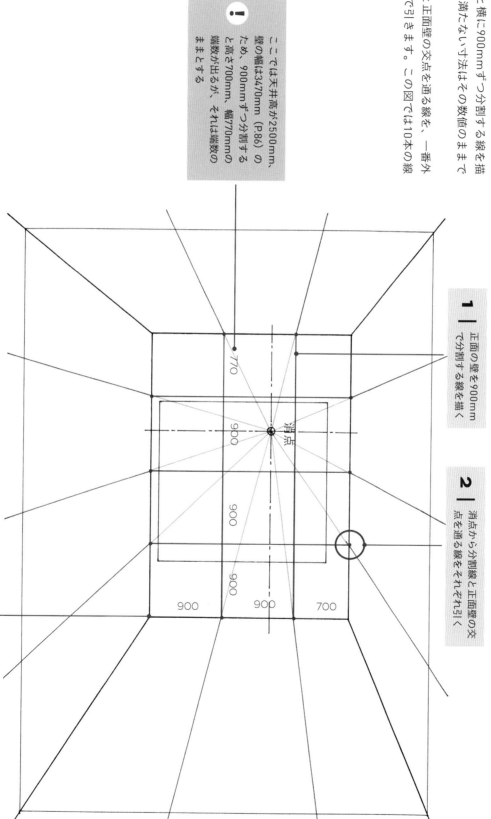

! ここでは天井高が2500mm、壁の幅は3470mm（P.86）のため、900mmずつ分割すると高さ700mm、幅770mmの端数が出るが、それは端数のままとする

! 分割は家具などが多く接している面から始める。このケースでは床面と右側の壁に家具が多く接するため、分割の基点は正面壁の右下の点とした

SECTION
4-6 1消点パースのプロセス④ ❯パースグリッドの作図 900mm グリッド②

正 面壁右下の点**a**から左方向3600mmの位置に点**c**をとります。**c**と右下の床の線で3600mmとみなした点**b**を結び、その線と消点から引いた線との交点をとります（3カ所）。
この交点を通る水平線を引くと、床の面が分割され、900mmのグリッド線ができます。このグリッド線を左右の壁で垂直に伸ばし、天井で水平につなげれば、900mmグリッドの完成です。

! b - c 間の線は3600mm四方の正方形の対角線とみなす。面は対角線と分割線の交点を通る線で等分割できる。詳しくは次ページのコラム参照

1 | 右下の点aから3600mmの位置に点cをとる

! 点 b では、3600mmの長さを2880mmでとったが、点 c では数値どおり3600mmでとる

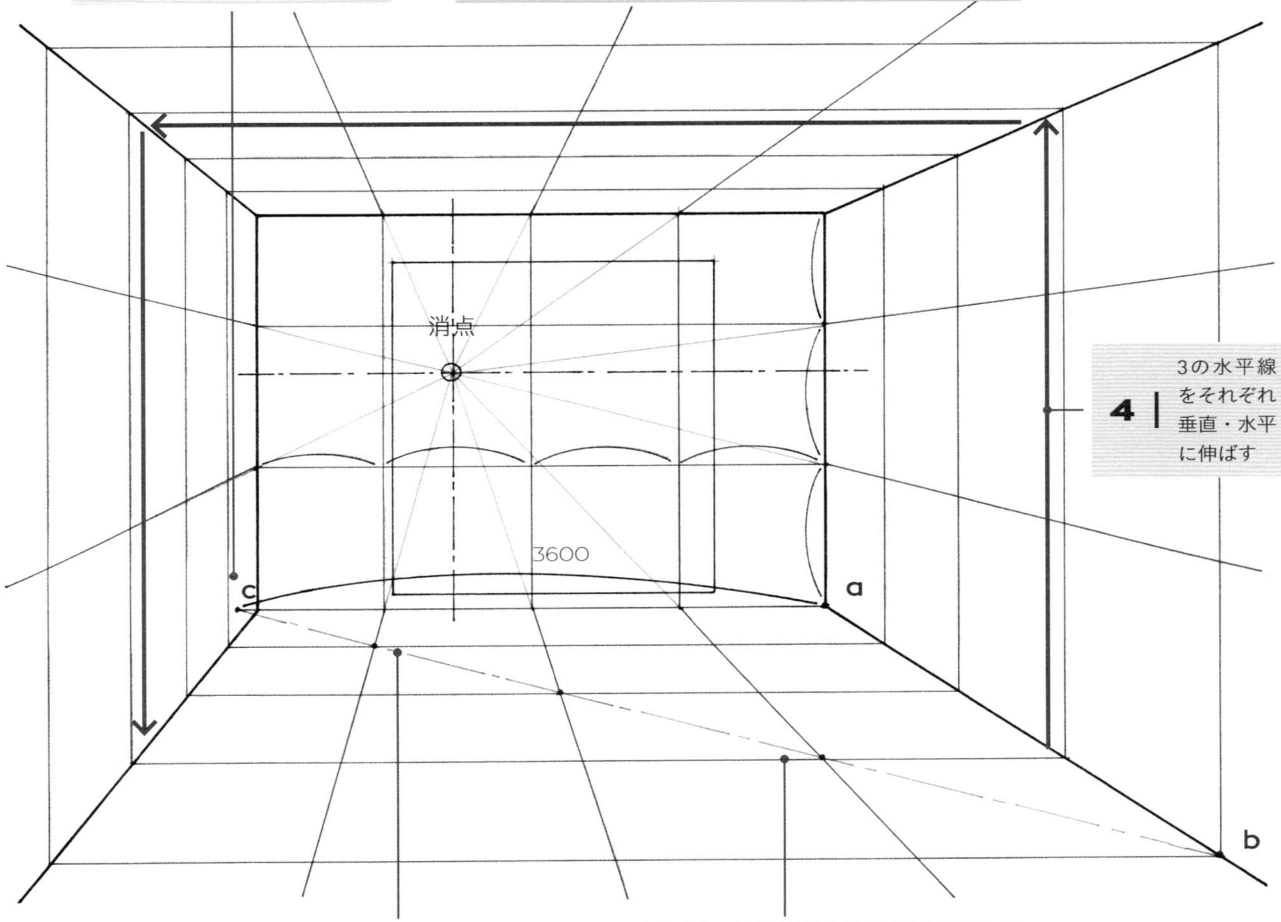
消点
3600
a
b
c

4 | 3の水平線をそれぞれ垂直・水平に伸ばす

2 | 点cと点bを結ぶ

3 | 結んだ線と消点からの線との交点を通る水平線をそれぞれ描く

COLUMN 5 面を分割する方法〈対角線を使う〉

ここでは床を一辺3600mmの正方形とし、対角線を使って分割しました。このように、正方形とみなした図形は、対角線を使うと面を等分割できます。右の例は一辺2700mmの正方形を縦3等分し、対角線を入れたものです。対角線と縦分割線の交点を通る水平線を引くと、横にも3等分でき、面が9つに等分割されます。先に対角線を引いて面を等分割することもできます。

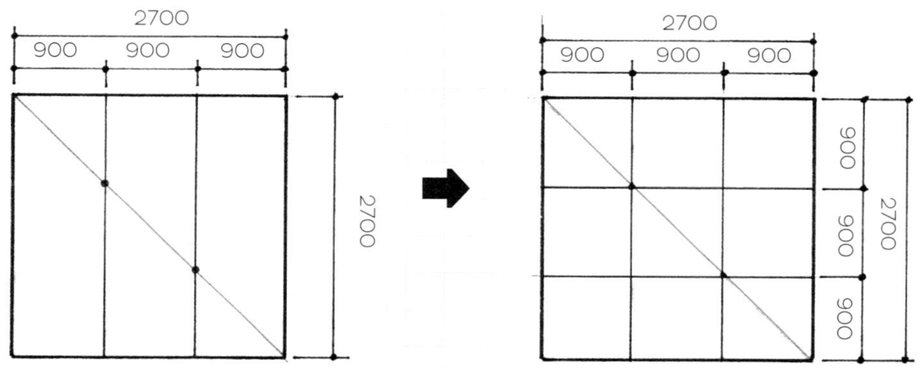

2700
900
900
900
2700
2700
900
900
900
900
900
900
2700

対角線で面を４等分割

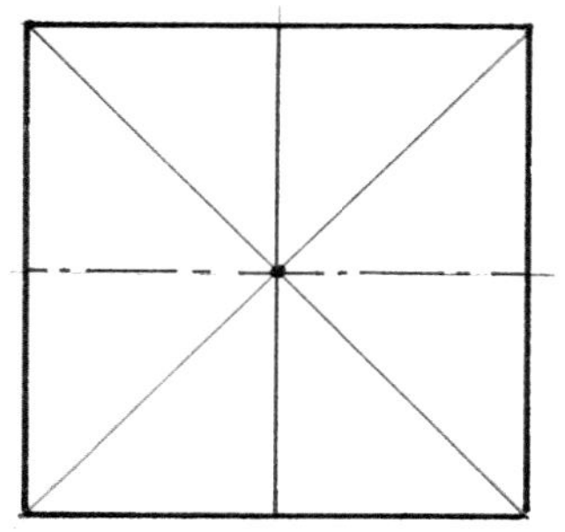

２本の対角線の交点が正方形の中心になる。この中心を通る水平・垂直線を引くと、面が４等分される

対角線で面を９等分割

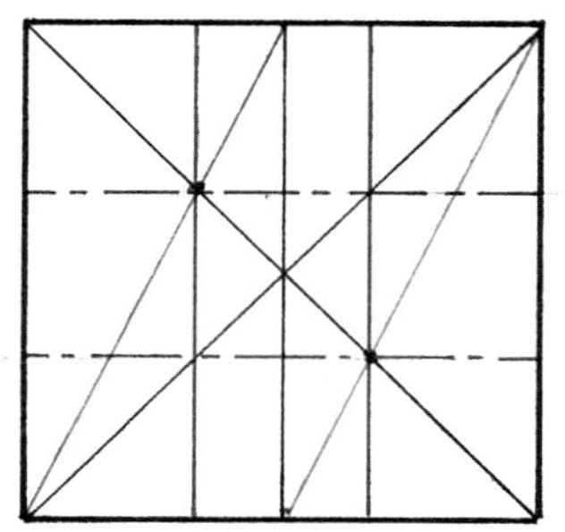

対角線の交点を通る縦線（図の黒い線）を引く。この線で２等分されたそれぞれの面に同じ方向の対角線（図の緑の線）を入れ、最初の対角線との交点を通る水平・垂直線を引くと、面が９等分される

SECTION
4-7 1消点パースのプロセス⑤ 〉下描き　家具の作図

家具の大きさと位置を描き入れます。家具のサイズはメーカーのカタログなどを参照し、位置は平面図で測ります。グリッドは900mm単位になっているので、それを目安に位置や高さの線を入れます。梁やドアなども平面図やインテリア立・断面図のA方向、C方向の寸法をもとに描き入れます。

ここでの家具サイズ

ソファ	：W2080（1140+940）×D940・1140 ×H620（SH375）
スツール	：W720×D720×H375
テーブル	：W870×D320×H440
TV台	：W1600×D462×H399
50型TV	：W1120×H720　※P.93で作図
スタンド	：H1800　※P.93で作図
ラグ	：W1800×D1800

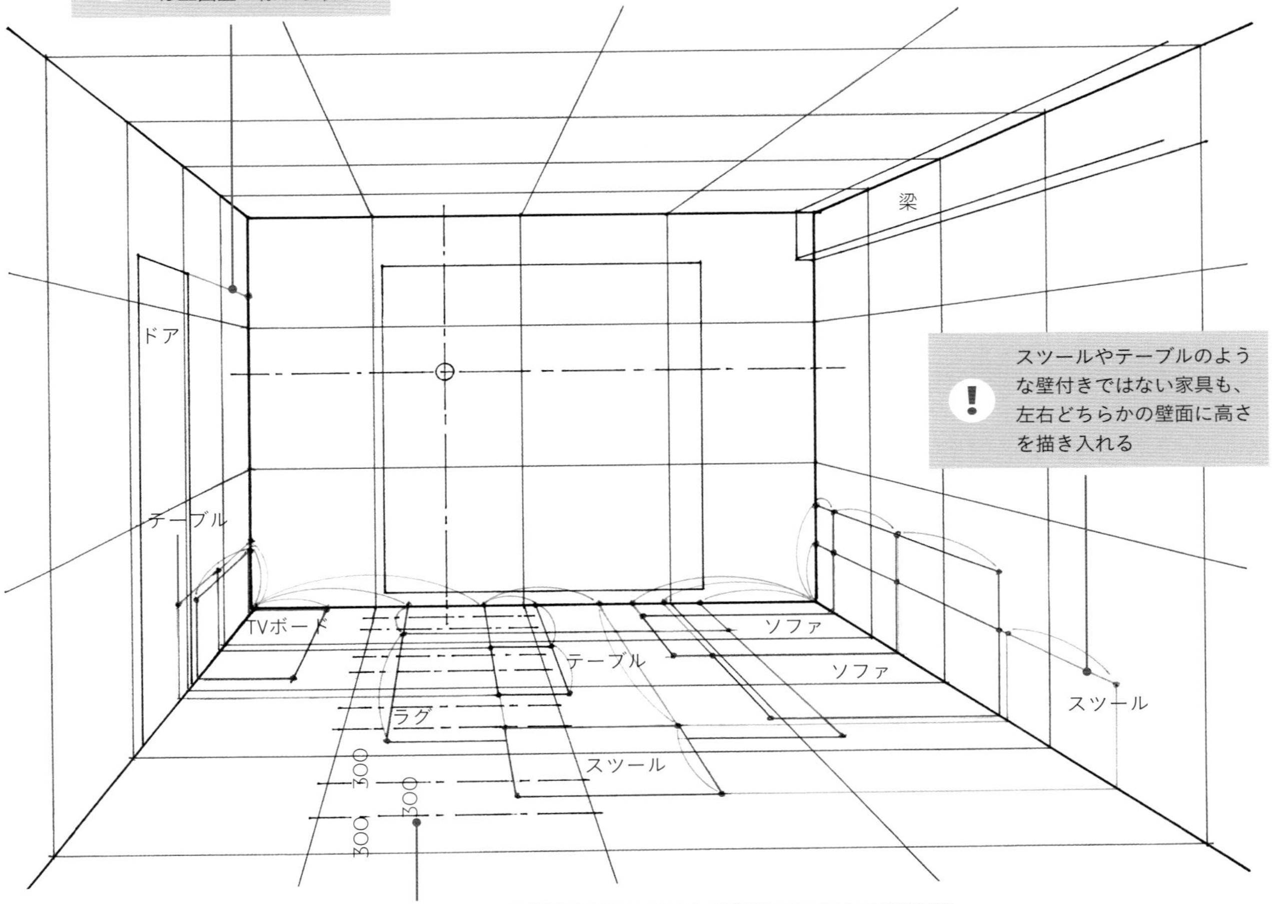
梁
ドア
テーブル
TVボード
テーブル
ソファ
ソファ
ラグ
スツール
スツール
300
300
300

! ドアの高さ（2000mm）は正面壁の線から取る

! スツールやテーブルのような壁付きではない家具も、左右どちらかの壁面に高さを描き入れる

! 必要に応じて900mmを3等分（300mm単位）や9等分（100mm単位）に分けて寸法の目安とする

SECTION

4-8 1消点パースのプロセス⑥ 〉下描き　家具の箱型作図

寸法をもとに壁と床に描かれた家具の位置から、垂直線や水平線を出して高さを付け、家具を箱型で作図します。
スツールやテーブルなどは、左右の壁でとった高さから水平線を出して箱形を作り、余分な線は消します。その他、はみ出した線なども消しておくようにしましょう。

奥にあるものから順に作図していくと描きやすい

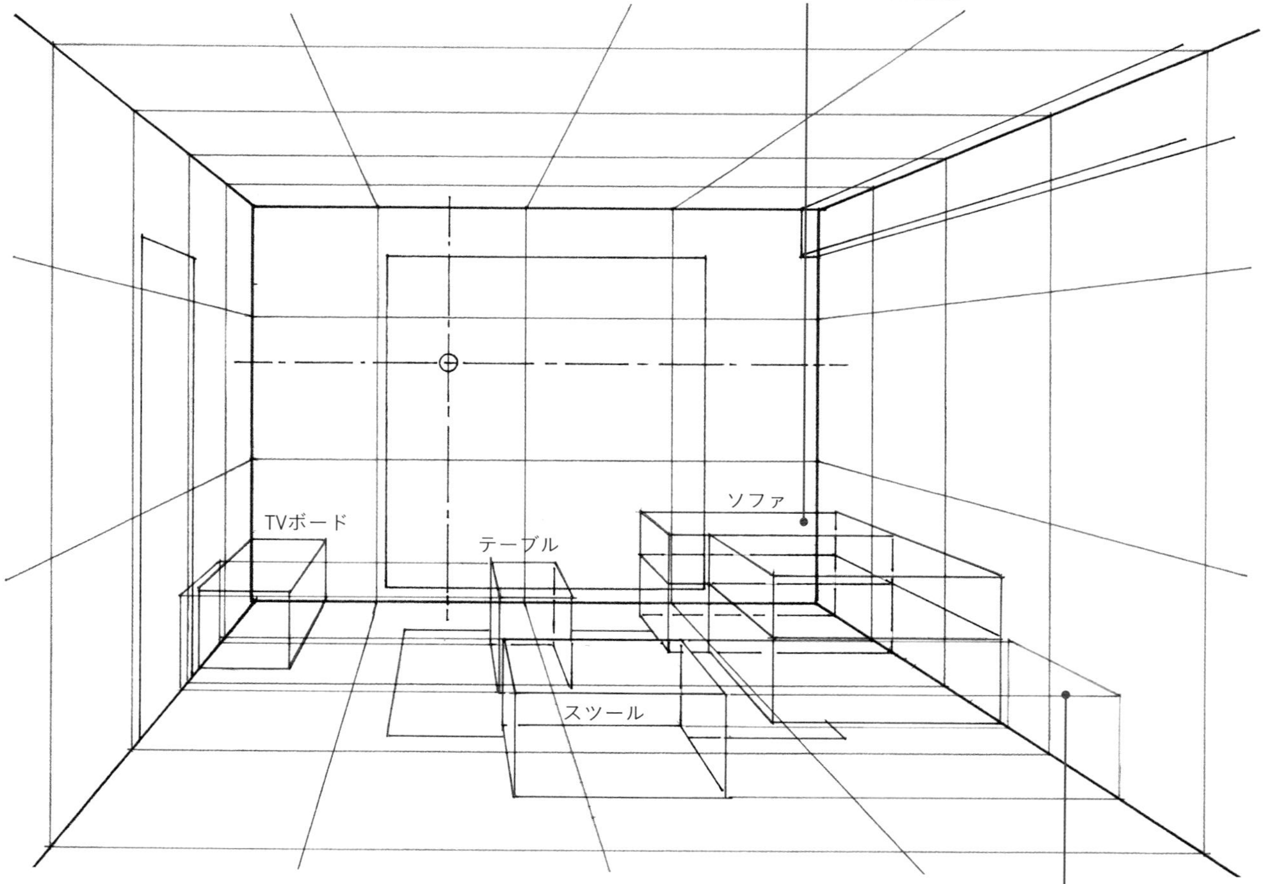
TVボード
テーブル
ソファ
スツール

壁にとった高さの線から水平線を出して箱型に作図する

SECTION

4-9 1消点パースのプロセス⑦ ❯下描き　箱型から家具らしい形

箱型に家具らしい形を加えていきます。TVや照明（ペンダント、スタンド）を作図し、ドアや窓の詳細を描き加えます。
スタンドの作図も家具の作図と同じです。床面にスタンドの位置、右の壁に高さをとり、水平線を引き出して形を作っていきます。ベースは正方形の中に収まる楕円のテンプレートを使って描き、厚みを加えます。

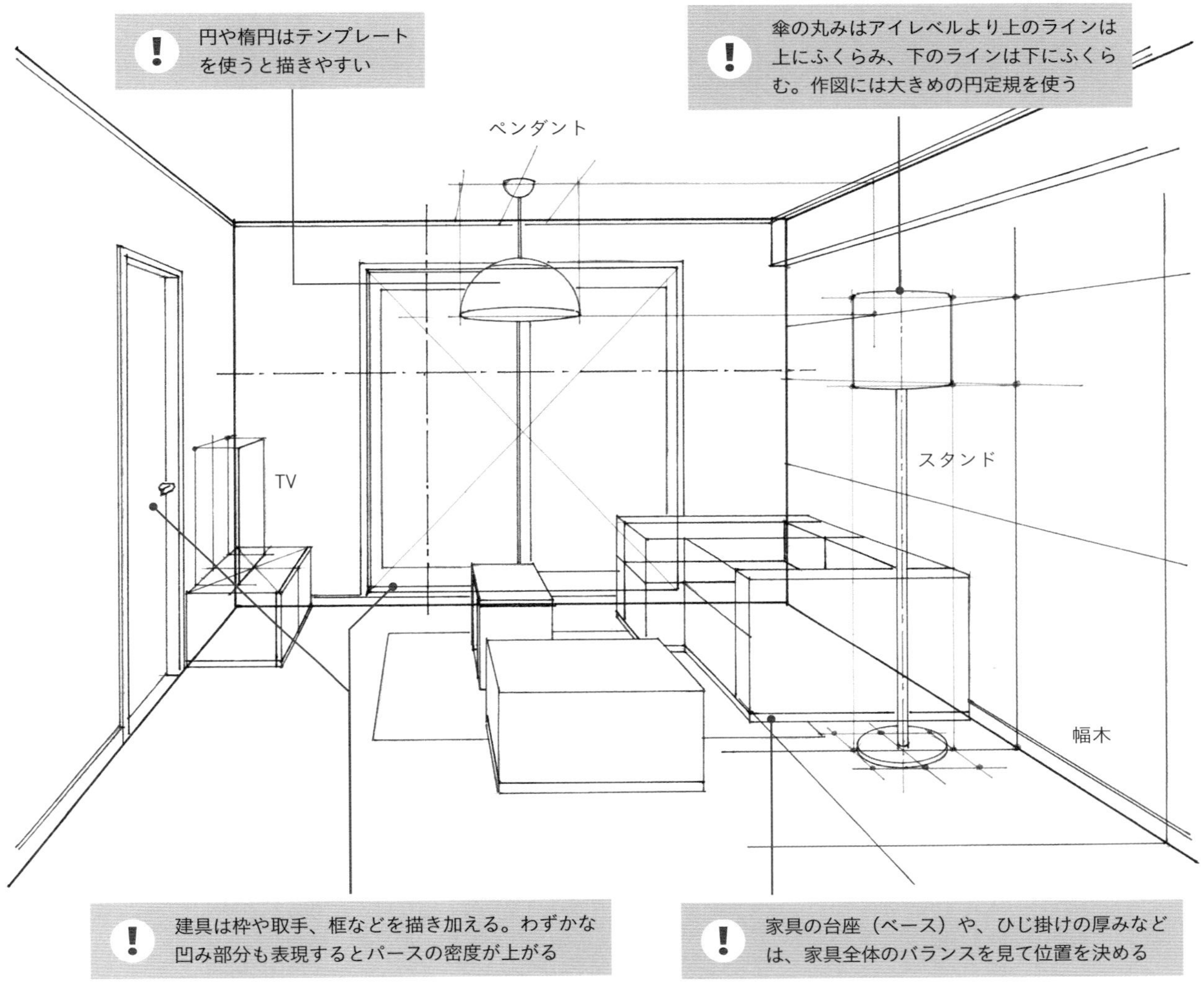
円や楕円はテンプレートを使うと描きやすい
傘の丸みはアイレベルより上のラインは上にふくらみ、下のラインは下にふくらむ。作図には大きめの円定規を使う
ペンダント
TV
スタンド
幅木
建具は枠や取手、框などを描き加える。わずかな凹み部分も表現するとパースの密度が上がる
家具の台座（ベース）や、ひじ掛けの厚みなどは、家具全体のバランスを見て位置を決める

SECTION
4-10 1消点パースのプロセス⑧ ❯下描きの完成からペン入れ

フローリングの目地やカーテンを加えて，下描きの完成です。
下書きが終わったらペン入れをします。ペン入れのポイントは、線に強弱を付けることです。正面の壁は細い線でまとめ、家具など立体感の強いものはアウトラインを太めに表現します。
幅木や建具枠などの小さな厚みを表現したり、ペンダントの吊りコードを細い二本線で表現するとパースの精度が上がります。
ソファの座面やラグなどのやわらかいものはフリーハンドで描き、質感を表現します。

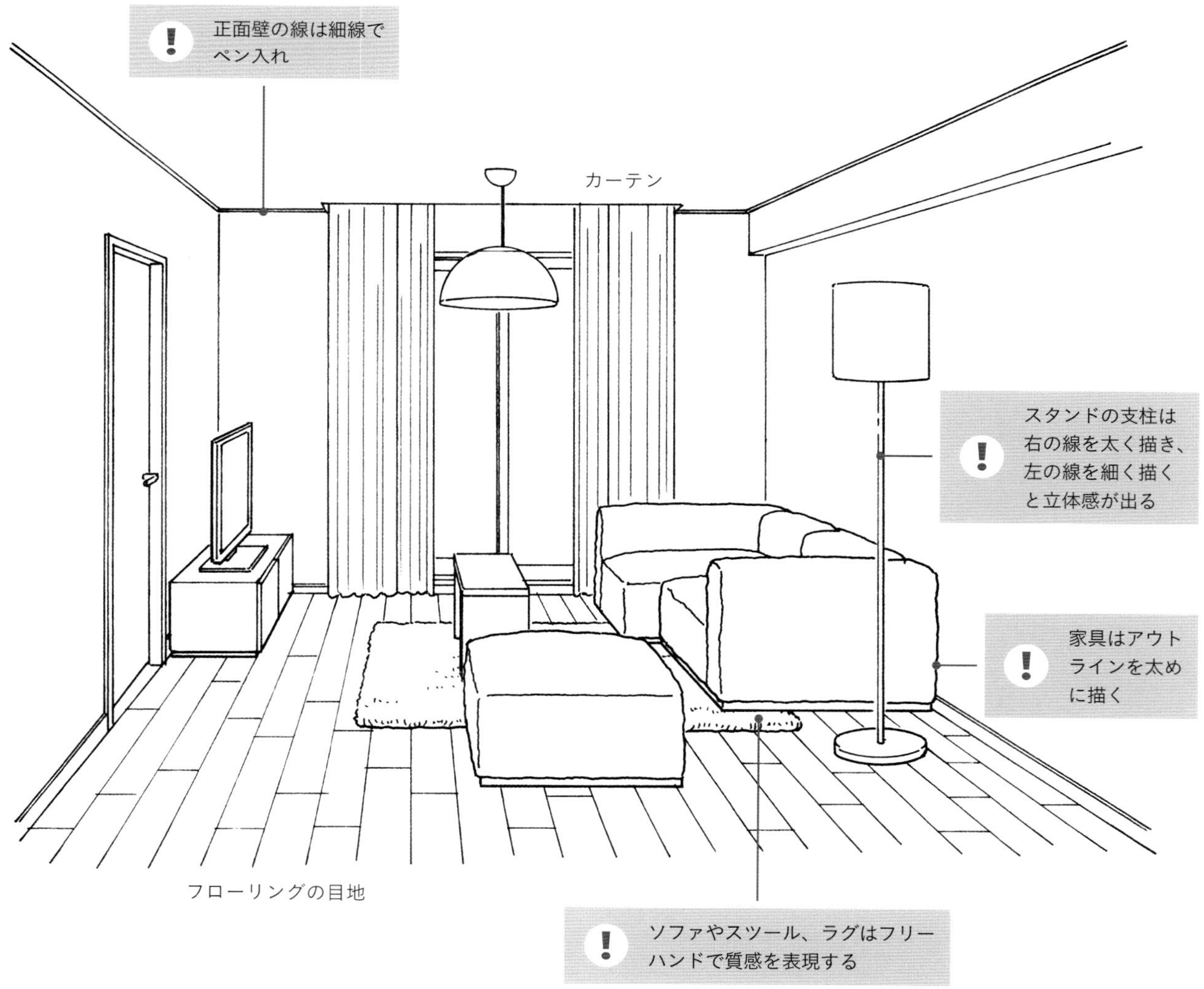
正面壁の線は細線でペン入れ
カーテン
スタンドの支柱は右の線を太く描き、左の線を細く描くと立体感が出る
家具はアウトラインを太めに描く
フローリングの目地
ソファやスツール、ラグはフリーハンドで質感を表現する

SECTION

4-11 2消点パースのポイント

2 消点パースはポイントだけ説明します。2消点パースは対角上に空間を表現します。アイレベルの線上左右に2つの消点があるのが特徴です。2消点パースではコーナー奥にある床から天井への垂直線が基準線となり、この高さを900mmで分割した点がパースグリッドの基準になります。一般的に2つの消点は作図する用紙の両端に設定しますが、視点の位置により、どちらかの消点が用紙外にはみ出す場合もあります。

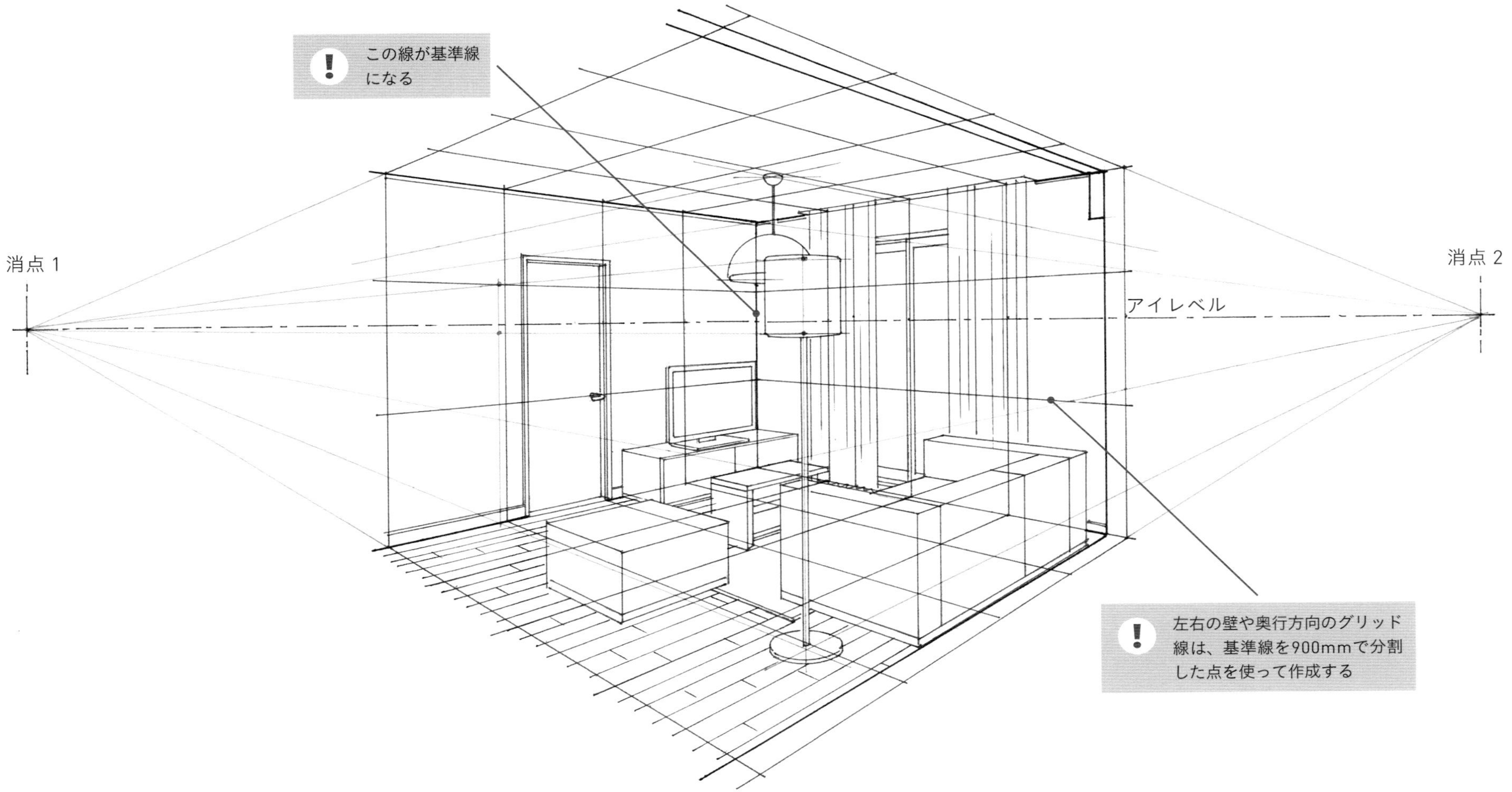
この線が基準線になる
消点 1
消点 2
アイレベル
左右の壁や奥行方向のグリッド線は、基準線を900mmで分割した点を使って作成する

COLUMN 6

アイソメ図を描く

アイソメ図とは「アイソメトリック図」の通称で、等角投影図とも呼ばれます。床面を120度角で作図し、立体的に表現する図面です。遠近図法ではないため、パースで必ず設定するアイレベルや消点はありません。

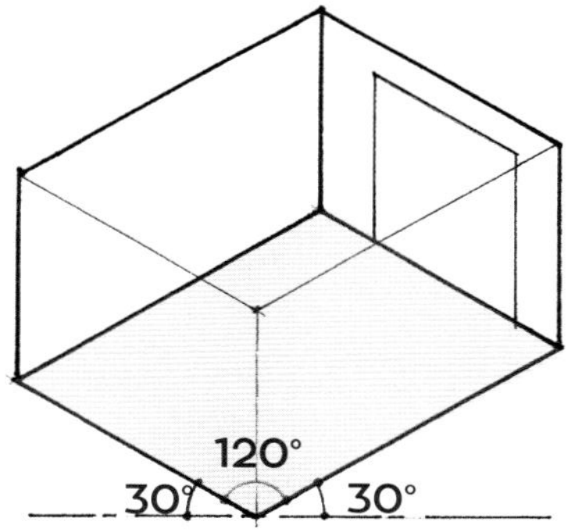
120°
30°
30°

アイソメ図

水平線に対し、床面を120度で作図して基本形をつくる。水平線と床面の外角は左右ともに30度になる。壁の高さは垂直に作図する。寸法はすべて図面どおりに任意の縮尺で作図する。

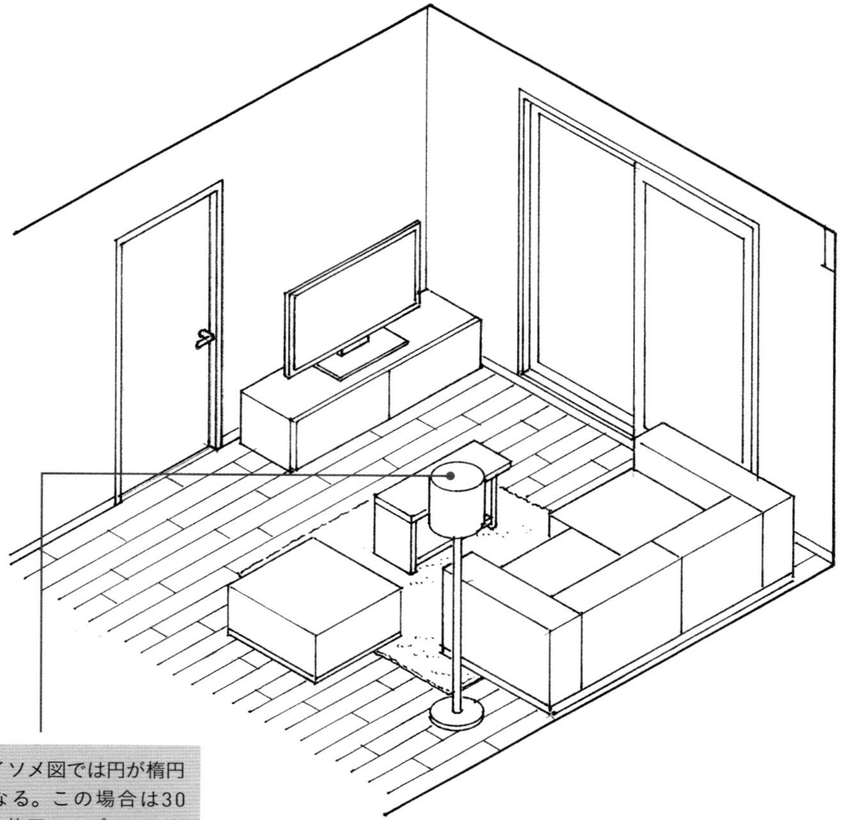

インテリアのアイソメ図

！ アイソメ図では円が楕円になる。この場合は30度の楕円テンプレートを使うとよい

アクソメ図

同じような投影図にアクソメ（アクソノメトリック）図があります。軸角投影図と呼ばれ、平面図をそのまま傾けて立体的に表現します。水平線と床面の外角は左右合計で90度です。アクソメ図も壁の高さはアイソメ図と同様に作図しますが、すべて同じ縮尺で作図するとバランスが悪く見えてしまいます。アクソメ図では、高さの縮尺を床面の縮尺より少し小さくするとバランスがきれいに見えます。たとえば、床が縮尺1/30ならば、壁の高さは縮尺1/40にして描きます。

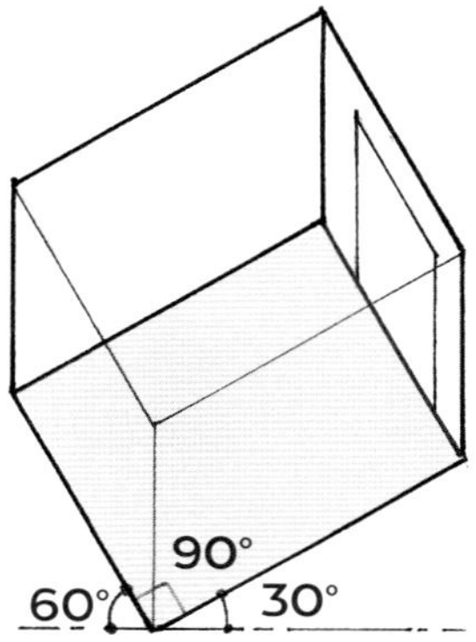
90°
60°
30°

CHAPTER
5

色鉛筆による図面の着彩

プレゼンテーションで使用する図面は、着彩によって設計意図がわかりやすくなったり、クライアントによいイメージを与えたりすることができます。ここでは色鉛筆で図面を着彩するコツを紹介します。

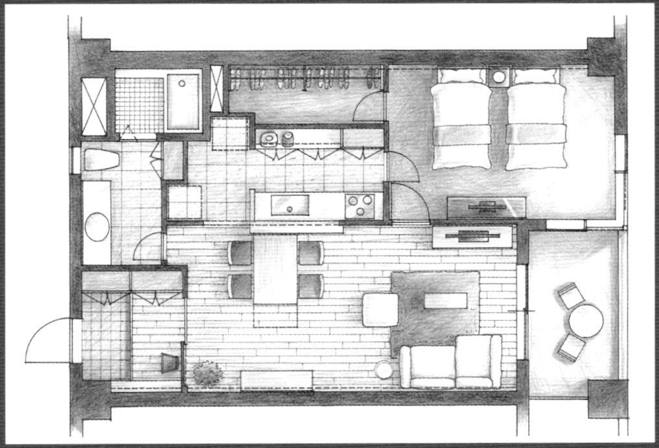

SECTION
5-1 この章で使う色鉛筆

この章で使う色鉛筆は、ファーバーカステルのポリクロモス油性色鉛筆36色セットです。色鉛筆はさまざまなメーカーのものがあるので、その一例として見てください。この章では★印の色を使用し、色は番号で表記しています。

101 ホワイト	★102 クリーム	★104 グレージング ライトイエロー	★107 カドミウムイエロー	109 ダーククローム イエロー	111 カドミウムオレンジ	★115 ダークカドミウム オレンジ	121 ペールゼラニウム レーキ	219 ディープスカーレット レッド
★217 ライトカドミウムレッド	★225 ダークレッド	★124 ローズカーマイン	★133 マゼンタ	★125 ミドルパープルピンク	★249 モーブ	★157 ダークインディゴ	★151 ヘリオブルー レディッシュ	120 ウルトラマリン
140 ライト ウルトラマリン	110 フタロイエロー	★153 コバルトターコイズ	156 コバルトグリーン	★264 ダークフタログリーン	163 エメラルドグリーン	171 ライトグリーン	112 リーフグリーン	168 アースイエロー グリーン
191 ポンピアンレッド	★190 ベネシアンレッド	★187 バーントオーカー	★184 ダークネイプルス イエロー	★180 ローアンバー	★177 ウォルナッツブラウン	★274 ウォームグレーV	271 ウォームグレーII	★199 ブラック

SECTION
5-2 色鉛筆による図面着彩のコツ

白や黒の仕上げを着彩するとき、無彩色の白や黒を使うのではなく、複数の有彩色を塗り重ねたほうが色に深みが出ます。また、広い面はナイフによる削り出しで色鉛筆の芯の分量を多く出し、斜めに寝かせて着彩するとよいでしょう。着彩した面に光沢感を出すときには、消しゴムと字消し板を使うときれいな光沢が表現できます。

無彩色での着彩

199 ブラック

白と黒の混合で得られる色。明度のみによって表される。彩度0（ゼロ）

有彩色での着彩

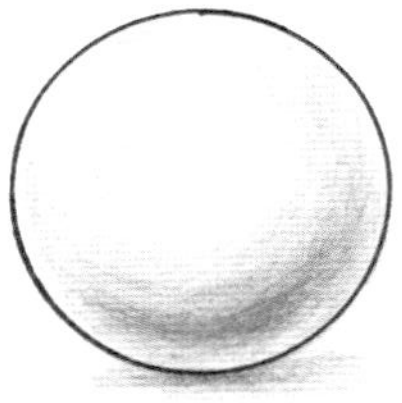

白・黒以外の色味のあるすべての色

102 クリーム
133 マゼンタ
249 モーブ
157 ダークインディゴ

102 クリーム
133 マゼンタ
249 モーブ
157 ダークインディゴ
177 ウォルナッツブラウン

色鉛筆の芯

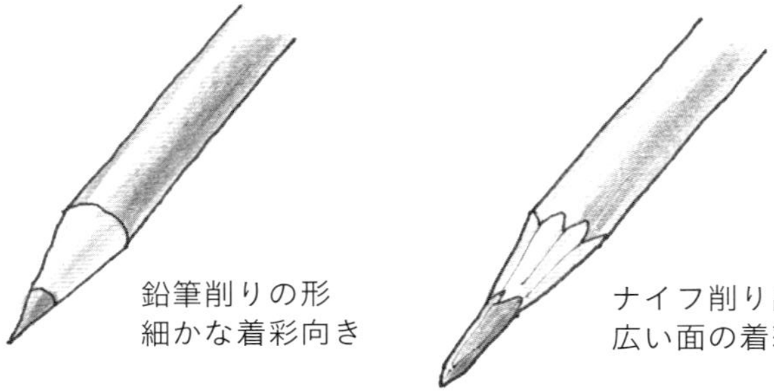

鉛筆削りの形
細かな着彩向き

ナイフ削り出しの形
広い面の着彩向き

光沢の表現

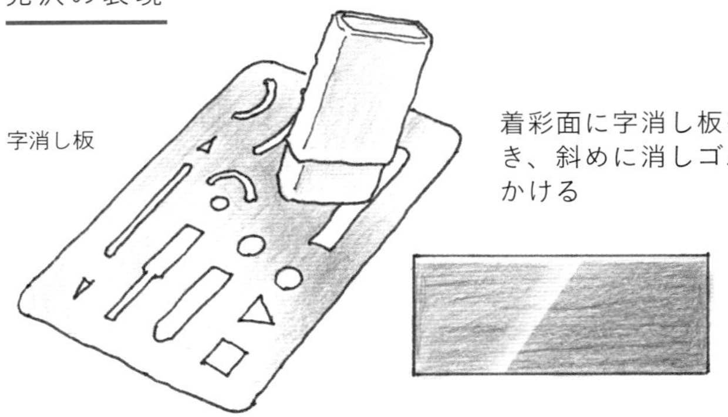
消しゴム
字消し板

着彩面に字消し板を置き、斜めに消しゴムをかける

SECTION

5-3 平面図の着彩

平面図を着彩します。フローリングやタイルは線画を生かして表現します。これらの目地線はペン入れ時に省略しないですべて描きましょう。RC造のマンションなどの場合は、壁の断面を無彩色の黒で塗り、空間の分かれ目がはっきりとわかるようにするとメリハリが出ます。
窓からの外光を意識した着彩を心がけ、濃淡のグラデーションや、家具の影を入れるようにします。
図面は縮小した図になるので、着彩のタッチが大きくなるときれいに見えません。細かいタッチを心がけましょう。

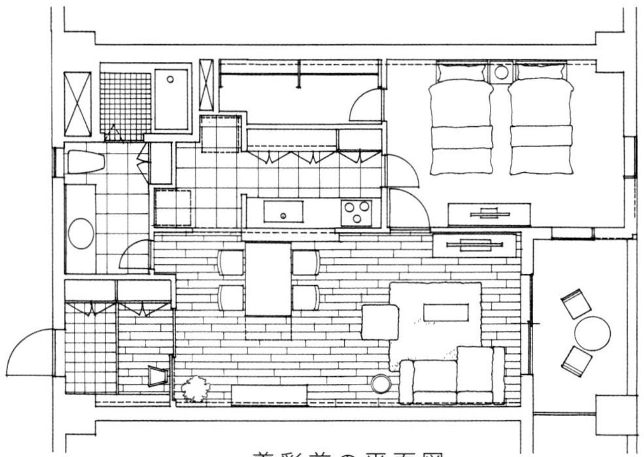

着彩前の平面図

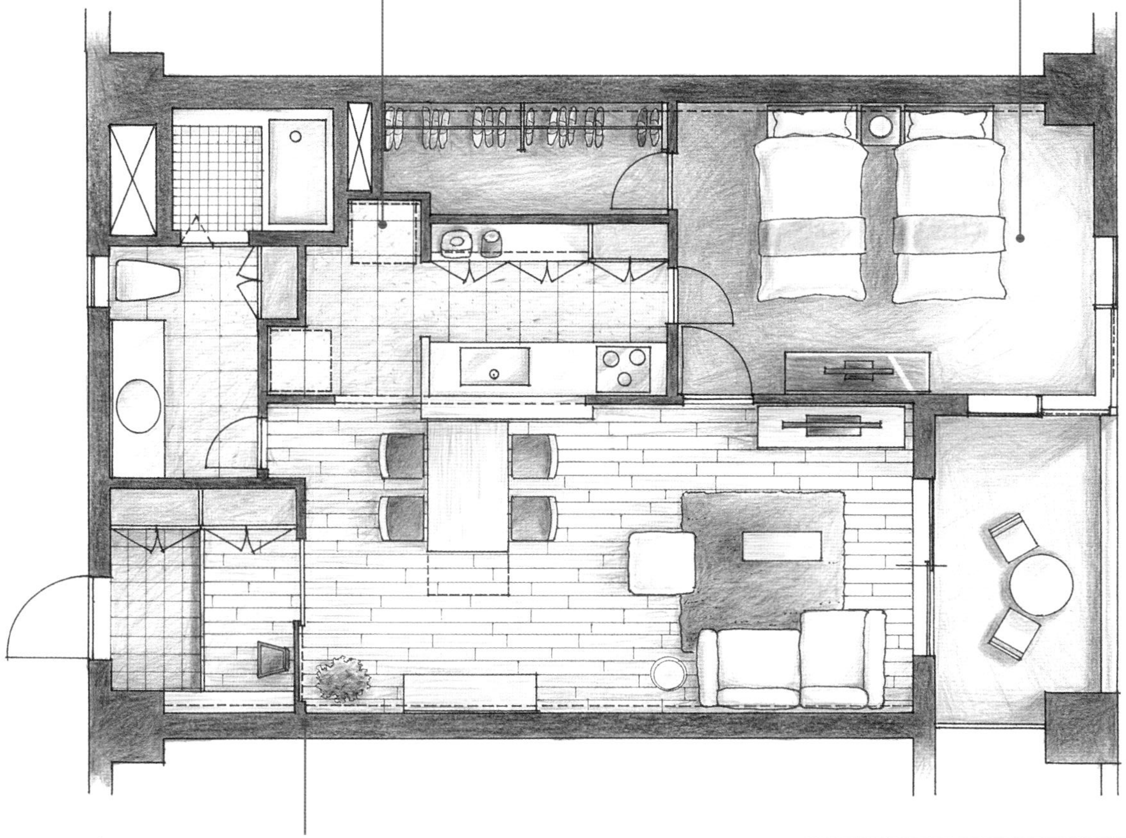

! 家電の位置が破線で描かれている場合は、わかりやすいように色を変える。実線の場合はそれぞれの色を塗ってもよい

! 床・家具の着彩は窓からの光を想定し、濃淡を付ける

! RC造のマンションは躯体を黒で塗る（ここでは199）

! 空間の分かれ目がはっきりとわかるように塗る

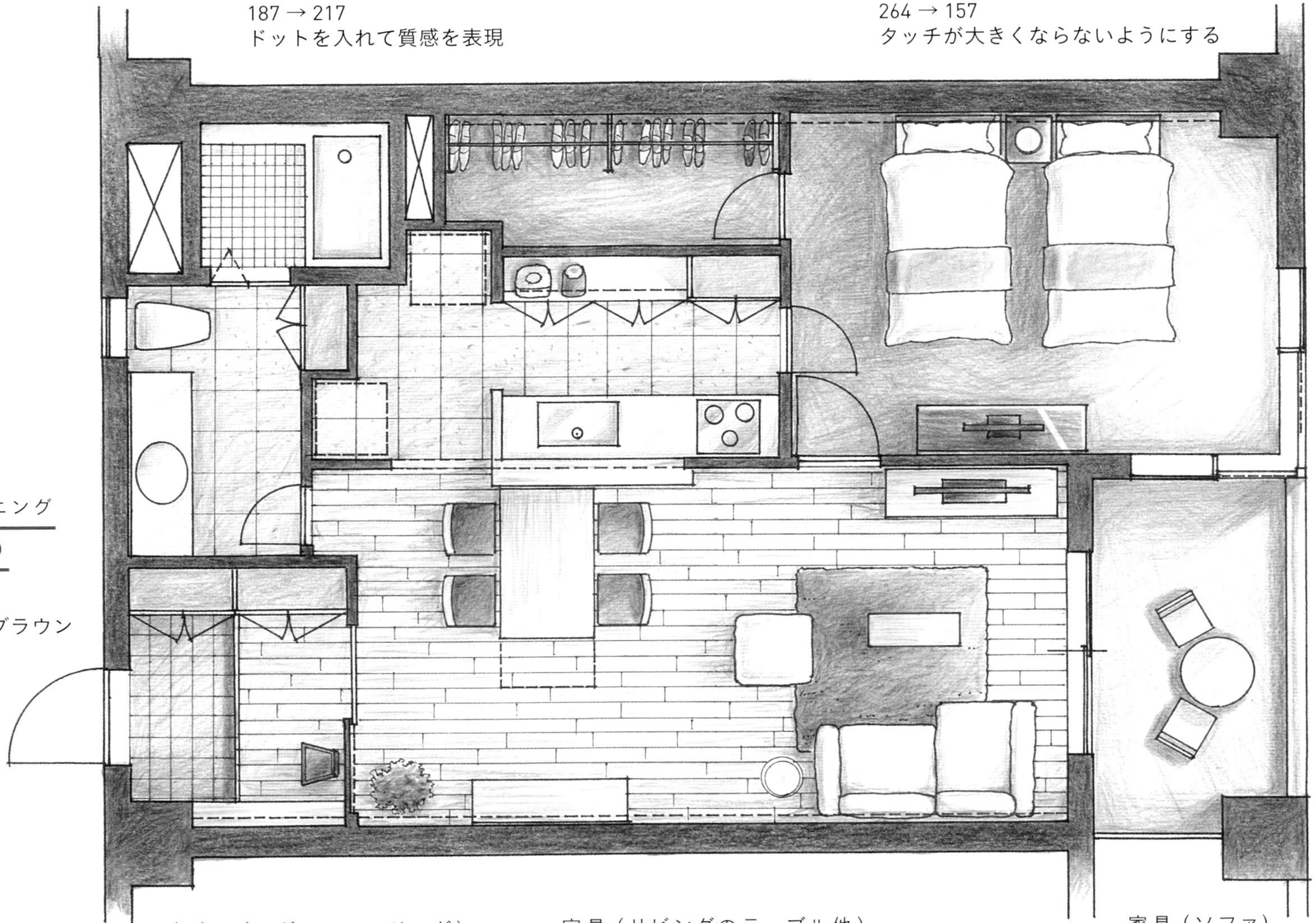

床（キッチン・洗面のコルクタイル）
187 → 217
ドットを入れて質感を表現

床（ベッドルームのカーペット）
264 → 157
タッチが大きくならないようにする

家具（ベッドルームのTVボード他）
133 → 177
赤みのある木目

家具（ダイニングチェア）
133 → 177
赤みのあるブラウン

床（バルコニーのコンクリート）
274 → 157

リビングのラグ
225 → 125 → 133 ＋ 249
249を一部に影として入れている

玄関タイル
264 → 157

床（リビングのフローリング）
184 → 187 → 177
細いラインを追加して木目を強調

家具（リビングのテーブル他）
184 → 180
木目を入れながら濃淡を作る

家具（ソファ）
102 → 177
白いものは影を付ける

SECTION

5-4 インテリア立・断面図の着彩

イ ンテリア立・断面図を着彩します。光の方向を考え、影を表現するようにしましょう。絵画をアクセサリーとして表現する場合は他の色とのバランスを考え、目立たない配色にします。なお、この着彩ではDの片引戸をガラス戸で表現します。

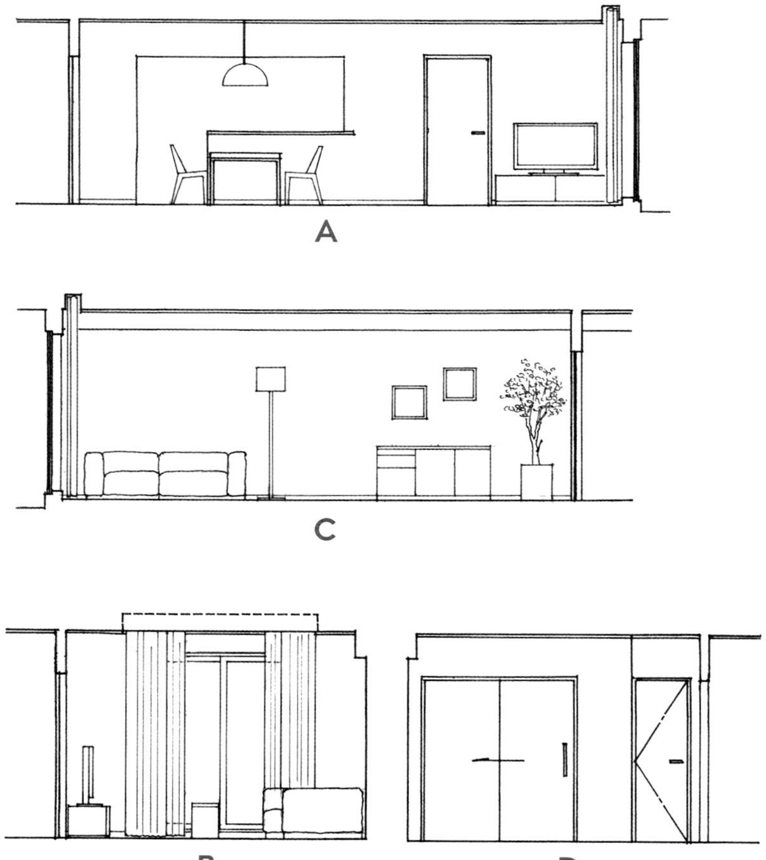
A
C
B
D

着彩前のインテリア立・断面図

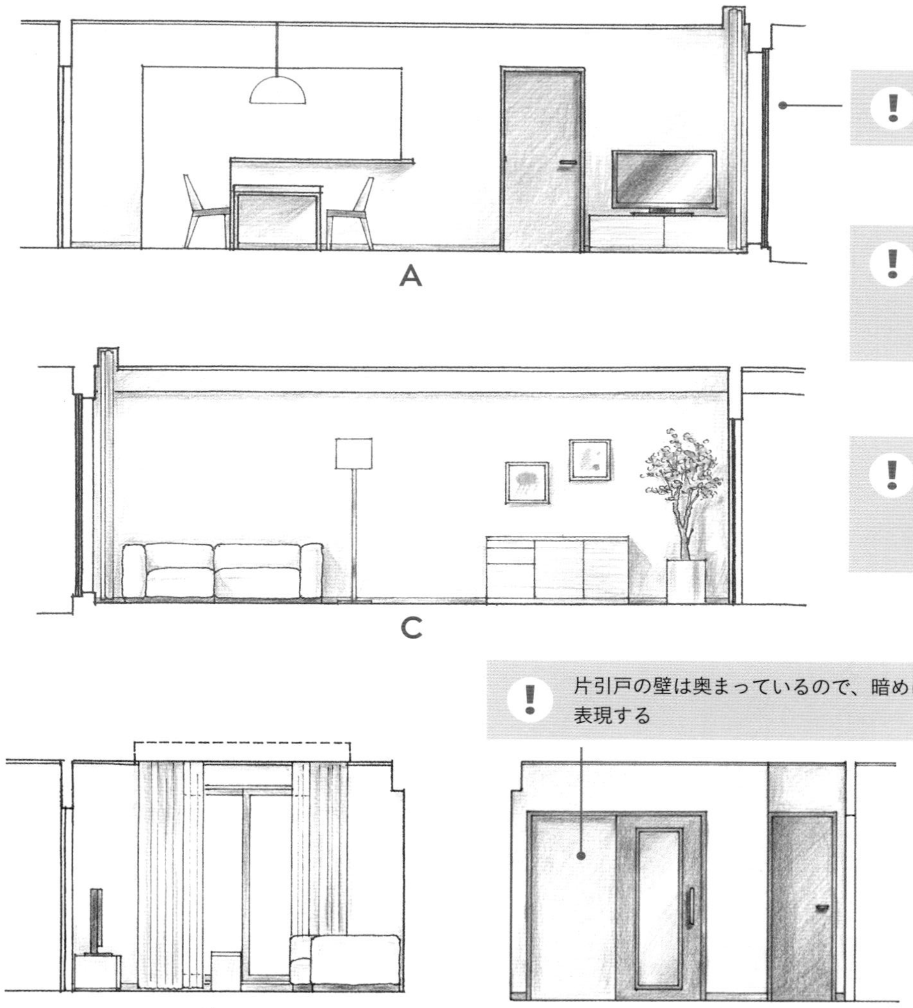
A
C
B
D

! 該当する部屋以外は塗らない

! AとCでは光の入る方向が逆になるので、影の方向も逆になる

! 最後に壁全体を淡くクリーム色で塗り、暖かみを出す

! 片引戸の壁は奥まっているので、暗めに表現する

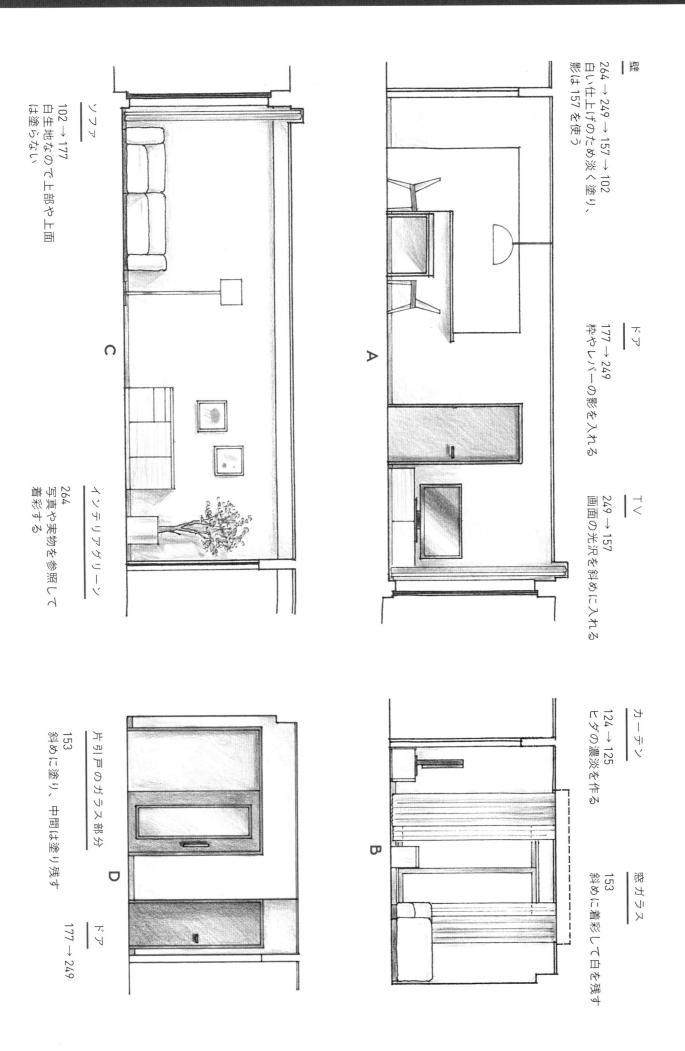

壁
264 → 249 → 157 → 102
白い仕上げのため淡く塗り、影は 157 を使う

ドア
177 → 249
枠やレバーの影を入れる

TV
249 → 157
画面の光沢を斜めに入れる

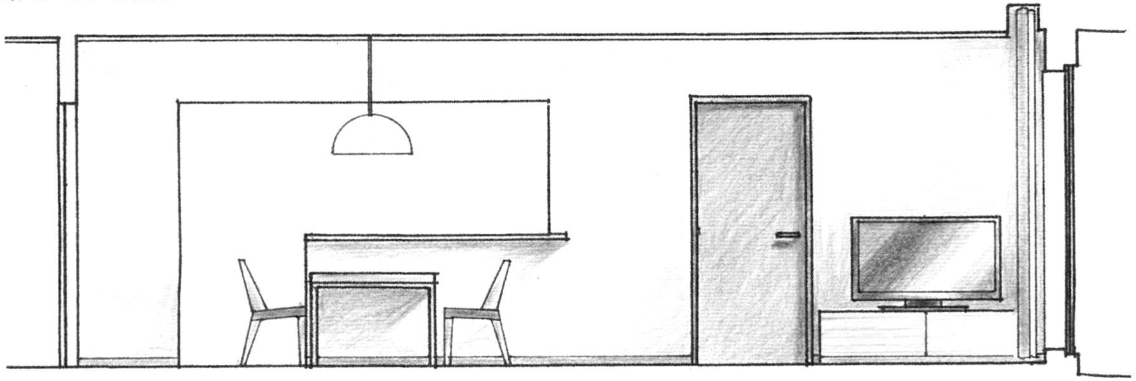

A

カーテン
124 → 125
ヒダの濃淡を作る

窓ガラス
153
斜めに着彩して白を残す

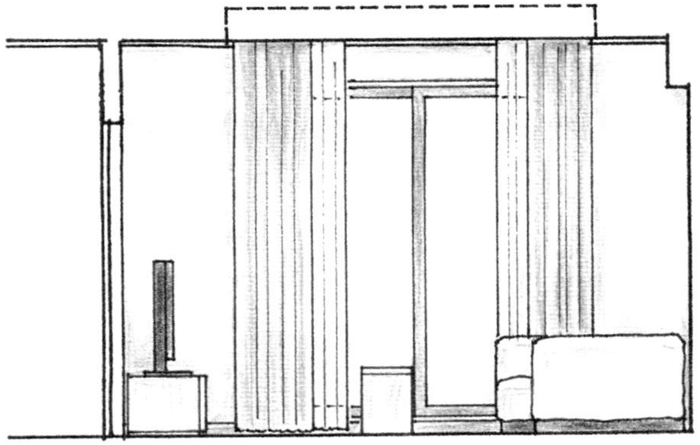

B

C

ソファ
102 → 177
白生地なので上部や上面は塗らない

インテリアグリーン
264
写真や実物を参照して着彩する

D

片引戸のガラス部分
153
斜めに塗り、中間は塗り残す

ドア
177 → 249

SECTION
5-5 パースの着彩

パースを着彩します。こちらもフローリングなどの目地線はしっかりと入れておきましょう。
基本的には淡く丁寧に重ね塗りをしていきます。床、壁、天井の造作がわかるように、コーナー部分には濃淡の差を付けます。特にすべてが白系の仕上げであった場合、コーナーに明確な濃淡差がないと、空間としての立体感が感じられません。
床面は光沢感を出すために、家具の下に垂直の映り込みを表現します。

着彩前のパース

壁に映る家具の影なども反映する
壁や天井のコーナー部分には濃淡差を付ける
床には家具の映り込みを表現

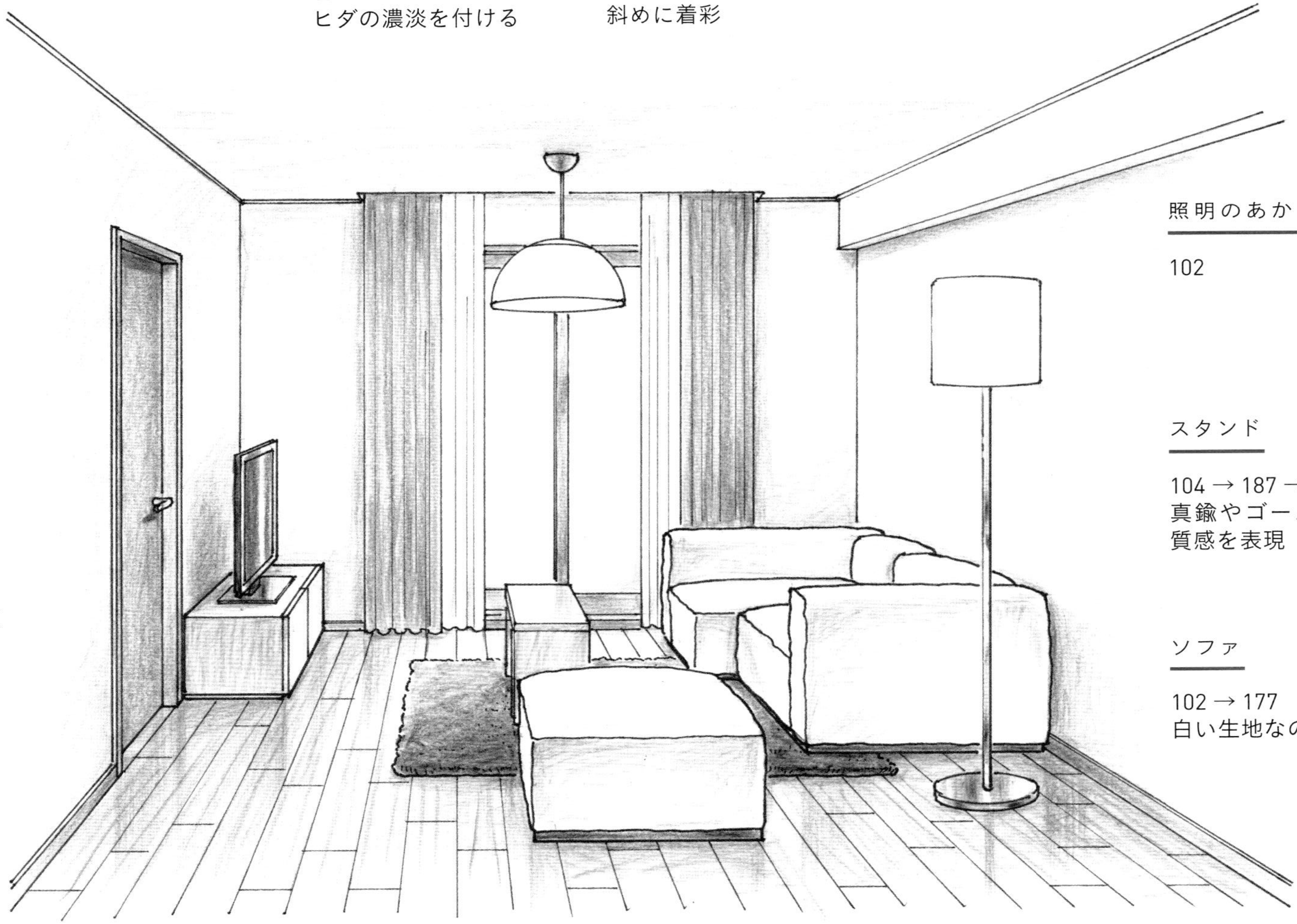

壁・天井

264 → 249 → 157 → 102
白い仕上げのため淡く塗る

ドア

177 → 249

TV

249 → 157
光沢があるので一部を白く抜く

テーブル・TV ボード

184 → 180
明るめの木目

カーテン

124 → 125
ヒダの濃淡を付ける

窓ガラス

153
斜めに着彩

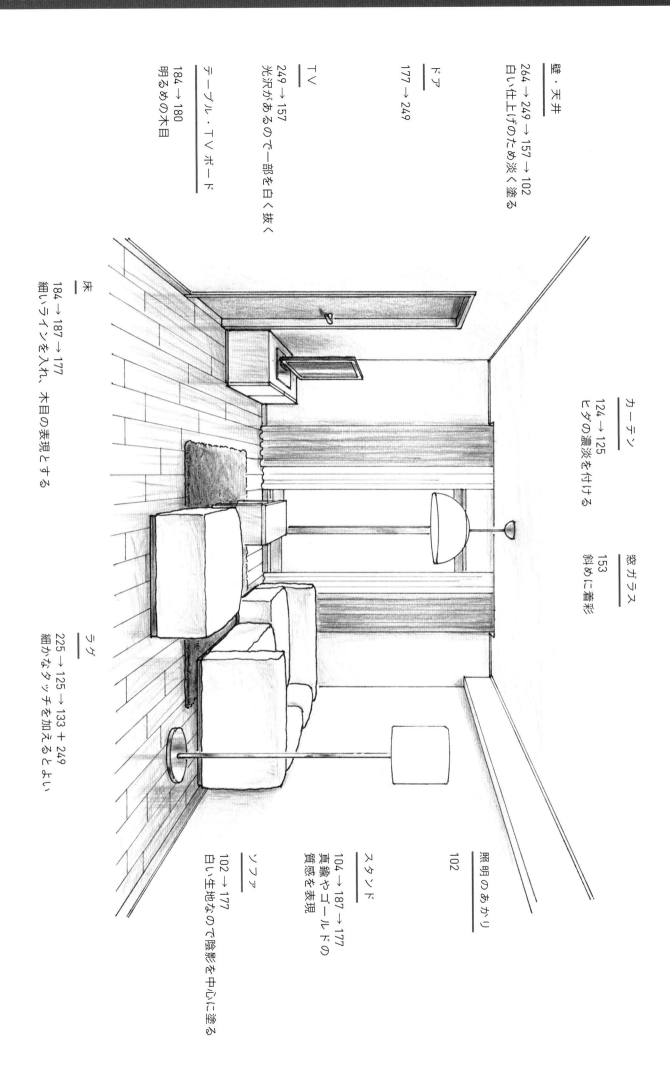

照明のあかり

102

スタンド

104 → 187 → 177
真鍮やゴールドの
質感を表現

ソファ

102 → 177
白い生地なので陰影を中心に塗る

床

184 → 187 → 177
細いラインを入れ、木目の表現とする

ラグ

225 → 125 → 133 ＋ 249
細かなタッチを加えるとよい

COLUMN 7 ビビッドな色の家具を塗る

ビ　ビッドな色の家具は陰影に寒色を使うと、全体的に色が濁った感じに見えてしまうことがあります。このような場合、明るい色の塗り重ねで陰影を表現すれば、色の鮮明さが保てます。

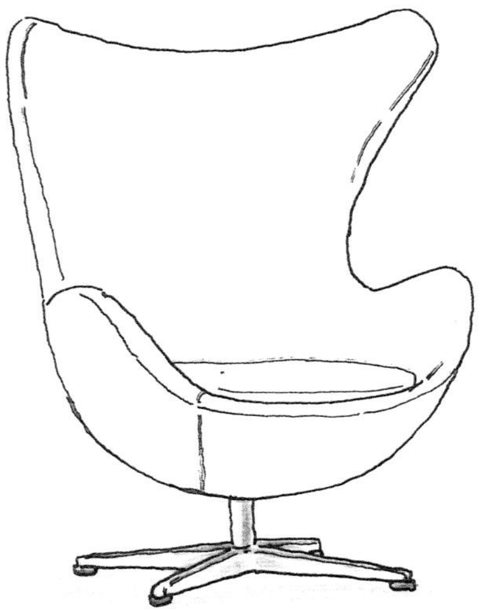

■ソファ本体
全体に 107 を塗る

■脚
部分的に 157 を淡く塗る

■床の影
151 を淡く塗る

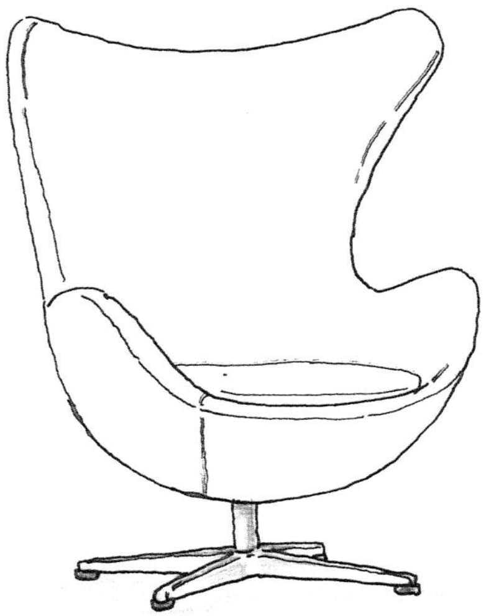

■ソファ本体
107 でおおまかな明暗を付ける

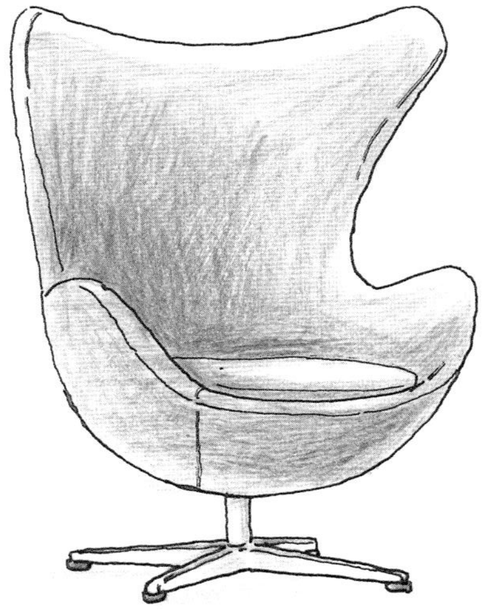

■ソファ本体
背の上部や座面の一部を除き、115 を使って濃淡を付けた立体感を表現する

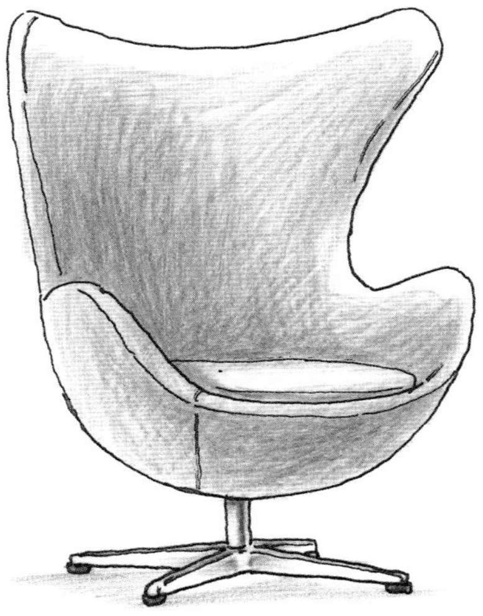

■ソファ本体
190 で影の濃い部分を塗る

■脚
249 を淡く塗り、157 でメリハリを出す。107 を淡くかける

■床の影
249 を重ねて少し濃くする。107 を淡くかける

CHAPTER

6

プレゼンボードのテクニック

最後にここまでつくってきた図を応用する意味も含めて、プレゼンボードのつくり方や、きれいに見えるレイアウトのテクニックを紹介します。ここではデジタルデータを使った場合も併せて解説しています。

Color scheme

SECTION

6-1 プレゼンテーションとは

プレゼンテーションとは、クライアントの要望をふまえてプランニングしたインテリアコーディネート案を、「資料」と「トーク」で提案することです。資料として用意するのは、企画書とプレゼンテーションボード（以降、プレゼンボード）です。

これらをより深く理解してもらうため、なるべく専門的な用語を使わずに、わかりやすい言葉で説明します。プレゼンボードを指し示しながらトークを進めると、クライアントへ意図が伝わりやすくなります。

企画書

企画書は提案内容をまとめた資料のことです。プレゼンボードに表現されていない提案の詳細内容や見積もりなども含めます。一般的に A4 サイズでまとめます。

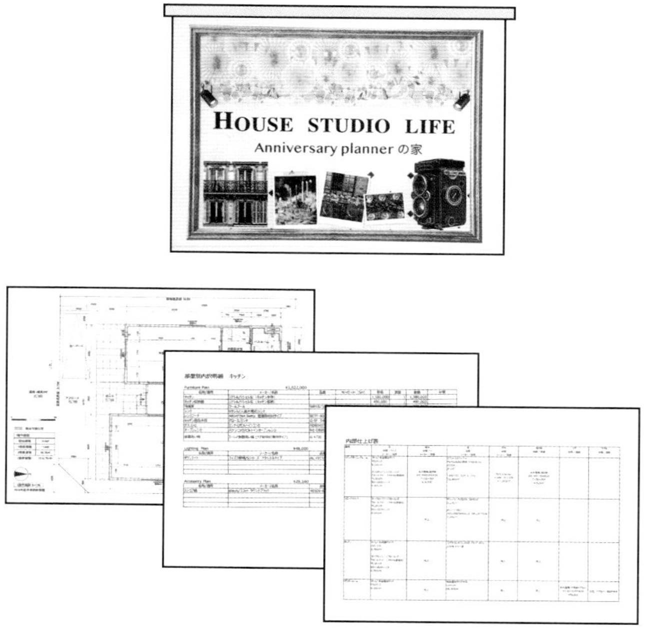
HOUSE STUDIO LIFE
Anniversary planner の家

プレゼンボード

プレゼンボードは、コンセプト、インテリアイメージに合わせた素材サンプル、生活の様子がわかるパースなどを用いて、提案の意図が視覚的に伝わるように表現した資料です。一般的に A2 サイズで作成されますが、デジタルデータの場合は印刷できる A3 サイズで作成することが増えてきています。

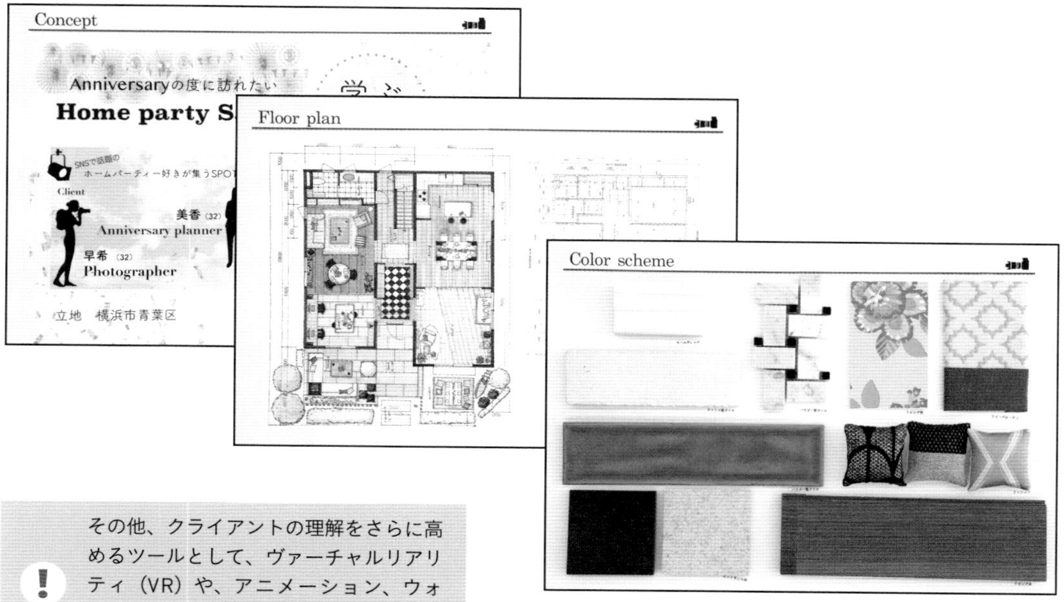
Concept
Anniversaryの度に訪れたい
Home party S
SNSで話題の
ホームパーティー好きが集うSPOT
Client
美香 (32)
Anniversary planner
早希 (32)
Photographer
立地 横浜市青葉区
Floor plan
Color scheme

その他、クライアントの理解をさらに高めるツールとして、ヴァーチャルリアリティ（VR）や、アニメーション、ウォークスルー、模型、実物大サンプルなどを準備することもある

SECTION
6-2 インテリアイメージスタイル

美しいと感じるインテリアは、統一したイメージを持ちます。家具やカーテンなどのインテリアエレメントを、インテリアイメージに合わせた色や素材、形などで組み合わせ、調和のとれたスタイルをつくることが大切です。プレゼンテーションではベースとなるスタイルを提案し、その雰囲気で統一したプレゼンボードを作成します。

①和モダン
日本の和をベースに、現代的なテイストを加えたスタイル

②北欧モダン
自然感をベースに、シンプルでカラフルな色合いを加えたスタイル

③シンプルモダン
全体の装飾を少なくして、現代的なテイストを加えたスタイル

④古民家
日本の民家をベースに、伝統的な形に現代の新たなテイストを加えたスタイル

⑤クラシック
国や時代によって、特徴が異なる格調高いスタイル

⑥クールモダン
現代的なテイストに、シンプルさと冷たさのテイストを加えたスタイル

SECTION
6-3 プレゼンボードの構成

プレゼンボードは、プランを視覚的に伝えるためにつくります。1つのボードにさまざまな要素を盛り込む場合もありますが、建物全体を提案するときや、イメージやコンセプトを重要視する店舗などを提案するときは複数のボードを作成します。最低限必要な要素は、次の6種類です。

HOUSE STUDIO LIFE
Anniversary planner の家

タイトルボード

Concept
Anniversaryの度に訪れたい
Home party Salon
学ぶ
魅せる
稼ぐ
SNS映えspot
集客UP
レンタルスタジオ
ワークショップ
Client
美香 (32)
Anniversary planner
早希 (32)
Photographer
Rustic appartement
ラスティック アパルトマン
立地 横浜市青葉区

コンセプトボード

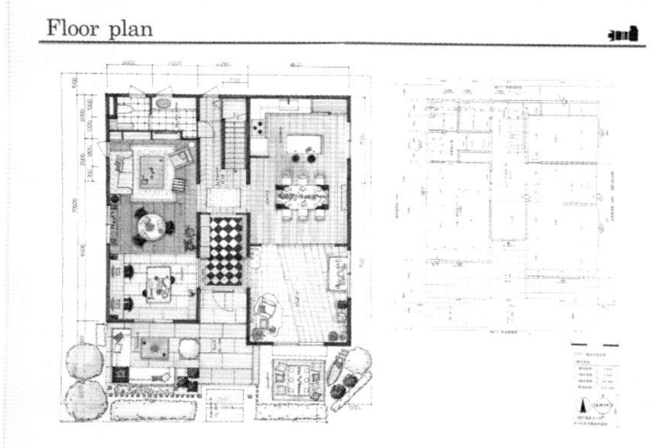
Floor plan

フロアプラン

Living & Atelier

パース

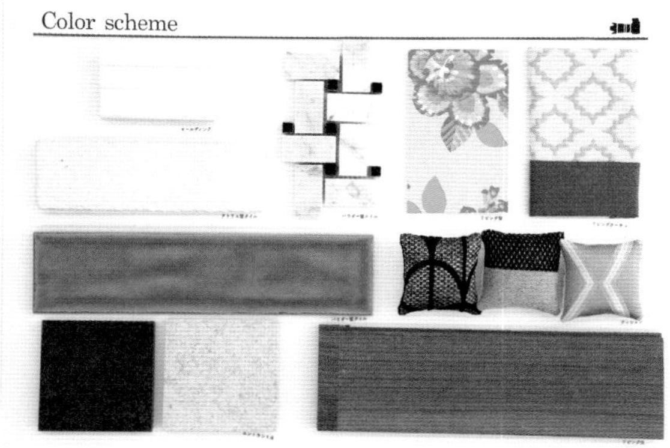
Color scheme

カラースキーム

Lighting plan
Concept 奏でる灯

エレメントボード（ライティングシーン）

SECTION
6-4 タイトルボード

タイトルボードの目的は、インテリア提案の表紙の役割を担うことです。一般的に、コンセプトやインテリアイメージのニュアンスが伝わるタイトル文字とビジュアル資料で構成します。

タイトル文字
文字の大きさにメリハリを付け、字体は提案イメージに合うものを選ぶ
色
提案に使われる色相やトーンで構成する
サブタイトル
タイトルのみでもよいが、補足が必要な場合は入れる
イラストや画像
インテリアイメージのニュアンスが伝わるアイテムを選ぶ
HOUSE STUDIO LIFE
Anniversary planner の家
ROLLEIFLEX

カメラ：ID 66917562 © | Dreamstime.com

SECTION

6-5 コンセプトボード

コンセプトボードはプランニングの柱となる考え方を、言葉や図を用いて端的にまとめたボードです。
居住地の特徴や暮らしの傾向などの客観的なデータを加えることでコンセプトの魅力が増します。コンセプトの具体的な内容は文章ではなく、図や表を用いて簡潔にわかりやすく表現します。

コンセプト
端的なコピーで表現

図
実現できることを図で表現

客観的なデータ
家族構成や立地など、コンセプトを支える客観的な情報を入れる

インテリアイメージ
インテリア提案の要素を入れる

Concept
Anniversaryの度に訪れたい
Home party Salon
学ぶ
パーティースタイリング
おもてなし料理
フォトレッスン
SNSで話題の
ホームパーティー好きが集うSPOT
Client
美香 (32)
Anniversary planner
早希 (32)
Photographer
魅せる
SNS映えspot
集客UP
稼ぐ
レンタルスタジオ
ワークショップ
Rustic appartement
ラスティック アパルトマン
立地 横浜市青葉区

SECTION
6-6 フロアプラン

フロアプランでは、提案を平面計画として表現します。生活の機能を図面に組み込み、イメージが具体的に伝わるようにしましょう。
新しいフロアプランを提示することは必須ですが、今までの間取りや図面と対比させれば、変化を強調する効果があります。着彩すると、全体のインテリアイメージがわかりやすくなります。

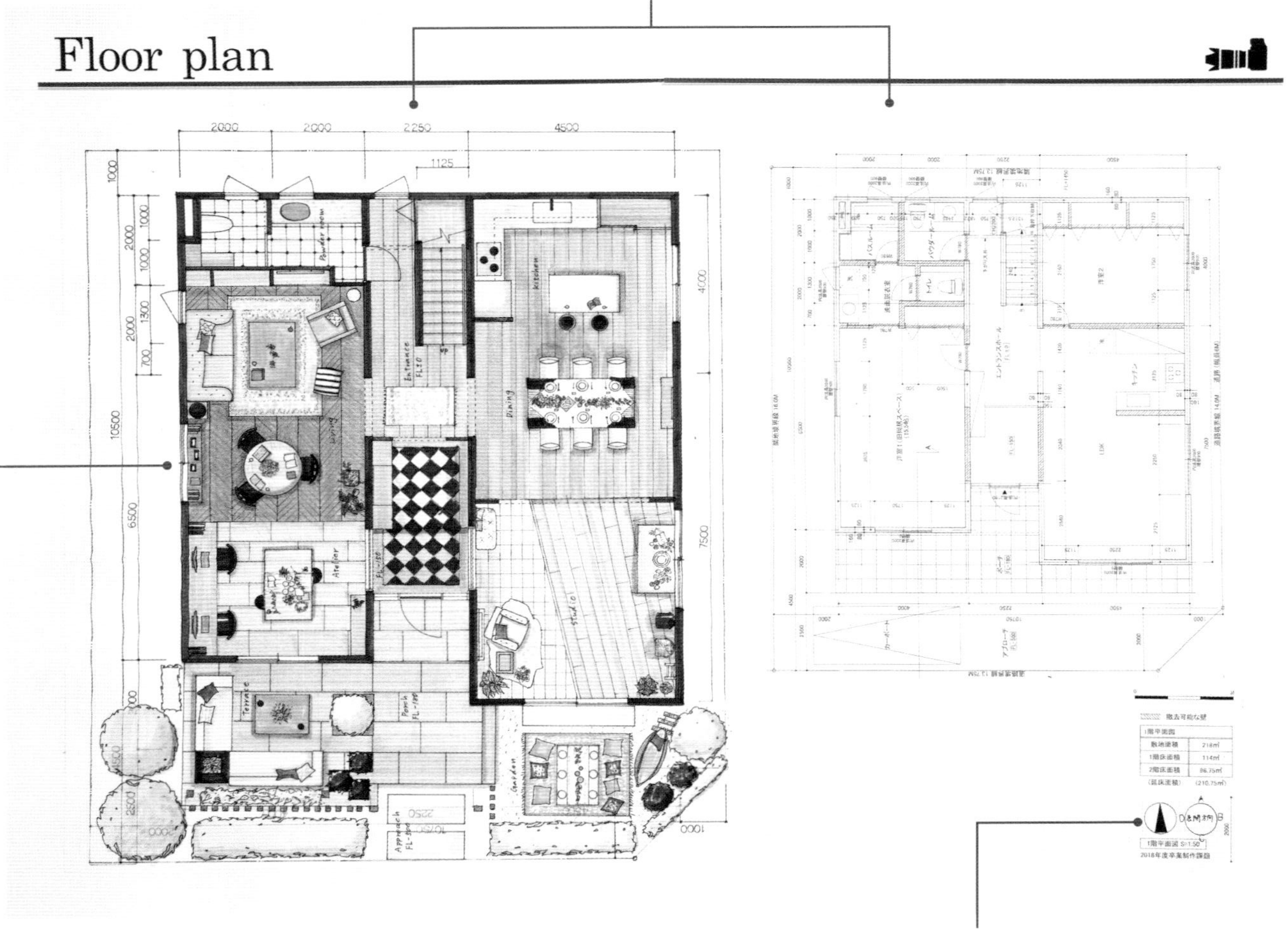
Floor plan
Entrance
Dining
Kitchen
Atelier
Terrace
Porch
Garden
Studio
Powder room

Before と After の図面
対比によって変化を強調。一般に北を上にして配置

家具や小物を入れる
生活シーンがイメージしやすくなる

図面の補足情報
方位、縮尺、寸法、面積などの図面の補足情報は必ず入れる

SECTION

6-7 パース

パースには、空間や生活の様子を視覚的に伝える完成予想図の役割があります。また、建築やインテリアの知識がないクライアントにもイメージが伝わりやすいため、コミュニケーションツールとしてイメージ共有に役立ちます。
パースを手描きにするか、CGで作成するかは、イメージや要望によって使い分けます。

見る方向と位置
意図することを伝えられるアングルで描く

Living & Atelier

家具や小物を入れる
生活シーンがイメージしやすくなる

素材の大きさ
実物サンプルの大きさを参照して描く

影を入れる
立体的になり、リアリティが増す

SECTION
6-8 カラースキーム

カラースキームとは、素材の色彩計画のことです。インテリア各部の仕上げ材を、実物サンプルを用いて色・柄・風合いなどを伝えます。
素材の色がわかりやすいように、ボードの色は白や黒などの無彩色にします。素材には、それをどの部位で使うのかがわかるようにキャプションを付けます。また、実際の部屋のように高い位置にある素材は上部に、低い位置にある素材は下部に貼って、空間のイメージを伝えます。

Color scheme
モールディング
アトリエ壁タイル
パウダー壁タイル
リビング壁
リビングカーテン
パウダー壁タイル
クッション
エントランス床
リビング床

実物サンプルの方向
方向性があれば、完成形と同じ方向で貼る

天井・壁仕上げエリア
天井材・壁材は上部に貼る

床仕上げエリア
床材は下部に貼る

キャプション
素材の使用場所を明記

SECTION

6-9 エレメントボード

エレメントボードとは、プランをインテリアエレメントごとにまとめたボードです。照明（ライティング）、家具、ウインドートリートメントなどに分け、それぞれのボードを作成します。

エレメントボード（ライティングシーン）

ライティングコンセプトに基づき、光のシーンを伝えます。
夜または暗い室内のパースで光のイメージを表現します。

ライティングコンセプト

光の方向、灯り方を白や黄色などで表現

Lighting plan
Concept 奏でる灯
Picnic
23.MAR.2019

エレメントボード（ライティング）

照明器具の位置や商品詳細を伝えるボードです。商品詳細はカタログ情報を用います。

照明器具の写真や品番などはカタログ情報を使う

平面図を利用して、照明の位置を示す

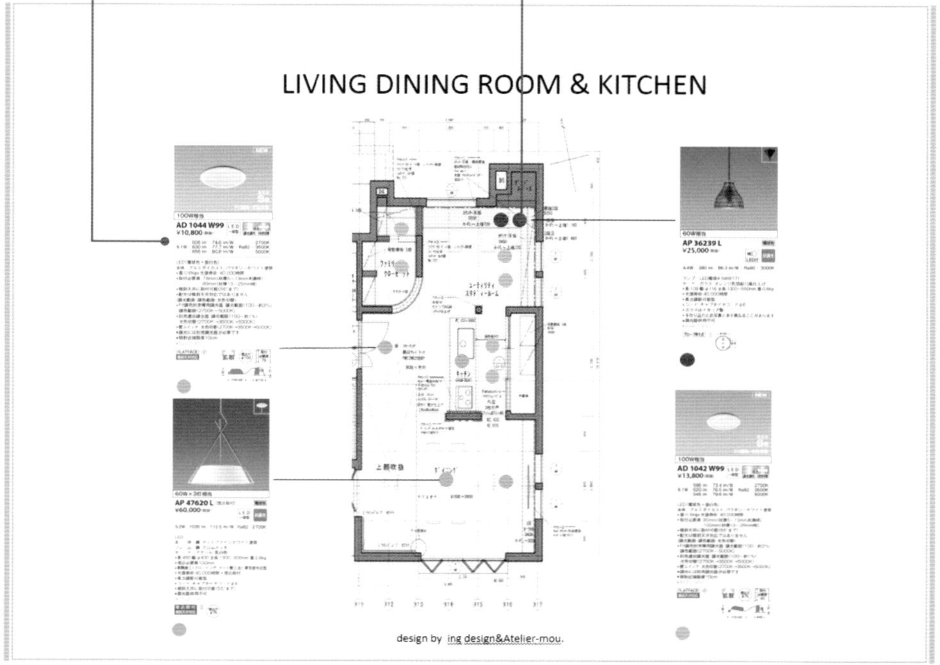
LIVING DINING ROOM & KITCHEN
AD 1044 W99
¥10,800
AP 47620 L
¥60,000
AP 36239 L
¥25,000
AD 1042 W99
¥13,800
design by ing design&Atelier-mou.

エレメントボード（ファニチャープラン）

イメージスタイルに合わせた家具や小物などを配置します。部屋ごとなどでまとめ、実物の比率に準じて、画像の大きさを調整します。

部屋ごとにグルーピングしてイメージを統一

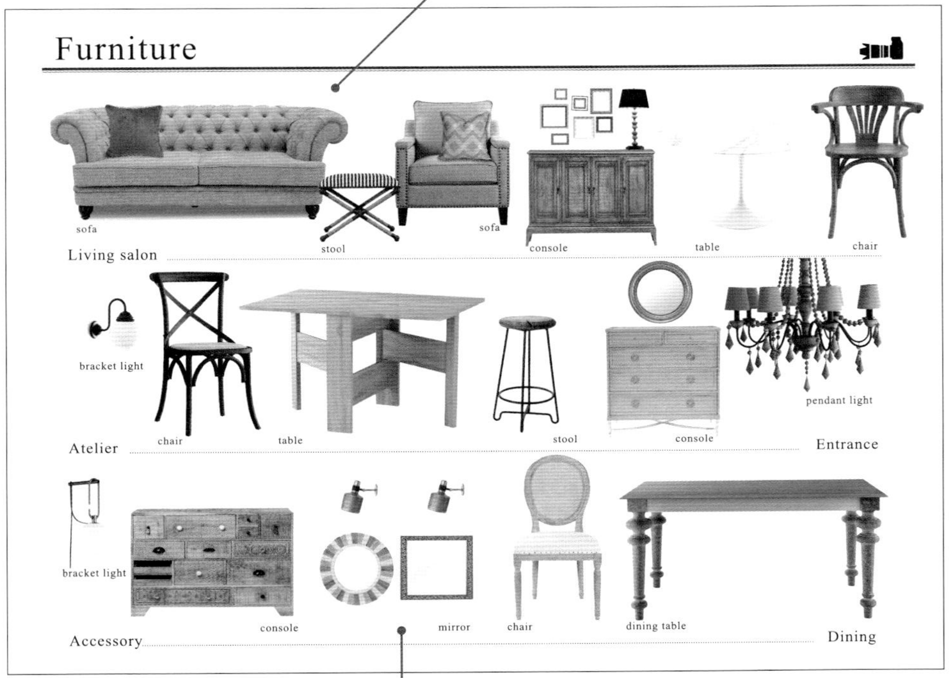
Furniture
sofa
stool
sofa
console
table
chair
Living salon
bracket light
chair
table
stool
console
pendant light
Atelier
Entrance
bracket light
console
mirror
chair
dining table
Accessory
Dining

装飾性やデザインの意図を伝えたい場合は、照明や小物なども入れる

エレメントボード（ウインドートリートメントプラン）

カーテンなどの窓周りの素材やスタイルを伝えるボードです。実物サンプルを使いますが、サンプルが無かったり、柄が大きい場合は画像を使用します。

図を入れることで、設置方法やデザイン、窓や壁とのバランスがわかりやすくなる

実物サンプル

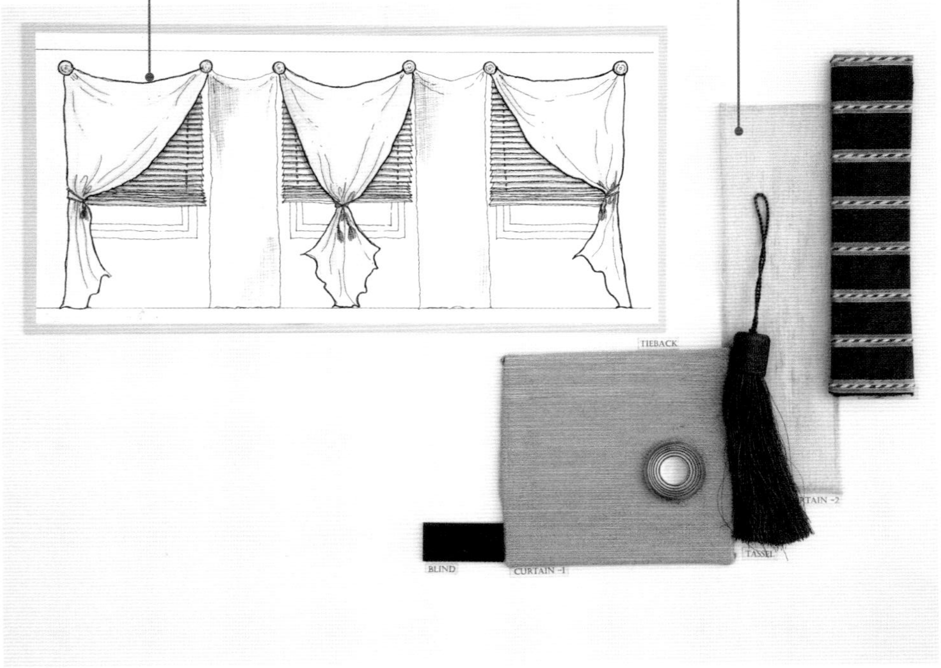
TIEBACK
BLIND
CURTAIN -1
TASSEL

! プレゼンボードに使用する画像の取扱いは、法規的に抵触しないかを確認し、十分な注意をはらうこと

SECTION

6-10 部屋別にまとめる

ボードを部屋別にまとめるケースもあります。空間が限定されるため、1つのボードに多くの情報をまとめることができ、部屋のイメージがより伝わりやすくなります。
情報をテーマごとにまとめ、雑多なイメージにならないよう注意しましょう。

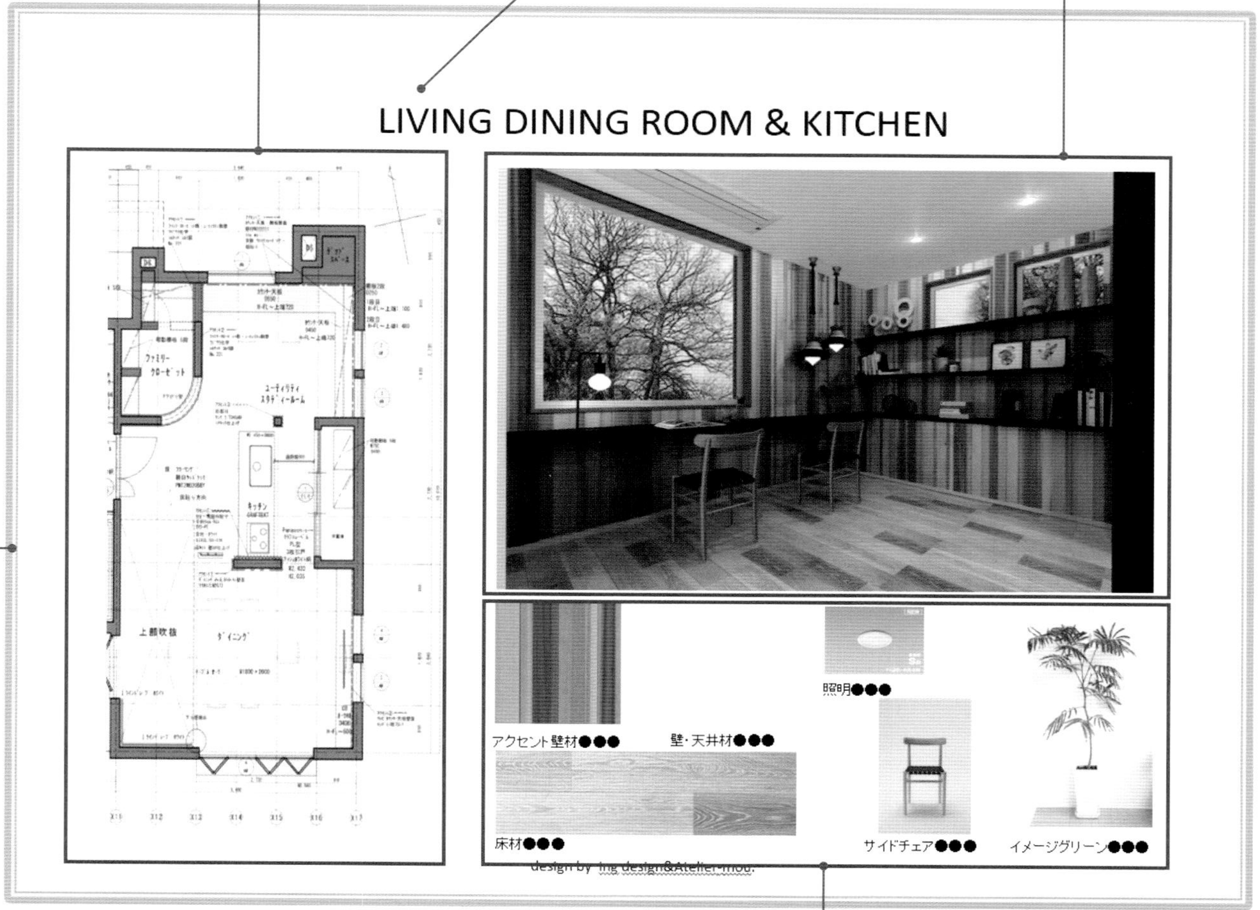
LIVING DINING ROOM & KITCHEN
ファミリークローゼット
ユーティリティ スタディルーム
キッチン
上部吹抜
ダイニング
アクセント壁材●●●
壁・天井材●●●
照明●●●
床材●●●
サイドチェア●●●
イメージグリーン●●●
design by ing design&Atelier mou.

平面図

ボード名
部屋名で作成する

パース

レイアウト
余白を意識してレイアウトをすることで、背景と図が明確になり、わかりやすさが増す。情報はテーマごとにグルーピングする

インテリアエレメント

SECTION

6-11 レイアウトのコツ① ›主役を決める

プレゼンボードに使う図は用意した図をすべて使うのではなく、それぞれの目的を明らかにして厳選します。選ばれた図の中から主役と脇役を決め、主役の図を極端に大きくし、脇役は小さくまとめます。複数の要素は、平等に扱うよりも役割に応じて差を付けたほうがわかりやすくなります。全体的に単調にならないように気を付けます。

木の薫りのする華やかな和の空間の提案
主役
左上の目に付きやすい位置に主役のパースを置く
商品情報
左下に具体的な商品の写真や情報を入れる
脇役
異なるアングルのパースを並べる
素材
右端に配置して、材料からインテリアイメージを伝える
平面図
右下に平面図を置き、パースのアングルを説明
使用素材
平面図 S.1：150

優先順位を付けたレイアウトの例

SECTION 6-12 レイアウトのコツ② ＞グリッドで配置

グリッドを基準にして図や文字を配置すると、安定感のあるボードに仕上がり、完成度が高まったように感じられます。図のように外周に少し余白をとり、画面を縦8×横8程度に分割した形を標準とします。ただし、単調にならないように図の大きさには変化を付けます。

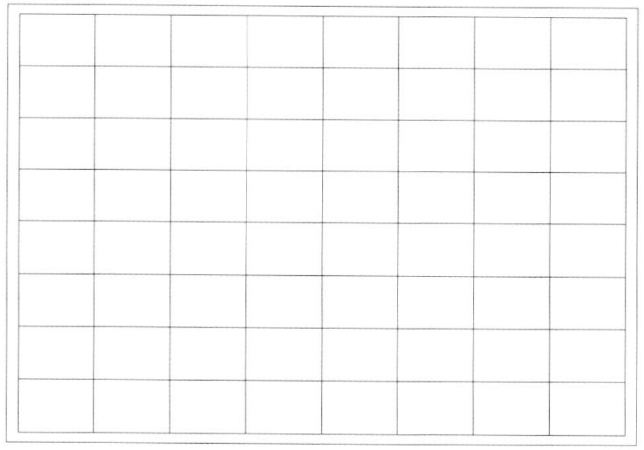

基準のグリッド

①画面を分割（縦８×横８程度）
②外周に少し余白を作る

！ 単調にならないように、図の大きさには変化を付ける

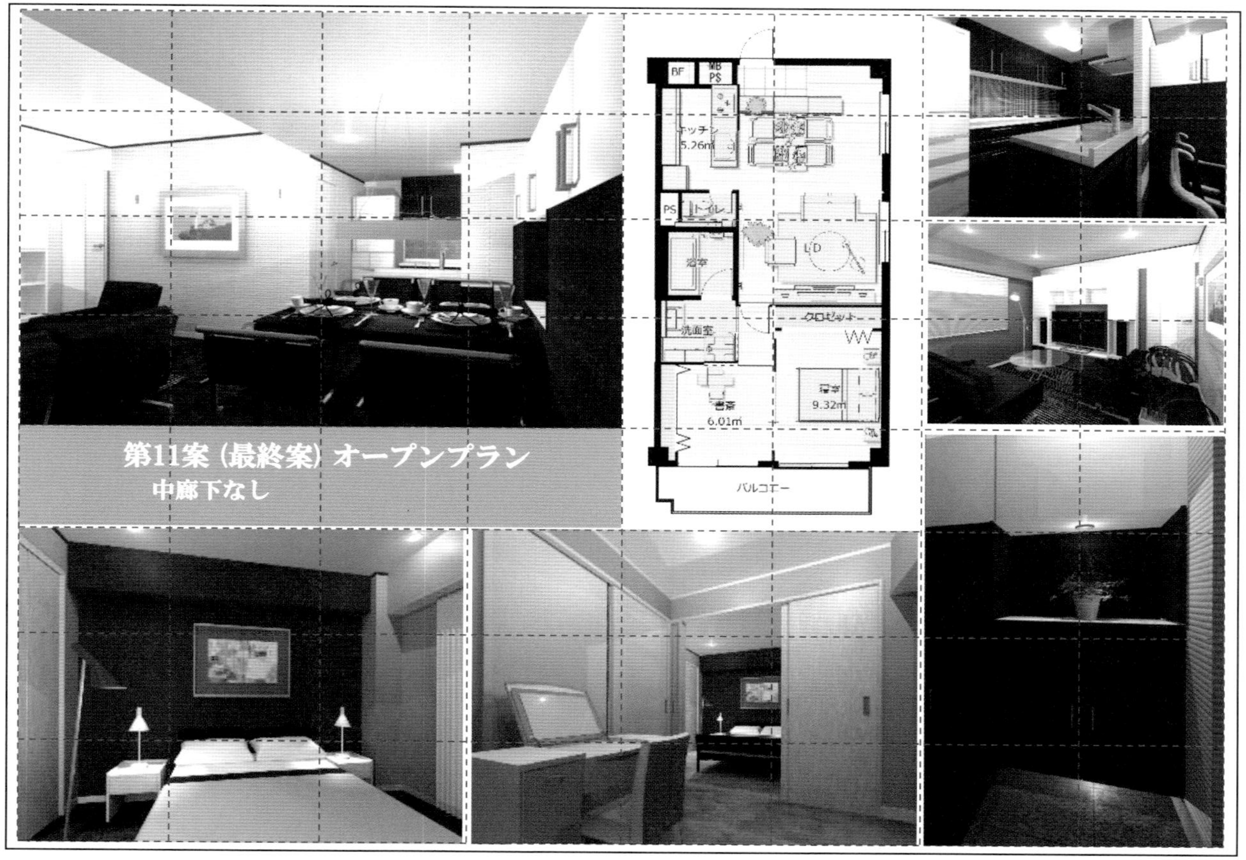
第11案（最終案）オープンプラン
中廊下なし
キッチン
5.26㎡
トイレ
LD
洗面室
クロゼット
6.01㎡
9.32㎡
バルコニー

グリッドを使った配置例

SECTION
6-13 レイアウトのコツ③ ＞画面の分割

情報が多い場合、画面を分割して項目をグループ分けすると、レイアウトが整理されます。図を帯状に並べたり、ラインを入れたりすると、分割がより強調されます。

横の構図

上下２分割のレイアウトがひとつの目安です。

上
下
自然素材の温もりを大切にした、
家族の会話が弾む優しさに満ちた空間をご提案いたします。
『和』 Naturarl Style
•Color Coodinate Plan
Interior Item Image

縦の構図

上中下３分割のレイアウトがひとつの目安です。

上
中
下
縦型ブラインド　カラーコーディネートシステム
レース
アンサンブル

SECTION

6-14 レイアウトのコツ④ 目地を入れる

複 数の図を配置するときは、図の間に目地を入れるとすっきり整理された印象を与えます。目地は太すぎないようにし、図は重ねないようにします。

× 目地がない

目地を入れずに図を配置すると、図の境界がぼやけてそれぞれの内容がわかりにくくなります。

竣工写真

× 目地の幅が太い

目地の幅が太いと、散漫な印象になってしまいます。目地幅をどのくらいにするかは重要です。

竣工写真

× 図のコーナーを重ねる

図のコーナーは重ねないほうがいいでしょう。スペースがないとついやりがちですが、雑然とした感じになります。

竣工写真

◎ 適度な目地を入れる

ボードの大きさや配置にもよりますが、適度な緊張感が出る程度（A3 サイズなら 3 〜 4mm 程度）に目地を入れ、図を重ねないようにレイアウトします。

竣工写真

SECTION

6-15 背景を使う①＞画像

背景に無彩色を使うとすっきりとした印象になりますが、イメージをより強調したい場合は、背景に画像を使うと効果的です。
背景に画像を使うときは、図や文字が背景に埋没しないように注意しましょう。写真をそのまま背景に使うと、図よりも強い印象になってしまうことがあります。その場合、色相・彩度・コントラストを低くして使います。解像度もあえて低くしたほうがよいでしょう。

文字が読みにくくならないように
文字の背景は塗りつぶす

木の薫りのする華やかな和の空間の提案
Dチェア座面
壁天井クロス
フローリング
ウインドートリートメント
壁タイル
アームチェア座面
床タイル400角

図が埋没しないように
影を付ける

SECTION

6-16 背景を使う②＞グラデーション

背景にグラデーションを使うと、単調な色合いに変化を付ける効果があります。グラデーションの方向によって印象が変化します。いろいろと試してみてください。背景に明るい部分と暗い部分ができると、重ねた文字が見えにくくなる場合があります。濃度やその上に配置する文字の色に注意して、グラデーションの色を調整しましょう。

木の薫りのする華やかな和の空間の提案

グラデーションなし

木の薫りのする華やかな和の空間の提案

グラデーションあり

COLUMN 8 テンプレート（ひな型）の活用

さまざまなスタイルに合わせて、あらかじめテンプレート（ひな型）を用意しておくと、短時間でプレゼンボードをまとめることができます。プレゼンボードを複数枚で構成するとき、テンプレートを用いるとイメージを統一しやすくなるメリットもあります。今までに成功したプレゼンボードをテンプレート化しておくと今後の役に立ちます。

タイトル
CONCEPT

テンプレート

美しく魅せる　ホテルライクな暮らし
CONCEPT
洗練されたこだわりの空間美が、誇り高い佇まいを主張する。
そこに身を置くだけで、居住する人々、訪れる人々のすべてを優しく包み込み、格別な上質へと誘ってくれます。陽光の温もりに包まれながら寛ぎのひとときを開放感溢れる時間を過ごせます。自分らしさを愉しむインテリアでまとめて、プライベートな時間を愉しみ尽くす空間になります。
仕上げ
床：フリーリング
壁：クロス張、一部外壁タイル張
天井：クロス張
リビング壁面収納
平面図 S:1/100

テンプレートを使ったボードの例

SECTION

6-17 フォントの使い方

フォントの種類は無数にありますが、大きく明朝体とゴシック体に分けられます。実例では明朝体が使われることが多く、ゴシック体はキャプションや部分的な強調に用いられます。

フォントの種類が同じでも、スタイルを変えれば印象も変わります。太字（ボールド）や斜めに傾いた文字（イタリック）などは強調したいときに使います。

フォントの種類

■明朝体の例

Natural を連想させるカラー２色 (MS 明朝)

Natural を連想させるカラー２色 (HG 教科書体)

Natural を連想させるカラー２色 (HG 行書体)

■ゴシック体の例

Natural を連想させるカラー２色 (MS ゴシック)

Natural を連想させるカラー２色 (HG 丸ゴシック)

Natural を連想させるカラー2色 (HG 創英角ポップ体)

フォントのスタイル

Natural を連想させるカラー２色 (標準)

Natural を連想させるカラー２色 (ボールド)

Natural を連想させるカラー２色 (イタリック)

! 印刷を前提とする作品を制作する場合、フォントのサイズに注意する。パソコンの画面で見ている状態と実際に印刷した状態では、スケール感がちがうことがよくあるため、プリントサンプルを出力しておき、スケール感を補正することが重要

SECTION
6-18 画像の扱いとプレゼンボードの印刷

最後に、画像の使用とデジタルで作成したプレゼンボードの印刷について注意点をまとめました。参考にしてください。

画像

- 用途に応じた解像度を選択
  - 画面で見せるだけ：150dpi
  - プリンターで印刷：300dpi
  - 印刷会社に依頼：600dpi
- サイズを変更する場合はトリミングなどで対応し、縦横の比率（アスペクト比）を変えない

元図

× 縦横比変更

- 画面上に図を配置した時、それが何を表現しているのかわからないことが多いので、必ず図のタイトルと簡単な説明を図の下に入れる
- 画像を選択する場合、著作権法上問題のないものを利用する
  - 安易にネット上にある画像を利用しない
  - 自分で作成したイラストや CG なら問題ない
  - 自分で撮影した画像でも個人を特定できるものや芸術作品、創作作品などは注意が必要

- データ形式
  デジタルで作成した書類や画像を保存する場合、さまざまなファイルフォーマットがあり、用途に応じて使い分ける必要がある。また、提出先が利用しているソフトやアプリケーションに対応した形式で保存する

  BMP ：Windows が標準でサポートしている画像フォーマット
  JPEG：画像圧縮技術の一つで、画像を非常に小さく圧縮できる。圧縮によって生ずる画像の劣化が目立ちにくいので、写真のような画像の保存に適している
  PNG ：インターネット上で多く利用される画像フォーマット。 透明色を表現することができる
  PDF ：Adobe が開発した文書のフォーマット。ほぼ見たままのイメージで文書や画像が保存できるので、文字が含まれる場合に適している

印刷

- サイズ
  自分で印刷する場合、見栄え・コスト・取り扱いやすさを考慮すると、A4 または A3 サイズが適している
- 用紙
  インクジェットのプリンターで出力する場合、インクの吸い込みを考慮して、少し厚手のインクジェット専用紙がよい。インクジェットに用いる紙としては、普通紙・コート紙・光沢紙があるが、発色をよくしたいなら、光沢紙を使う。普通紙には、インクジェットに適性があるものとそうでないものがあるので、適性のあるものを使う

COLUMN 9

インテリア関連の資格

インテリアに関連した資格には次のようなものがあります。資格取得の実技の試験では、いずれも製図やプレゼンテーションの技術が問われます。資格試験を目指す方は、本書で身に付けた基本をもとに、より知識を深めてください。

インテリアコーディネーター

● 概要

インテリアの内装、家具、照明、住宅設備などに関する幅広い知識と専門的な技術を駆使して、顧客のライフスタイルに合った住空間のアドバイスを行う。インテリア関連のメーカーやショップ、住宅メーカー、工務店、デザイン事務所などに在籍、またはフリーランスで活躍できる。

● 試験方式

学科試験（1次試験）：CBT方式（テストセンターのパソコン画面に表示される問題を選択解答）

実技試験（2次試験）：プレゼンテーション（プランニングと作図）・論文（記述式）

● 主催団体

公益社団法人　インテリア産業協会

インテリアプランナー

● 概要

インテリアコーディネーターと異なり、住宅だけでなく、店舗、オフィス、ホテルなどのインテリアを対象とした販売業務から設計業務を担当。設計事務所、建設会社、ハウスメーカー、リフォーム会社などに在籍、またはフリーランスで活躍できる。

● 試験方式

学科試験：4肢択一式

設計製図試験：インテリア計画と設計図書の作成（平面図、透視図、スケッチなど）

● 主催団体

公益財団法人 建築技術教育普及センター

> ! インテリアパースのCGクリエイターを目指すなら、そのスキルを認定する「Space Designer検定試験」がある。この試験では、インテリア図面を理解し、CADやCGソフトを利用してリアルなインテリアパースと説得力のある提案書を作成する能力が試される。主催は一般社団法人 コンピュータ教育振興協会（ACSP）

キッチンスペシャリスト

● 概要

生活者のニーズやライフスタイルに合わせて、空間・機能・設計・施工の知識を活かし、快適で使いやすいキッチン空間を提案する。建築・インテリア・住宅設備業界などで幅広く活躍。近年では、水回りのリフォームでもその能力を発揮している。

● 試験方式

学科試験：マークシートによる解答選択式

実技試験：筆記（図面表現）によるキッチン空間の企画・提案

● 主催団体

公益社団法人 インテリア産業協会

マンションリフォームマネジャー

● 概要

共同住宅ならではの建築構造や設備、管理などを理解し、主としてマンションの専有部分のリフォームにおける適切な計画や施工を行う。リフォーム業界や不動産業界での需要が見込まれる。

● 試験方式

学科試験：4肢択一式

設計製図試験：マンション専有部分のリフォーム計画と設計図書の作成

● 主催団体

公益財団法人 住宅リフォーム・紛争処理支援センター

インテリア製図通則（日本インテリア学会）

1. 適用範囲

この規格は、インテリア空間またはそれを構成する部品・部材・エレメントの企画、調査、計画、設計、製作、施工、維持管理などのインテリア製図に関して、共通、かつ、基本的事項について規定する。

2. 引用規格

次に掲げる規格は、この規格に引用されることによって、この規格の一部を構成する。これらの引用規格は、その最新版（追補を含む。）を適用する。

JJIS Z 8311	製図-製図用紙のサイズ及び図面の様式
JIS Z 8312	製図-表示の一般原則-線の基本原則
JIS Z 8313-0	製図-文字-第0部：通則
JIS Z 8313-1	製図-文字-第1部：ローマ字，数字及び記号
JIS Z 8313-2	製図-文字-第2部：ギリシャ文字
JIS Z 8313-5	製図-文字-第5部：CAD用文字，数字及び記号
JIS Z 8313-10	製図-文字-第10部：平仮名，片仮名及び漢字
JIS Z 8314	製図-尺度
JIS Z 8317	製図-寸法記入方法-一般原則，定義，記入方法及び特殊な指示方法

3. 図面

3.1 図面は、JIS Z 8311 によるほか、次による。
3.2 用紙のサイズは、JIS Z8311 に規定される A 列サイズ（第1優先）表1から選ぶ。
3.3 表題欄の位置は、用紙の長辺を横方向にしたX形、及び長辺を縦方向にしたY形のいずれにおいても、図を描く領域内の右下隅にくるようにするのがよい。

表 1 用紙のサイズ

呼び方	寸法
A1	594 × 841
A2	420 × 594
A3	297 × 420
A4	210 × 297

単位mm

4. 尺度

4.1 尺度は、JIS Z 8314 によるほか、次による。
4.2 製図に用いる推奨尺度を以下に示す。
現尺1:1 縮尺1:2 1:5 1:10 1:20 1:50 1:100 1:200

5. 線

5.1 線の種類及び用途を表2に示し、適用例を付図1~5 に示す。
5.2 通常用いる線の太さは、細線、中線、太線とする。
線の太さの比は、1：2：4である。
線の太さは、図面の種類、大きさおよび尺度に応じて、次の寸法のいずれかにする。
0.13, 0.18, 0.25, 0.35, 0.5, 0.7 mm
5.3 線は、上記の他、JIS Z 8312 による。

表 2 線の種類及び用途

線の種類		用途による名称	線の用途
実線	太線	外形線	対象物の見える部分の形状を表す
			断面図に現れる物体の見える外形線を表す
	中線	外形線	家具等の外形線を表す
	細線	稜線	家具等の稜線を表す
		寸法線	寸法を記入するのに用いる
		寸法補助線	寸法を記入するために図形から引き出すのに用いる
		引出線	記述・記号などを示すために引き出すのに用いる
		ハッチング	断面図の切り口を示す
		矢印線	階段、斜路及び傾斜領域を表す矢印線
		対角線	開口、穴及びくぼみを表すために用いる
破線	細線	隠れ線	隠れた部分の外形線
一点鎖線	中線	外形線	カーテン、ブラインド、カーペット等
	細線	切断線	断面図を描く場合、その切断位置を対応する図に示す
		中心線	図形の中心を表す
		基準線	位置決定のよりどころである事を明示する
		扉の開く向きを示す線	扉の開く向きなどを参考に示す
二点鎖線	細線	想像線	加工前の形状や可動部分の位置を示す
ジグザグ線	細線	破断線	対象物の一部を破った境界、又は一部を取り去った境界を示す

6. 文字

6.1 文字は、JIS Z 8313-0,1,2,5,10 によるほか、次による。
6.2 文字の大きさは,次による。
a）文字の大きさは、一般に文字の外側輪郭が収まる基準枠の高さh の呼びによって表す。
b）高さh の標準値は、次による。
1.8,2.5, 3.5, 5, 7, 10, 14, 20 mm
なお、活字で既に大きさが決まっているものを用いる場合には、これに近い大きさで選ぶことが望ましい。

7. 寸法記入方法

7.1 寸法記入方法は、JIS Z 8317 によるほか、次による。
7.2 長さの寸法数値は、通常はミリメートルの単位で記入し,単位記号は付けない。

8. 作図一般

8.1 図中に使用する文字記号は、付表1による。
付表1 文字記号
8.2 図中に使用する表示記号は、付表2による。
付表2 表示記号
8.3 作図例を付図に示す。

【線の適用例】

1．壁

壁の仕上線を太く描きインテリア空間を強調表現する。インテリア製図通則適応例は縮尺1/50を基準とする。壁表現は縮尺に対応させ、必要に応じて躯体壁と間仕切壁の表現を変えることもある。開口部には、額縁、サッシ枠、建具枠があるが、縮尺により表現が変わる。

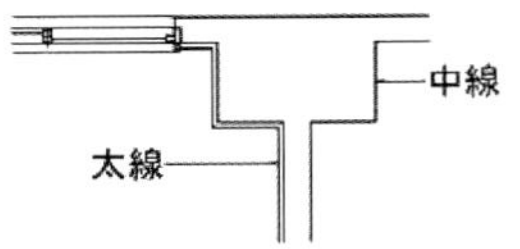

中線
太線

図1 壁

2．開口部

平面・展開で開閉方向を、展開・断面で建具の高さを表示する。
扉の取手、引手で開閉方向がわかる場合は、開き勝手の表示（一点鎖線）は省略できる。

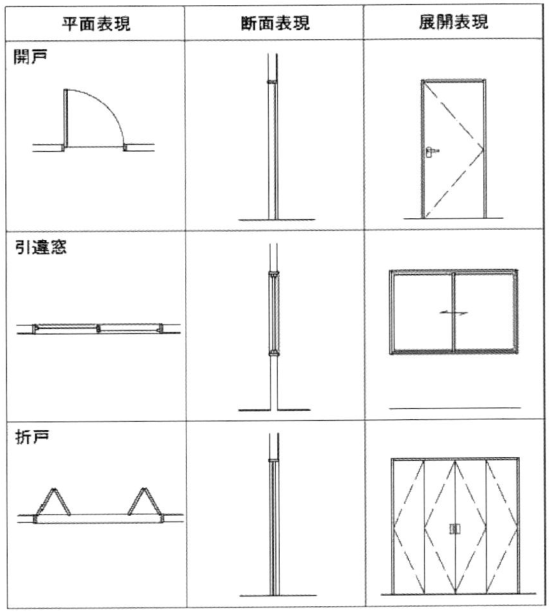

平面表現
断面表現
展開表現
開戸
引違窓
折戸

図2 開口部

3．家具

家具図は寸法W（幅）×D（奥行）×H（高さ）、椅子はSH（座面高）、ベッドはL（長さ）、マットレス高さを記入する。
椅子はテーブルから引出した状態で描く。伸長式家具は、最大形状・寸法を破線で表示する。
造付収納家具は取手、開閉方向を表示する。

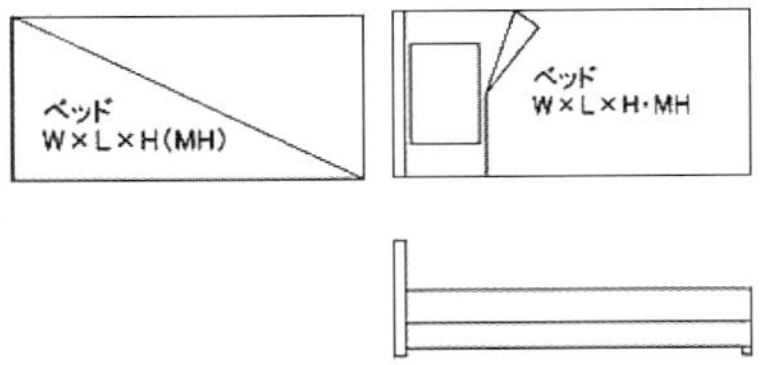

ベッド
W×L×H(MH)
ベッド
W×L×H·MH

図3-1 ベッド

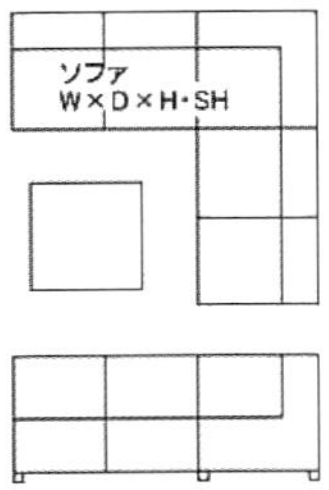

ソファ
W×D×H·SH

図3-2 ソファ

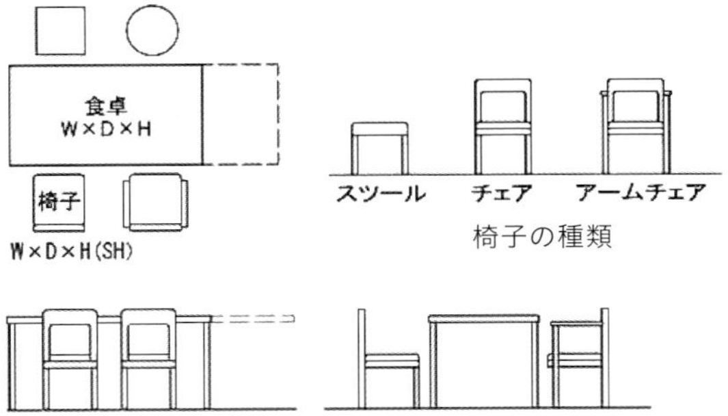

食卓
W×D×H
椅子
W×D×H(SH)
スツール
チェア
アームチェア

椅子の種類
図3-3 食卓・椅子

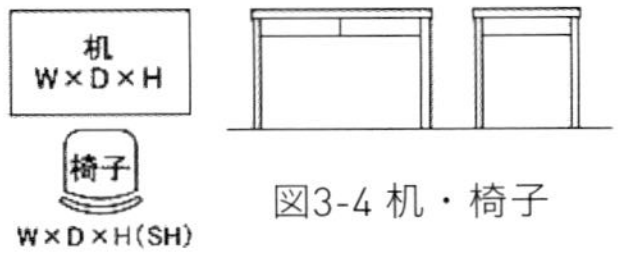

机
W×D×H
椅子
W×D×H(SH)

図3-4 机・椅子

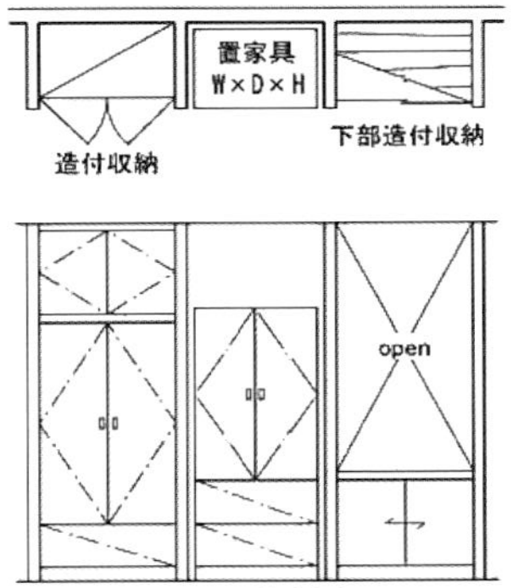

置家具
W×D×H
造付収納
下部造付収納
open

図3-5収納家具

4．設備機器

厨房機器は、開閉方向、寸法W（幅）×D（奥行）×H（全体高さ・カウンター高さ）、シンク・加熱機器の位置、水洗金具、吊戸棚等を描く。平面図にはカウンターより上に位置する吊戸棚は一点鎖線で表示する。正面図には開閉方法や方向を一点鎖線で示す。側面図は外観または断面を描く。

5．家電機器

家電機器の形状を描き、寸法W（幅）×D（奥行）×H（高さ）、その種類を英語記号または文字を書き込み、開閉方向を表示する。

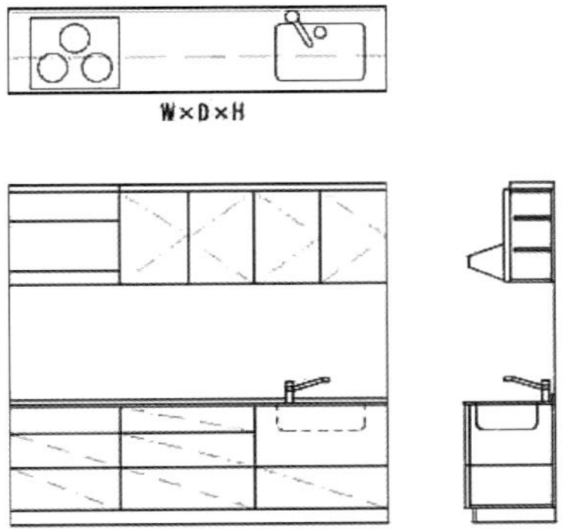

W×D×H

図4 キッチン

CWD
W×D×H

図5-1 洗濯乾燥機

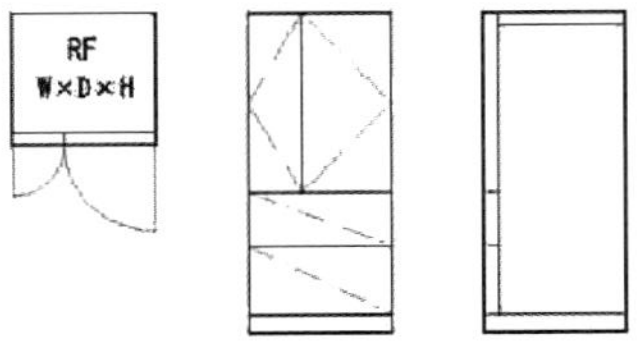

RF
W×D×H

図5-2 冷蔵庫

【付表1　文字記号】

1. カーペット

カーペットは、略号をCAとし、一点鎖線・細線（または姿図）にて領域を表示し、種別、施工法を文字記号により付記する。また、材質を示す場合は、一般名称で併記する。

付表 1-1 カーペット

名称			略号
カーペット 一般			CA
種別	ウィルトン		Wc
	タフテッド		Tc
	ニードルパンチ		Nc
施工法	敷込	グリッパー工法	-g
		接着工法	-a
	置敷		なし

カーペットの表示例

CA(Wc-g)

名称：種別・施工法
カーペット：ウィルトン-グリッパー工法-敷詰

2. 窓装飾（ウインドートリートメント）

ウインドートリートメントは、一点鎖線（または細実線の波線）にて表示し、種別は文字記号により示す。カーテン、ローマンシェードは、その施工法（スタイル）を文字記号により付記する。

付表 1-2 窓装飾（ウインドートリートメント）

名称			文字記号
水平開閉	カーテン 一般		CU
	種別	ドレープ	Dr
		シアー	Sh
	施工法（スタイル）	ストレート	なし
		センタークロス	cc
		クロスオーバー	cr
		ハイギャザー	hg
		スカラップ	sk
		セパレート	sp
	バーチカルブラインド		VB
	パネルスクリーン		PS
垂直開閉	ローマンシェード		RM
	施工法（スタイル）	プレーン	pl
		シャープ	sh
		バルーン	bl
		オーストリアン	as
		ムース	ms
		ピーコック	pc
		プレーリー	pr
	ロールスクリーン		RS
	プリーツスクリーン		PL
	ベネシャンブラインド		VN
固定	カフェ（カーテン）		Cf

注：カーテンボックス設置の場合は末尾に・Bで表示する。

カーテンの表示例

CU　カーテン一般

CU(Dr+Sh-cc)・B　ダブルカーテン
名称 施工法（スタイル-ボックス有無）
内側 ドレープ-ストレート-ボックス有
外側 シェア-センークロス

CU(Dr-cr)+RM-pc・B
名称 施工法（スタイル-ボックス有無）
内側 カーテン-ドレープ-クロスオーバー-ボックス有
外側 ローマンシェード-ピーコック

3. 塗装

塗装は文字記号により略号で表示し、色彩を示す場合は、マンセル表色系記号または色票等により指示する。

付表 1-3 塗装

名称	文字記号	規格
合成樹脂調合ペイント	SOP	JIS K 5516
フタル酸樹脂エナメル	FE	JIS K 5572
塩化ビニル樹脂エナメル	VE	JIS K 5582
クリアラッカー	LC	JIS K 5531
ラッカーエナメル	LE	JIS K 5531
合成樹脂エマルションペイント	EP	JIS K 5663
つや有合成樹脂エマルションペイント	EP-G	JIS K 5660
多彩模様塗料	EP-M	JIS K 5667
オイルステイン	OS	
木材保護塗料	WP	
ウレタン樹脂ワニス塗	UC	
ウレタン樹脂エナメル	UE	

4. 家電機器

付表 1-4 家電機器

名称		文字記号
エアコン一般		RCまたはAC
設置方法	屋内機・床置	－F
	・壁付	－W
	・天井直付	－C
	・屋外機床置	－OF
テレビ		TV
スピーカー		SP
デスクトップパソコン		PC
冷凍冷蔵庫		RF
電子レンジ		MO
ガスオーブン		GO
食器洗い乾燥機		DWD
IHヒーター		IH
電気洗濯機		CW
電気洗濯乾燥機		CWD

【付表2　表示記号】

1．給水・給湯設備等

付表 2-1 給水・給湯設備等

名称	文字記号	表示記号
給水メーター	WM	WM
ガスメーター	GM	GM
給水栓		
湯水混合水栓		 (シャワー付)
電気温水器	EWH	EWH
ガス給湯器	GWH	GWH

2．電気設備

付表 2-2 電気設備（JIS C 0303）

名称	文字記号	表示記号
積算電力計	Wh	Wh　Wh
分電盤		
スイッチ		●　●3 3路スイッチ　●P プルスイッチ
コンセント（壁付）		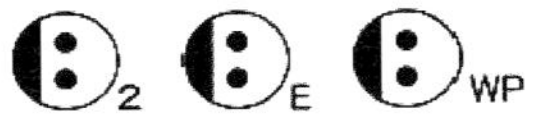 2口　アース付　防水形
電話用アウトレット		 壁付　t インターフォン(親)　t インターフォン(子)
チャイム		 押ボタン(壁付)　 チャイム(壁付)
テレビ	TV	TV TV本体　TV TVアンテナアウトレット
換気扇		
エアコン	RC または AC	RC-W 屋内機(壁付)　RC-OF 屋外機(床置)

3．照明・配線

付表 2-3 照明・配線記号（JIS C 0303）

名称		略号	表示記号
照明一般			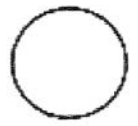
天井埋込灯（ダウンライト）		DL	DL
天井直付灯（シーリングライト）		CL	CL
天井吊下灯（ペンダントライト）		PL	PL
シャンデリア		CH	CH
壁付灯（ブラケットライト）		BL	BL　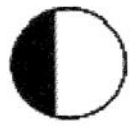
スタンド	テーブルスタンド	TS	TS
	フロアスタンド	FS	FS
引掛シーリング			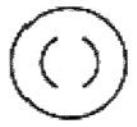

INDEX
索引

英数	1消点パース	86
	2消点パース	95
	T定規	14・65
	VP	84
あ	アイソメ図	96
	アイレベル	84
	アクソメ図	96
	陰影	25・106
	印刷	128
	インテリアエレメント	9・61
	インテリアグリーン	9・28
	インテリア立・断面図	11
	ウインドートリートメント	40
	ウインドートリートメントプラン	117
	内法寸法	8・82
	エレメントボード	116
	遠近法	84
か	カーテンボックス	46
	カーペット	40
	家具	29
	家具の寸法表現	38
	画像	128
	家電	39
	壁仕上げ材	9
	カラースキーム	115
	カラーチャート	22・24
	企画書	108
	クールモダン	109
	クラシック	109
か	グラデーション	125
	グリッド	120
	高彩度	18・22
	光沢	99
	高齢者	54
	古民家	109
	コンセプトボード	112
さ	色彩表記法	19
	色相	19
	質感	26・44
	縮尺	32
	消点	84
	ショードローイング	10
	人体寸法	49
	人物	30
	シンプルモダン	109
	図面サイズ	32
	寸法	35・62
	製図板	14・65
	切断線	67
	設備	39
	設備記号	41
	線の種類	33
	線の太さ	33
た	対角線	90
	タイトルボード	111
	中彩度	18・22
	通路幅	49
	造り付け家具	38・76
た	低彩度	18・22
	天井仕上げ材	9
	テンプレート（ひな型）	126
	トイレ	54
	等角投影図	96
	通り心	56・68
	トーン	18・22・24
は	パース	84・114
	パースグリッド	87
	背景	124
	凡例	42・64
	標準寸法	50
	ファニチャープラン	117
	フォント	127
	プレゼンテーション	108
	プレゼンボード	108
	フロアプラン	113
	平行定規	14
	北欧モダン	109
ま	マンセル10色相	19
	文字記号	40・63
	文字の大きさ	34
や	有効寸法	35・63
	床仕上げ	42
	床仕上げ材	9
	床高	42
ら	ライティング	116
	ライティングシーン	116
わ	和モダン	109

IMAGE COOPERATION

画像協力（エレメントボード - ファニチャープラン）

※英数五十音順　取扱い終了製品も含まれています

Authentic Collection
https://authenticcollection.net/
上段：1人掛けソファ、スツール、コンソール、チェア
中段：チェア、コンソール　下段：チェア

GERVASONI JAPAN
https://gervasoni.jp
下段：ダイニングテーブル

Knoll Japan（ノルジャパン）「Saarinen Collection」
https://www.knolljapan.com
上段：テーブル

MUSE TOKYO.COM
https://musetokyo.com
下段中央：ブラケットライト

orbitex（オルビテックス）
https://orbitex.jp
中段：ペンダントライト

OTSU FURNITURE ※閉店
中段：ブラケットライト

東谷株式会社
https://ec.azumaya-kk.com
中段：テーブル、スツール　下段：ミラー

アルテミデ・ジャパン
https://musetokyo.com
下段左：ブラケットライト

株式会社関家具
https://www.sekikagu.co.jp
上段：3人掛けソファ

株式会社フライミー
https://flymee.jp
中段：ミラー

株式会社リビングハウス　「KARE」
https://kare.co.jp
下段：コンソール

REFERENCE BOOK

参考書籍・資料

「インテリア製図通則・同解説」
日本インテリア学会

「インテリアコーディネーターハンドブック　統合版　上」
公益社団法人 インテリア産業協会　著／発行

「インテリアコーディネーターハンドブック　統合版　下」
公益社団法人 インテリア産業協会　著／発行

「インテリアコーディネーターのためのプレゼンテーション基礎講座」
ICハンドブック改定委員会 著　公益社団法人 インテリア産業協会

「インテリアコーディネーター合格テキスト」
町田ひろ子インテリアコーディネーターアカデミー 著　エクスナレッジ

「図解　すまいの寸法・計画事典 第二版」
岩井一幸・奥田宗幸 著　彰国社

「インテリアプランナーになろう！」
インテリアプランナーになろう！編集委員会 編　ハウジングエージェンシー

STAFF

制作協力

デザイン
細山田デザイン事務所

カバーパース
小柳理恵（青山スタイル）

プレゼンボード製作
道具茜

プレゼンボード撮影
白井由香里

トレース
堀野千恵子

執筆補佐
加々美文彰（町田ひろ子アカデミー）
関根理絵（町田ひろ子アカデミー）

DTP・印刷
シナノ書籍印刷株式会社

PROFILE

著者プロフィール

監修：町田ひろ子（まちだ・ひろこ）

武蔵野美術大学産業デザイン科を卒業後、スイスで5年間家具デザインを研究。1975年アメリカ・ボストンへ渡り、「ニューイングランド・スクール・オブ・アート・アンド・デザイン（現Suffolk University）」を卒業。'77年に帰国し、日本で初めて「インテリアコーディネーター」のキャリアを提唱。'78年「町田ひろ子インテリアコーディネーターアカデミー」を設立。現在、全国6拠点のアカデミー校長として教育活動に努めている。

監修：河村容治（かわむら・ようじ）

日本インテリア学会名誉会員。一級建築士。河村工房主宰。博士（美術）。設計活動のほか、女子美術大学、武蔵野美術大学、東京都市大学などでCAD・CG・BIMを用いたインテリアデザイン教育にたずさわる。「インテリアコーディネーターハンドブック」（共著）、「超図解で全部わかるインテリアデザイン入門」など著書多数。

町田瑞穂ドロテア（まちだ・みずほ・どろてあ）

一級建築士。スイス生まれ。武蔵工業大学（現：東京都市大学）工学部建築学科卒業。日本の住宅メーカーを経て、米国の設計事務所RTKL International Ltd.に勤務。2000年帰国後より「町田ひろ子アカデミー」にて教育、商品企画、インテリアデザインなどに関わる。英国KLC School of Design認定講師。

井上保彦（いのうえ・やすひこ）

一級建築士。アイエーオフィス一級建築士事務所代表。現代彫刻家アトリエを経て、設計事務所に勤務、海外プロジェクトなどに参加後、独立。各種資格対策講座なども担当。

小吹政信（こぶき・まさのぶ）

パースクリエーター。東京藝術大学インダストリアルデザイン科卒業。三洋電機デザインセンターを経て、ICワークスなどでインテリアパースを主体とした仕事に従事する。マーカー及び色鉛筆を使った手描きパースの表現を得意とする。

前田久美子（まえだ・くみこ）

インテリアコーディネーター、二級建築士。英国KLC School of Design Diplomaを取得。ing design & Atrier-mou.主宰。ICWデザイン事務所を経て独立。500棟以上の住宅や展示場のインテリアデザイン、商品企画のほか人材育成にも携わる。大妻女子大学非常勤講師。

JN086483

やさしく学ぶ インテリア製図［新装改訂版］

2023年8月7日　初版第1刷発行

著者　町田ひろ子インテリアコーディネーターアカデミー
発行者　澤井聖一
発行所　株式会社エクスナレッジ
〒106-0032　東京都港区六本木7-2-26
https://www.xknowledge.co.jp/
問合せ先　編集　TEL03-3403-5898／FAX03-3403-0582
info@xknowledge.co.jp
販売　TEL03-3403-1321／FAX03-3403-1829